Wolfgang Burandt/Michael Dorn
Richtig vererben

Wolfgang Burandt/Michael Dorn

Richtig vererben

Praxisratgeber für Unternehmer und Privatleute

Deutscher Sparkassen Verlag Stuttgart

GESCHÄFTSWELT
HANDBUCH
Band 5

Die Deutsche Bibliothek – CIP Einheitsaufnahme

Burandt, Wolfgang:
Richtig vererben: Praxisratgeber für Unternehmer und Privatleute/
Wolfgang Burandt/Michael Dorn. – Stuttgart: Dt. Sparkassen-Verl.,
1998
  (GeschäftsWelt-Handbuch; Bd. 5)
  ISBN 3-09-301126-4

© 1998 Deutscher Sparkassen Verlag GmbH Stuttgart
Alle Rechte vorbehalten
Lektorat: Ralf Kustermann
Satz und Repro: Utesch GmbH, Hamburg
Druck und Binden: Media Print GmbH, Paderborn
Titelbild: Deutscher Sparkassen Verlag GmbH, Stuttgart
Papier aus 100% chlorfrei gebleichtem Zellstoff
Printed in Germany
I-3/98, Art.-Nr. 330 122 005
ISBN 3-09-301126-4

Inhaltsverzeichnis

Vorwort		11
1	Einleitung	13
2	**Grundbegriffe des Erbrechts**	15
2.1	Erblasser	15
2.2	Erbe	15
2.3	Erbfall	16
2.4	Erbschaft	16
2.5	Gesamtrechtsnachfolge	18
2.6	Testierfreiheit	19
3	**Die gesetzliche Erbfolge**	21
3.1	Verwandtenerbfolge	21
3.1.1	Erben erster Ordnung	22
3.1.2	Erben zweiter Ordnung	23
3.1.3	Erben dritter Ordnung	24
3.1.4	Erben vierter Ordnung	25
3.1.5	Erben fernerer Ordnungen	26
3.2	Das Erbrecht des nichtehelichen Kindes	26
3.3	Das Erbrecht legitimierter Kinder	29
3.4	Das Erbrecht von adoptierten Kindern	30
3.5	Das gesetzliche Erbrecht des Ehegatten	31
3.5.1	Der Umfang des Ehegattenerbrechts aus rein erbrechtlicher Sicht	31
3.5.2	Der Umfang des Ehegattenerbrechts unter Berücksichtigung der Güterstände des BGB	34
3.5.3	Der Voraus des Ehegatten	39
3.5.4	Zusammenfassung: Das Erbrecht des Ehegatten	40
4	**Das Pflichtteilrecht**	41
4.1	Die Pflichtteilsberechtigung	41
4.2	Die Entstehung des Pflichtteils	42

4.3	Die Höhe des Pflichtteils	42
4.4	Die Berechnung des Pflichtteils	47
4.4.1	Auskunftsanspruch gemäß §2314 Abs.1 Satz 1 BGB	47
4.4.2	Wertermittlungsanspruch gemäß §2314 Abs.1 Satz 2 BGB	48
4.4.3	Abziehbare Nachlaßverbindlichkeiten vom Aktivnachlaß	49
4.4.4	Anrechnungs- und Ausgleichspflicht für Vorempfänge	50
4.5	Die Verteilung der Pflichtteilslast gemäß §§2318 bis 2324 BGB	53
4.5.1	Die Regelung des §2318 Abs.1 BGB	54
4.5.2	Die Ausnahmeregelung des §2318 Abs.2 BGB	55
4.5.3	Die Regelung des §2318 Abs.3 BGB	56
4.6	Die Sicherung des Pflichtteilsanspruchs	57
4.6.1	Die Regelung des §2305 BGB	58
4.6.2	Die Regelung des §2306 BGB	59
4.6.3	Die Regelung des §2307 BGB	60
4.6.4	Der Pflichtteilsergänzungsanspruch	61
4.7	Die Pflichtteilsentziehung	64
4.7.1	Entziehung des Pflichtteils eines Abkömmlings	64
4.7.2	Entziehung des Elternpflichtteils	65
4.7.3	Entziehung des Ehegattenpflichtteils	65
4.7.4	Verzeihung gemäß §2337 BGB	65
4.8	Pflichtteilsbeschränkung in guter Absicht	65
4.9	Verjährung des Pflichtteilsanspruchs	66
4.10	Stundung des Pflichtteils	66
4.11	Verzicht auf den Pflichtteil gemäß §2346 Abs.2 BGB	67
4.12	Zusammenfassung: Schutz des Pflichtteils	71
5	**Die gewillkürte Erbfolge**	73
5.1	Grundsatz der Testierfreiheit	73
5.2	Verfügungen von Todes wegen	78
5.2.1	Das Testament	78
5.2.2	Das gemeinschaftliche Testament	82
5.2.3	Das Berliner Testament	85
5.2.4	Nachteile von gemeinschaftlichen Testamenten	88
5.2.5	Der Erbvertrag	91
5.3	Allgemeine Auslegungsregeln für Verfügungen von Todes wegen	99
6	**Inhaltliche Gestaltungsmöglichkeiten letztwilliger Verfügungen**	105
6.1	Das Vermächtnis	105

6.2	Die Auflage	110
6.3	Vor- und Nacherbschaft	111
6.4	Weitere Anordnungsmöglichkeiten	116
7	**Lebzeitige Verfügungen des Erblassers**	**121**
7.1	Maßnahmen der vorweggenommenen Erbfolge	121
7.2	Schenkungen zu Lebzeiten	123
7.3	Zuwendungen unter Lebenden auf den Todesfall	124
7.4	Schenkungen durch Vertrag zugunsten Dritter auf den Todesfall	126
7.5	Sonstige lebzeitige Regelungsmöglichkeiten des Erblassers	129
8	**Letztwillige Verfügungsmöglichkeiten für nichteheliche Lebenspartner**	**131**
8.1	Zulässige letztwillige Verfügungsmöglichkeiten	132
8.2	Das Erbrecht gemeinsamer Kinder	135
9	**Der Ausschluß von der Erbfolge**	**137**
9.1	Enterbung	137
9.2	Erbunwürdigkeit	138
9.3	Erbverzicht	138
9.4	Die Ausschlagung der Erbschaft	141
9.5	Die Anfechtung letztwilliger Verfügungen	146
10	**Die Haftung des Erben für Nachlaßverbindlichkeiten**	**149**
10.1	Endgültige Beschränkung der Erbenhaftung auf den Nachlaß	153
10.1.1	Die Nachlaßverwaltung	153
10.1.2	Der Nachlaßkonkurs	155
10.1.3	Das Nachlaßvergleichsverfahren	156
10.1.4	Die Einrede der Dürftigkeit des Nachlasses	158
10.2	Die Erbenhaftung für Schulden aus einem Handelsgeschäft	159
11	**Die Erbengemeinschaft**	**161**
11.1	Die Nachlaßverwaltung durch die Erbengemeinschaft	162
11.2	Die Haftung für Nachlaßverbindlichkeiten	164
11.3	Die Auseinandersetzung der Erbengemeinschaft	167
11.3.1	Das Auseinandersetzungsverfahren	168
11.3.2	Die Auseinandersetzungsklage	168

12	**Die Testamentsvollstreckung**	171
12.1	Die Ernennung und Einsetzung eines Testamentsvollstreckers	171
12.2	Die Annahme und Ablehnung des Amtes	172
12.3	Der Aufgabenbereich und die rechtlichen Befugnisse des Testamentsvollstreckers	173
12.4	Beendigungsgründe für das Amt eines Testamentsvollstreckers	175
13	**Die Testamentsvollstreckung im unternehmerischen Bereich**	177
13.1	Die Zulässigkeit einer Testamentsvollstreckung an einem einzelkaufmännischen Unternehmen	177
13.2	Die Zulässigkeit einer Testamentsvollstreckung an Personengesellschaftsbeteiligungen	180
13.3	Die Zulässigkeit einer Testamentsvollstreckung an Kapitalgesellschaftsbeteiligungen	181
14	**Der Erbschein**	183
15	**Erbrechtliche Regelungsmöglichkeiten im Bereich der Unternehmensnachfolge**	189
15.1	Die Fortführung eines Einzelunternehmens	190
15.2	Die Nachfolge in Personengesellschaftbeteiligungen	193
15.3	Die Nachfolge in Anteile an Kapitalgesellschaften	207
15.4	Sonstige Regelungsmöglichkeiten im Bereich der Unternehmensnachfolge	210
15.4.1	Die modifizierte Zugewinngemeinschaft	210
15.4.2	Das Nießbrauchvermächtnis	211
15.4.3	Das Rentenvermächtnis	214
15.4.4	Stille Gesellschaft	216
15.4.5	Unterbeteiligung	218
16	**Die steuerlichen Auswirkungen des Erbfalls unter besonderer Berücksichtigung des Jahressteuergesetzes 1997**	221
16.1	Die Erbschaftsteuer	223
16.1.1	Steuerpflichtige Vorgänge	223
16.1.2	Die Entstehung der Steuer	224
16.1.3	Der steuerpflichtige Erwerb	226
16.1.3.1	Die Bewertung des Aktivnachlasses	226

16.1.3.2	Abzugsfähige Nachlaßverbindlichkeiten	237
16.1.3.3	Steuerfreier Zugewinn gemäß § 5 ErbStG	237
16.1.3.4	Steuerfreie Zuwendungen im Sinne des § 13 ErbStG	239
16.1.3.5	Freibeträge im Sinne des § 16 ErbStG	240
16.1.3.6	Versorgungsfreibeträge des § 17 ErbStG	242
16.1.4	Die Steuerklassen	243
16.1.5	Steuersätze	243
16.1.6	Mehrfacher Erwerb desselben Vermögens	246
16.1.7	Steuerschuldner	247
16.1.8	Die Anzeige des Erwerbs	247
16.1.9	Die Steuererklärung	248
16.1.10	Die erbschaftsteuerliche Behandlung der Vor- und Nacherbschaft	249
16.2	Die Schenkungsteuer	250

Literaturverzeichnis ... 253

Stichwortverzeichnis ... 254

Vorwort

Zum ersten Mal in der Deutschen Geschichte gibt es nach über 50 Jahren des Friedens und der Marktwirtschaft Millionen von Familien, die etwas zu erben oder zu vererben haben. Den meisten Menschen ist es allerdings nicht besonders angenehm, an den Tod zu denken. Das führt häufig dazu, daß die Errichtung eines Testaments oder einer anderen letztwilligen Verfügung immer wieder hinausgeschoben wird. Tritt dann, seit längerem absehbar oder viel früher als erwartet, ein Todesfall ein, bleiben die Nachkommen häufig durch die Regelung des Nachlasses überfordert oder zerstritten zurück, die Hinterlassenschaft wird nicht so aufgeteilt oder verwaltet, wie sich der Erblasser dieses gewünscht hätte und der Fiskus kann sich ungehindert und kräftig bedienen.

Sinnvoller ist es, für den Fall des Todes frühzeitig eine entsprechende Vorsorge zu treffen, auch im Hinblick auf unerwartete und plötzliche Todesfälle, die nicht selten Menschen in den besten Jahren mitten aus dem beruflichen Leben reißen.

Die mit dem vorliegenden Buch bearbeitete Problematik gibt einen umfassenden Überblick über das gesetzliche Erbrecht, die verschiedenen Möglichkeiten, seinen Nachlaß seinen wirtschaftlichen und persönlichen Verhältnissen entsprechend zu ordnen und so für den Fall der Fälle eine im Interesse aller Beteiligten stehende Regelung zu treffen. Dabei werden steuerliche Aspekte ebenso berücksichtigt wie die sich bei der Unternehmensnachfolge stellenden Schwierigkeiten und die Fragestellungen, die sich im Zusammenhang mit der Erbenhaftung oder der Erbengemeinschaft ergeben. Schließlich werden Hinweise zu Verfügungsmöglichkeiten für nichteheliche Lebenspartner gegeben.

Der nötige Informationsbedarf wird dem Leser mit dem vorliegenden Werk schnell und umfassend zugänglich gemacht, ohne daß er wissenschaftliche Fachliteratur zu den einzelnen Problembereichen zu Hilfe nehmen müßte.

Die Daten und Informationen in diesem Nachschlagewerk wurden mit größter Sorgfalt zusammengestellt. Die jedoch z. T. uneinheitlichen Ergebnisse von Literatur und Rechtsprechung lassen absolut gültige Aussagen nicht zu.

Obwohl alles getan wurde, um die in diesem Werk enthaltenen Informationen zum Zeitpunkt der Veröffentlichung aktuell und korrekt zu halten, kann keine Garantie für die Richtigkeit gegeben werden. Die Gestaltungsvorschläge und Anmerkungen verstehen sich als Anregungen ohne Anspruch auf Vollständigkeit. Sie können und wollen nicht die Erarbeitung auf den Einzelfall bezogener Gestaltungen und Verträge ersetzen und verstehen sich als Orientierungshilfe. Das Werk kann die Individualberatung durch versierte Juristen nicht ersetzen, aber den Leser hierauf vorbereiten und helfen, die richtigen Fragen zu stellen.

Großer Dank und Anerkennung gebührt dem juristischen Mitarbeiter dieses Buches Herrn Thore Böttger. Er hat mit großer Akribie und Ausdauer die hier vorlegten Themenbereiche aufgearbeitet und zum Gelingen des Buches beigetragen.

Zu großem Dank sind wir weiterhin unseren Mitarbeiterinnen Frau Undine Kauffmann-Kotte, Frau Birte Paulsen und Frau Sabine Beate Jung verpflichtet, die das Werk bei seiner Entstehung kontinuierlich betreut haben.

Hamburg, im November 1997 *Wolfgang Burandt / Michael Dorn*
– Rechtsanwälte in Hamburg –

1 Einleitung

Dieses GESCHÄFTSWELT-Handbuch bietet eine Darstellung der rechtlichen Grundlagen und Gestaltungsmöglichkeiten der Vermögensnachfolge von einer Generation auf die nächste.

Neben der Erläuterung grundsätzlicher erbrechtlicher Fragen wird in diesem Ratgeber vertiefend auf die Möglichkeiten der Nachfolge in einem Unternehmen eingegangen.

Die Regelung der Unternehmensnachfolge ist gerade bei mittelständischen Familienunternehmen eine der vorrangigen Aufgaben einer vorausschauenden Unternehmensleitung mit dem Ziel, den Erhalt des Unternehmens zu sichern und Familienstreitigkeiten zu vermeiden.

Ohne eine verantwortungsbewußte und gesicherte Unternehmensnachfolgeregelung besteht die Gefahr, daß sich die Erben nicht untereinander darüber verständigen können, wer von ihnen dem Erblasser in dessen führende Stellung innerhalb des Unternehmens nachfolgt.

Gerade das gesetzliche Erbrecht mit dem garantierten Mindesterbrecht für nahe Angehörige in Form von Pflichtteilsansprüchen erweist sich dabei als besonders mittelstandsfeindlich, da durch das Geltendmachen dieser Ansprüche dem Unternehmen die liquiden Mittel entzogen werden, was existentielle Ausmaße annehmen kann. Am Ende einer mißglückten oder fehlenden Nachfolgeregelung steht dann häufig der Verkauf oder der wirtschaftliche Niedergang des Familienunternehmens.

Um dieser Gefahr zu begegnen, werden verschiedene Möglichkeiten des Vermögensübergangs dargestellt, die das besondere Spannungsverhältnis zwischen Gesellschafts- und Erbrecht berücksichtigen und auch versuchen, einen Ausgleich zwischen den divergierenden Interessen des Erblassers im Hinblick auf den Unternehmenserhalt und die gleichzeitige Versorgung naher Familienangehöriger zu arrangieren. Dabei werden sowohl die Möglichkeiten der lebzeitigen Vermögensübertragung im Rahmen der vorweggenommenen Erbfolge als auch die erbrechtlichen Gestaltungsmöglichkeiten angesprochen.

Angesichts der erheblichen steuerlichen Belastungen, die bei der Übertragung eines Unternehmens im Wege der Erbfolge entstehen und das Unternehmen finanziell auszuzehren drohen, werden unter anderem steuerliche Fragen erörtert und Möglichkeiten aufgezeigt, wie sich in diesem Bereich Einsparungen realisieren lassen. Hierbei werden auch die Änderungen, die aufgrund des Jahressteuergesetzes 1997 eingetreten sind, angesprochen.

2 Grundbegriffe des Erbrechts

Das Erbrecht ist im fünften Buch des Bürgerlichen Gesetzbuches (BGB) geregelt (§§ 1922 bis 2385 BGB). In diesem Abschnitt wird der Vermögensübergang von einer natürlichen Person nach ihrem Tod auf eine andere geregelt.

Im folgenden werden in einem ersten Überblick und zum besseren Verständnis der Terminologie einige Grundbegriffe des Erbrechts näher erläutert.

2.1 Erblasser

Der Erblasser oder die Erblasserin ist diejenige Person, die ihr Vermögen mit ihrem Tod auf einen oder mehrere Erben überträgt.

Da nur natürliche Personen als Erblasser in Frage kommen, wurden diejenigen Rechtsfolgen, die sich aus der Auflösung einer juristischen Person ergeben, in anderen gesetzlichen Vorschriften wie dem Vereins- und Gesellschaftsrecht geregelt (vgl. §§ 45 ff. BGB für die Auflösung eines rechtsfähigen Vereins, §§ 60 ff. GmbHG für die Auflösung einer GmbH sowie §§ 264 ff. AktG für die Abwicklung einer aufgelösten Aktiengesellschaft).

2.2 Erbe

Erben sind diejenigen Personen, auf die das Vermögen des Erblassers nach dessen Tod im Wege der Universalsukzession übertragen wird, § 1922 Abs. 1 BGB.

Keine Erben sind hingegen die Personen, die anspruchsberechtigt gegenüber dem Nachlaß sind, wie der Vermächtnisnehmer (§ 2174 BGB), der durch eine Auflage Begünstigte (§ 2194 BGB), das nichteheliche Kind des Erblassers hinsichtlich seines Erbersatzanspruchs (§ 1934 a Abs. 1 BGB) und der Pflichtteilsberechtigte (§ 2303 Abs. 1 BGB).

Der Erblasser kann den oder die Erben mittels einer Verfügung von Todes wegen einsetzen (sog. *gewillkürte Erbfolge*), wobei unter einer derartigen letztwilligen Verfügung das Testament und der Erbvertrag verstanden werden. Wurde vom Erblasser nicht im Rahmen der gewillkürten Erbfolge letztwillig verfügt, tritt die gesetzliche Erbfolge ein, die in den §§ 1924 ff. BGB geregelt ist.

Erbe kann jedoch nur derjenige werden, der den Erbfall schon oder noch erlebt hat, §1923 Abs.1 BGB.

Unter dieser *Erbfähigkeit* wird die besondere Fähigkeit verstanden, die Erbenstellung oder Zuwendungen von Todes wegen zu erwerben.

Die Leibesfrucht, die beim Erbfall vorhanden ist, erhält mit der Geburt den erbrechtlichen Status eines Kindes, das bereits beim Erbfall gelebt hat, sog. *nasciturus* (§1923 Abs.2 BGB). Um die Rechte eines solchen nasciturus zu wahren, ist es möglich, einen Nachlaßpfleger (§1960 Abs.2 BGB) oder einen Pfleger (§1912 Abs.1 BGB) zu bestellen.

Da grundsätzlich derjenige erben kann, der rechtsfähig ist, also Träger von Rechten sein kann, können auch im Zeitpunkt des Erbfalls bestehende juristische Personen Erben sein (vgl. §2101 Abs.2 BGB).

Die Gesamthandsgemeinschaften wie die BGB-Gesellschaft, die eheliche Gütergemeinschaft und die Miterbengemeinschaft sind ebenso wie der nichtrechtsfähige Verein als solche nicht erbfähig; jedoch besteht die Möglichkeit, daß die Gesamthänder bzw. die Mitglieder erben.

2.3 Erbfall

Der Tod des Erblassers wird vom Gesetz in §1922 Abs.1 BGB als Erbfall bezeichnet. In bestimmten Fällen wie der Beantragung eines Erbscheins kann es für den vermeintlichen Erben problematisch sein, darzulegen, daß der Erblasser gestorben ist.

Um einen solchen Nachweis führen zu können, kann der vermeintliche Erbe als Hilfsmittel das beim Standesamt geführte Sterbebuch sowie die Sterbeurkunde (vgl. §§60, 64, 66 Personenstandsgesetz) hinzuziehen bzw. vorlegen.

Gilt eine Person als »verschollen« im Sinne des Verschollenheitsgesetzes und wird sie unter den Voraussetzungen dieses Gesetzes für tot erklärt, so begründet gemäß §9 Verschollenheitsgesetz die Todeserklärung die Vermutung, daß der Verschollene in dem im Beschluß festgestellten Zeitpunkt gestorben ist.

2.4 Erbschaft

Als Erbschaft wird vom Gesetz in §1922 Abs.1 BGB das Vermögen des Erblassers bezeichnet, das mit dessen Tode auf den oder die Erben übergeht. Als Synonym wird im Gesetz für den Begriff der Erbschaft auch der Begriff des *Nachlasses* verwandt, ohne damit inhaltlich etwas anderes aussagen zu wollen.

Zum Vermögen und damit zum Nachlaß einer *natürlichen Person* gehören sowohl alle vermögenswerten Rechte als auch alle Verbindlichkeiten im Zeitpunkt des Nachlasses.

Bei juristischen Personen und Gesamthandsgemeinschaften stellt sich dabei die Frage, ob neben den Aktiva und Passiva auch die Mitgliedschaftsrechte in den Nachlaß fallen, also vererblich sind. Dies ist zwar grundsätzlich der Fall, wenn und soweit der Kapitalbeteiligung und nicht der persönlichen Inhaberschaft das entscheidende Gewicht beigemessen wird. Jedoch ist bei der Vererblichkeit von Mitgliedschaftsrechten zwischen den einzelnen Gesellschaftsformen zu unterscheiden:

- Bei einer *Aktiengesellschaft* sind die Anteile hieran (Aktien) frei vererblich.
- Der Gesellschaftsanteil an einer *GmbH* ist gemäß §15 Abs.1 GmbHG grundsätzlich vererblich. Zwar kann im Gesellschaftsvertrag bzw. in der Satzung festgelegt werden, daß vom Grundsatz der freien Vererblichkeit der Gesellschaftsanteile abgewichen wird, jedoch ist der völlige Ausschluß der Vererblichkeit der Gesellschaftsanteile nicht gesellschaftsvertraglich möglich (arg. e. §15 Abs.5 GmbHG).

Den Wirkungen der Vererblichkeit eines Gesellschaftsanteils kann aber insofern entgegengetreten werden, als gesellschaftsvertraglich vereinbart werden kann, daß beim Tod eines Gesellschafters dessen Anteil gemäß §34 Abs.1 GmbHG entgeltlich oder unentgeltlich eingezogen wird oder daß dieser an eine vorher vertraglich bestimmte Person oder die GmbH selbst abzutreten ist.

- Bei einer *offenen Handelsgesellschaft* (OHG) ist gesetzlich vorgesehen, daß mit dem Tod auch nur eines Gesellschafters die Gesellschaft aufgelöst wird (§131 Nr. 4 HGB).

Allerdings wird gleichzeitig von gesetzlicher Seite die Möglichkeit eröffnet, von diesem Grundsatz abzuweichen und die OHG mittels der Vereinbarung von gesellschaftsvertraglichen Fortsetzungs-, Eintritts- oder Nachfolgeklauseln fortzuführen (§§131 Nr. 4, 138, 139 HGB). Auf diese Klauseln wird in einem der nachfolgenden Kapitel noch detaillierter eingegangen.

Wird von dieser gesetzlich eingeräumten Fortsetzungsmöglichkeit der Gesellschaft kein Gebrauch gemacht, führt die mit dem Tode eines Gesellschafters eintretende Auflösung der Gesellschaft nicht zu ihrer sofortigen Beendigung. Sie wird vielmehr als Liquidationsgesellschaft, in die der oder die Erben des verstorbenen Gesellschafters kraft Erbrechts eintreten, fortgeführt, um die bestehenden Rechtsbeziehungen der Gesellschaft abzuwickeln.

- Bei einer *Kommanditgesellschaft* (KG) ist grundsätzlich zu unterscheiden, ob ein Komplementär oder ein Kommanditist verstirbt.

  Der Tod eines Komplementärs zeitigt dieselben Rechtsfolgen wie der eines Gesellschafters einer OHG (vgl. §§ 161 Abs. 2, 131 Nr. 4 HGB). Er führt – wenn gesellschaftsvertraglich nichts anderes bestimmt ist – zur Auflösung der KG.

  Stirbt ein Kommanditist, so löst sich hingegen gemäß § 177 HGB die KG nicht auf, sondern besteht in der Form weiter, daß an die Stelle des verstorbenen dessen Erben als Nebenerben entsprechend ihrer Erbquote in dessen Gesellschafterstellung einrücken.

- Für den Tod eines BGB-Gesellschafters ist wiederum auf die eintretenden Rechtsfolgen beim Tod eines OHG-Gesellschafters zu verweisen.

  Die *BGB-Gesellschaft* wird demnach – wenn gesellschaftsvertraglich nichts anderes bestimmt ist – mit dem Tod des Gesellschafters aufgelöst. Die BGB-Gesellschaft wandelt sich in eine Liquidationsgesellschaft um, in die der oder die Erben des verstorbenen Gesellschafters einrücken.

  Ist gesellschaftsvertraglich die Fortsetzung der Gesellschaft unter den verbleibenden Gesellschaftern vorgesehen, so wächst gemäß § 738 Abs. 1 S. 1 BGB der Anteil des verstorbenen Gesellschafters den anderen Gesellschaftern zu.

- Ein *Handelsgeschäft* ist gemäß § 22 Abs. 1 HGB grundsätzlich vererblich.

  Zu beachten ist jedoch, daß die Firma, also der Name, unter dem das Geschäft betrieben wird, nur in Zusammenhang mit dem Unternehmen vererblich und übertragbar ist. Nicht vererblich ist die Kaufmannseigenschaft des verstorbenen Inhabers, da diese personengebunden ist.

2.5 Gesamtrechtsnachfolge

Das Prinzip der Gesamtrechtsnachfolge wird auch als *Universalsukzession* bezeichnet und ist in § 1922 Abs. 1 BGB geregelt. Es bedeutet, daß grundsätzlich das gesamte Vermögen des Erblassers auf den oder die Erben übertragen wird und daß dieser Erwerb aufgrund des Gesetzes, also ohne einen zusätzlichen Übertragungsakt, geschieht.

Ausnahmsweise ist auch die Nachfolge in einzelne Vermögenswerte als Erbe im Rahmen der sog. *Singularsukzession* anerkannt, so z. B. im Rahmen der Hofnachfolge (vgl. § 4 Höfeordnung) oder bei der Nachfolge in Anteile von Personengesellschaften (BGB-Gesellschaft, OHG und KG). Davon zu unterscheiden sind wiederum die Empfänger von Einzelzuwendungen, wie der Vermächtnisnehmer, die keine Erbenstellung innehaben.

Schließlich ist noch auf eine besondere Sonderrechtsnachfolge hinzuweisen, die sich noch zu Lebzeiten des Erblassers, also außerhalb des Erbrechts, vollzieht.

Hierunter fallen insbesondere die sog. Verträge zugunsten Dritter, wie zum Beispiel Bausparverträge und Lebensversicherungen, die vom Erblasser zu dessen Lebzeiten abgeschlossen worden sind, deren Bezugsrecht jedoch einem Dritten eingeräumt worden ist.

Eine sich ebenfalls außerhalb des Erbrechts vollziehende gesonderte Nachfolge stellt zudem die Nachfolge in ein Mietverhältnis gemäß §§ 569 a, b BGB dar, in das Ehegatten und Familienangehörige des Erblassers eintreten.

2.6 Testierfreiheit

Der Grundsatz der Testierfreiheit ermöglicht es dem Erblasser, eine beliebige Person als Erben mittels einer Verfügung von Todes wegen (Testament oder Erbvertrag) einzusetzen. Dies bedeutet, daß diejenigen Personen, die der Erblasser zu Erben einsetzt, nicht zum Kreis der gesetzlichen Erben gemäß §§ 1924 ff. BGB gehören müssen.

Damit die gesetzlichen Erben gemäß dem Prinzip der gesetzlichen Verwandtenerbfolge nicht übergangen werden, schafft das Pflichtteilsrecht der gesetzlichen Erben einen Ausgleich zwischen gesetzlich vorgesehener Verwandtenerbfolge und privatautonomer Testierfreiheit. Es ist jedoch darauf hinzuweisen, daß auch dieses Pflichtteilsrecht der gesetzlichen Erben gemäß §§ 2333 ff. BGB in bestimmten Fällen ausgeschlossen sein kann.

Des weiteren ist zu beachten, daß die Testierfreiheit durch den im Erbrecht herrschenden Typenzwang, d.h., es kann nur in den gesetzlich vorgesehenen Formen letztwillig verfügt werden, sowohl gewährleistet als auch formal begrenzt wird.

Letztlich gelten im Erbrecht auch die allgemeinen Grenzen der Privatautonomie, d.h., der Erblasser darf mit seiner letztwilligen Verfügung insbesondere nicht im Sinne des § 134 BGB gegen ein gesetzliches Verbot und nicht im Sinne des § 138 BGB gegen die guten Sitten verstoßen.

Andererseits ist er aber berechtigt, frühere Verfügungen von Todes wegen bis zu seinem Tod aufzuheben oder zu ändern.

3 Die gesetzliche Erbfolge

Die gesetzliche Erbfolge ist in den §§ 1924 bis 1936 BGB geregelt. Demnach gelten als gesetzliche Erben die Verwandten des Erblassers (§§ 1924 bis 1930 BGB), seine Ehefrau (§ 1930 BGB) und subsidiär der Staat (§ 1936 BGB).

Die gesetzliche Erbfolge wird grundsätzlich nur dann relevant, wenn der Erblasser nicht im Rahmen seiner Testierfreiheit letztwillig verfügt hat. In folgenden Fällen ist die gesetzliche Erbfolge jedoch auch neben einer vom Erblasser getroffenen Verfügung zu achten:

- Stellt sich heraus, daß die letztwillige Verfügung des Erblassers nichtig ist, weil sie beispielsweise gegen ein gesetzliches Verbot im Sinne des § 134 BGB oder die guten Sitten im Sinne des § 138 BGB verstößt, dann wird entsprechend der gesetzlichen Erbfolge der Nachlaß des Erblassers verteilt.
- Schlägt der durch eine letztwillige Verfügung des Erblassers eingesetzte Erbe die Erbschaft aus bzw. wird er für erbunwürdig erklärt, so tritt aufgrund fehlender anderweitiger Verfügungen des Erblassers die gesetzliche Erbfolge ein.
- Wird die letztwillige Verfügung des Erblassers gemäß den §§ 2078, 2079 BGB angefochten und damit rückwirkend beseitigt, gilt vorbehaltlich anderer Verfügungen des Erblassers die gesetzliche Erbfolge.
- Letztlich ist noch auf diejenigen Fälle hinzuweisen, in denen der Erblasser zwar letztwillig verfügt, die in der Verfügung Bedachten aber als »gesetzliche Erben« bezeichnet werden, so daß gemäß § 2066 Abs. 1 BGB die gesetzliche Erbfolge eingreift. Ein anderes Szenario liegt vor, wenn der Erblasser nicht über sein ganzes Vermögen letztwillig verfügt, so daß für das Vermögen, über das er nicht verfügt hat, die gesetzliche Erbfolge gilt.

3.1 Verwandtenerbfolge

Nach dem sog. *Parantelsystem* werden die Verwandten je nach ihrer Abstammung von bestimmten Vorfahren in Ordnungen eingeteilt.

Dabei gilt gemäß § 1930 BGB der Grundsatz, daß die Verwandten nachfolgender Ordnungen von der Erbschaft ausgeschlossen sind, solange ein Verwandter einer vorhergehenden Ordnung vorhanden ist.

3.1.1 Erben erster Ordnung

Gemäß § 1924 Abs. 1 BGB gehören zur ersten Ordnung die Abkömmlinge des Erblassers, d.h. seine Kinder, Enkel, Urenkel usw., da sie alle von ihm abstammen.

§ 1924 Abs. 4 BGB bestimmt, daß Kinder immer zu gleichen Teilen erben.

Beispiel:
Hans Schmidt hinterläßt Sohn Max und Tochter Anke. Da er keine letztwillige Verfügung getroffen hat, tritt die gesetzliche Erbfolge ein. Gemäß §§ 1924 Abs. 1, 4 BGB erben beide Kinder je die Hälfte des Nachlasses.

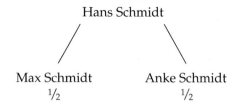

Falls ein Kind des Erblassers nicht mehr lebt, wenn der Erbfall eintritt, dann treten an seine Stelle dessen Abkömmlinge, welche mit dem Erblasser verwandt sind.

Beispiel:
Als Hartmut Westphal stirbt, hinterläßt er Tochter Gerda, Sohn Mark und die beiden Enkelkinder Sylvia und Mirja seines bereits verstorbenen Sohnes Harald.

Da auch hier mangels vorhandener letztwilliger Verfügung die gesetzliche Erbfolge eintritt, erben seine beiden Kinder Mark und Gerda gemäß §§ 1924 Abs. 1, 4 BGB je ein Drittel des Nachlasses, die beiden Enkelkinder Mirja und Sylvia zusammen das letzte Drittel, jedes der Enkelkinder somit ein Sechstel.

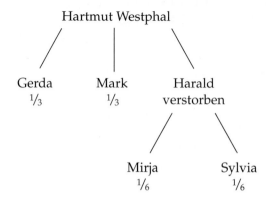

3.1.2 Erben zweiter Ordnung

In der zweiten Ordnung stehen gemäß § 1925 Abs. 1 BGB als gesetzliche Erben die Eltern des Erblassers sowie deren Abkömmlinge, d. h. also in erster Linie die Geschwister des Erblassers.

Wenn im Zeitpunkt des Todes des Erblassers dessen Eltern noch leben, so erben sie abgesehen vom Ehegatten des Erblassers allein.

Beispiel:
Günther Schäfer verstirbt unverheiratet und kinderlos. Seine Eltern Heinz und Clara Schäfer leben aber noch. Sie erben daher gemäß § 1925 Abs. 1 BGB je zur Hälfte, wenn ihr Sohn im Rahmen einer letztwilligen Verfügung nicht einen anderen zu seinem Erben bestimmt hat.

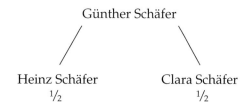

Lebt nur noch ein Elternteil des Erblassers, so erbt dieser gemäß § 1925 Abs. 3 Satz 2 BGB allein, wenn der Erblasser ihr einziger Abkömmling gewesen ist.

Haben die Eltern hingegen noch weitere Abkömmlinge und leben diese noch im Zeitpunkt des Todes des Erblassers, so treten diese gemäß § 1925 Abs. 3 Satz 1 BGB an die Stelle des verstorbenen Elternteils.

Beispiel:
Dieter Fischer verstirbt unverheiratet und kinderlos. Im Zeitpunkt seines Todes leben noch seine Mutter Jutta, sein Bruder Thomas und seine Schwester Tanja, sein Vater Kurt ist bereits verstorben.
Gemäß § 1925 Abs. 3 Satz 1 BGB erbt Jutta Fischer die Hälfte des Nachlasses ihres Sohnes, ihr Sohn Thomas und ihre Tochter Tanja erben je ein Viertel.

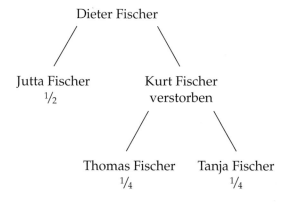

3.1.3 Erben dritter Ordnung

In die dritte Ordnung sind gemäß § 1926 Abs. 1 BGB die Großeltern des Erblassers und deren Abkömmlinge, wie Onkel und Tanten des Erblassers, einzuordnen. Falls beim Erbfall die Großeltern des Erblassers noch leben, erben sie gemäß § 1926 Abs. 2 BGB allein, und zwar wiederum zu gleichen Teilen.

An die Stelle eines verstorbenen Großelternteils treten nach § 1926 Abs. 3 Satz 1 BGB dessen Abkömmlinge. Letztere werden jedoch durch den überlebenden Ehegatten des Erblassers in vollem Umfang von ihrer Erbenstellung ausgeschlossen, vgl. §§ 1931 Abs. 1 und 2 BGB.

Beispiel:
Thomas Ritter verstirbt infolge eines Verkehrsunfalls bereits im Alter von 31 Jahren. Seine Eltern sind bei einem Flugzeugabsturz tödlich verunglückt. Er hat keine Geschwister. Im Zeitpunkt seines Todes leben noch seine Großmutter Karin Ritter und deren Kinder Stefan und Maren Ritter.

Gemäß § 1926 Abs. 3 Satz 1 BGB erbt Karin Ritter die Hälfte des Nachlasses ihres Enkels Thomas, Stefan und Maren Ritter erben von ihrem Neffen Thomas je ein Viertel des Nachlasses.

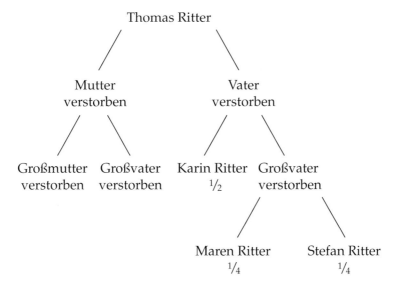

3.1.4 Erben vierter Ordnung

Zu den gesetzlichen Erben der vierten Ordnung gehören gemäß § 1928 Abs. 1 BGB die Urgroßeltern des Erblassers und deren Abkömmlinge. Leben zur Zeit des Erbfalls noch die Urgroßeltern, so erben sie gemäß § 1928 Abs. 2 BGB allein, mehrere noch lebende Urgroßeltern erben dabei zu gleichen Teilen.

Leben zur Zeit des Erbfalls die Urgroßeltern nicht mehr, so erbt gemäß § 1928 Abs. 3 BGB von ihren Abkömmlingen derjenige, der mit dem Erblasser dem Grade nach am nächsten verwandt ist – hier greift das sog. *Gradualsystem*. Mehrere gleich nahe Verwandte erben dabei zu gleichen Teilen.

Beispiel:
Als Tom Sörensen unverheiratet und kinderlos stirbt, leben seine Eltern nicht mehr. Er hat keine Geschwister. Auch leben im Zeitpunkt seines Todes weder Großeltern noch Urgroßeltern. Von seinen näheren Verwandten leben noch sein Großonkel Konrad und seine Tanten 2. Grades Sophie und Ute.

Gemäß § 1928 Abs. 1 und 3 BGB ist hier der Großonkel Konrad als derjenige Verwandte, der mit Tom Sörensen dem Grade nach am nächsten verwandt ist, gesetzlicher Alleinerbe des Nachlasses, soweit keine anders lautende letztwillige Verfügung vorliegt.

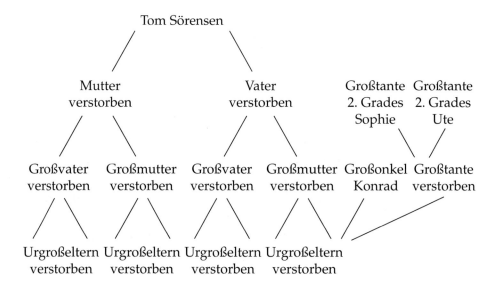

3.1.5 Erben fernerer Ordnungen

Zu den gesetzlichen Erben der fünften und fernerer Ordnungen gehören schließlich gemäß § 1929 Abs. 1 BGB die entfernteren Voreltern des Erblassers und deren Abkömmlinge.

Auch bei diesen Ordnungen gilt das ab der vierten Ordnung im Vordergrund stehende *Gradualsystem*, d. h. der mit dem Erblasser gradmäßig nähere Verwandte schließt die entfernteren Verwandten aus, vgl. §§ 1928 Abs. 3, 1929 Abs. 2 BGB.

3.2 Das Erbrecht des nichtehelichen Kindes

Das Erbrecht des nichtehelichen Kindes unterscheidet sich nach der aktuellen Gesetzeslage noch von dem ehelicher Kinder und bedarf deshalb einer gesonderten Darstellung.

Bis zur Streichung des § 1589 Abs. 2 BGB durch das *Gesetz über die rechtliche Stellung des nichtehelichen Kindes* vom 19.8.1969 galt das nichteheliche Kind im rechtlichen Sinne nicht mit seinem leiblichen Vater als verwandt.

Da nach dieser Neuregelung nunmehr die nichtehelichen Kinder mit ihren leiblichen Vätern und deren Verwandten nicht nur im natürlichen Sinne, sondern auch im rechtlichen Sinne verwandt sind, entstehen aus diesen Verwandtschaftsverhältnissen auch beiderseitige erbrechtliche Beziehungen.

Im Verhältnis zur Mutter und den mütterlichen Verwandten steht das nichteheliche Kind hingegen einem ehelichen Kind erbrechtlich völlig gleich, hat also namentlich das gesetzliche Erbrecht eines ehelichen Kindes.

> **Beispiel:**
>
> Ein nichteheliches Kind ist, wenn seine Mutter weder andere Abkömmlinge noch einen Ehegatten hinterläßt, als einziger Erbe der ersten Ordnung gemäß § 1924 Abs. 1 BGB gesetzlicher Alleinerbe.
> Hinterläßt hingegen die Mutter noch andere Abkömmlinge und einen Ehegatten, so bildet das nichteheliche Kind mit ihnen eine Erbengemeinschaft, und zwar mit dem Anteil eines ehelichen Kindes.
> Stirbt das nichteheliche Kind vor seiner Mutter, hinterläßt es aber Abkömmlinge, so treten diese gemäß § 1924 Abs. 3 BGB an seine Stelle.

Im Verhältnis zum leiblichen Vater und den väterlichen Verwandten hat das nichteheliche Kind die gesetzliche Erbenstellung eines ehelichen Kindes inne, wenn es Alleinerbe ist.

Hinterläßt der Vater hingegen weitere Abkömmlinge, so wird das nichteheliche Kind auf eine wertmäßig dem gesetzlichen Erbteil eines ehelichen Kindes entsprechende Geldforderung gegen den Nachlaß beschränkt. Dieser Anspruch des nichtehelichen Kindes gegen den Nachlaß wird als *Erbersatzanspruch* bezeichnet.

Erbersatzanspruch

Der Erbersatzanspruch ist in § 1934 a Abs. 1 BGB als Anspruch des nichtehelichen Kindes gegen die aus Abkömmlingen und den Ehegatten des Erblassers bestehende Erbengemeinschaft geregelt. Dieser Erbengemeinschaft soll es aus Gründen der Konfliktvorbeugung nach dem bisherigen Willen des Gesetzgebers nicht angehören.

Der Regelung des § 1934 a Abs. 1 BGB entsprechend gewährt § 1934 a Abs. 2 und 3 BGB dem leiblichen Vater und seinen Abkömmlingen bzw. sonstigen Verwandten beim Tod des nichtehelichen Kindes auch nur einen Erbersatzanspruch, wenn dieses einen Ehegatten und/oder seine Mutter mit ehelichen Abkömmlingen hinterläßt.

Beispiel:

Herbert Schmidt verstirbt und hinterläßt den ehelichen Sohn Max und die nichteheliche Tochter Tanja.

Max ist gemäß § 1924 Abs. 1 BGB gesetzlicher Alleinerbe und Tanja gemäß § 1934 a Abs. 1 BGB erbersatzberechtigt bezüglich des Wertes des hälftigen Nachlasses.

Für den Fall, daß sowohl Max als auch Tanja nichteheliche Kinder des Herbert Schmidt wären, würden beide Kinder jeweils gemäß § 1924 Abs. 1 und 4 BGB gesetzliche Miterben bezüglich der Hälfte des Nachlasses.

Ein zweites Beispiel:

Clara und Heinz Schröder haben drei Kinder: Sohn Axel, Tochter Anke und den nichtehelichen Sohn Karl.

Kurz nachdem Clara und Heinz Schröder bei einem Autounfall tödlich verunglückt sind, verstirbt auch der nichteheliche Sohn Karl. Er hinterläßt weder eine Ehefrau noch Abkömmlinge. Anke und Axel Schröder beerben somit ihre Eltern gemäß §§ 1924 Abs. 1 und 4 BGB als gesetzliche Miterben zu je einer Hälfte.

Ist Anke ein eheliches Kind ihres Vaters Heinz Schröder und Axel ein nichtehelicher Sohn seiner Mutter Clara so ändert sich an diesem Ergebnis nichts. Dagegen erlangt Anke, wenn sie die nichteheliche Tochter ihres Vaters Heinz Schröder ist, gemäß § 1934 a Abs. 2 BGB neben dem ehelichen Sohn Axel der Mutter Clara Schröder lediglich einen Erbersatzanspruch in Höhe der Hälfte des Nachlasses.

Der Erbersatzanspruch des nichtehelichen Kindes beziehungsweise des Vaters eines nichtehelichen Kindes verjährt gemäß § 1934 b Abs. 2 Satz 2 BGB in drei Jahren nach Kenntnis des Erbfalls beziehungsweise des Entstehens des Anspruchs, spätestens 30 Jahre nach dem Erbfall.

Vorzeitiger Erbausgleich
Als weiteres Institut des Nichtehelichenerbrechts sieht das Gesetz in §§ 1934 d und e BGB die Möglichkeit vor, daß das nichteheliche Kind in der Zeit nach Vollendung des 21. Lebensjahres und vor Vollendung des 27. Lebensjahres von seinem Vater einen *vorzeitigen Erbausgleich* verlangen kann.

Betragsmäßig ist dieser Ausgleichsbetrag gemäß § 1934 d Abs. 2 BGB auf den dreifachen Jahresunterhaltsbetrag der letzten fünf Jahre festgelegt. Die Vereinbarung einer solchen Ausgleichszahlung bedarf gemäß § 1934 d Abs. 4 Satz 1 BGB der notariellen Beurkundung.

Tritt das nichteheliche Kind mit einem derartigen Ausgleichsverlangen an seine leiblichen Vater heran, so kann dieser gemäß § 1934 d Abs. 5 BGB die *Stundung* dieses Betrages verlangen, wenn
- er dem anspruchsstellenden Kind laufenden Unterhalt zu gewähren hat und ihm die Ausgleichszahlung daneben unzumutbar ist oder
- ihm die sofortige Zahlung des Gesamtbetrages hart treffen würde und dem Kind eine Stundung zumutbar erscheint.

Die wirksame Vereinbarung eines vorzeitigen Erbausgleichs führt gemäß § 1934 e BGB dazu, daß dem nichtehelichen Kind beim Tod seines Vaters oder väterlicher Verwandter kein Erb- oder Pflichtteilsrecht zusteht, was umgekehrt auch für den Vater und seine Verwandten für den Fall des Vorversterbens des nichtehelichen Kindes gilt.

3.3 Das Erbrecht legitimierter Kinder

Zu klären ist des weiteren die erbrechtliche Stellung derjenigen nichtehelichen Kinder, die nach ihrer Geburt durch spätere Ehe ihrer Eltern oder durch Gerichtsbeschluß für ehelich erklärt werden.

Gemäß § 1719 Abs. 1 BGB wird ein nichteheliches Kind mit der Ehe seiner Eltern ehelich legitimiert, auch wenn die Ehe später für nichtig erklärt wird oder aufhebbar ist. Diese Legitimation wirkt aber nur ab der Eheschließung der Eltern und geht nicht bis auf den Zeitpunkt der Geburt des Kindes zurück.

Ohne Eheschließung der Eltern kann das nichteheliche Kind seinen Status nur auf Antrag des Vaters gemäß § 1723 BGB oder auf eigenen Antrag gemäß § 1740 a BGB verändern. Ziel dieser Anträge ist die Feststellung der Ehelichkeit des nichtehelichen Kindes durch das Vormundschaftsgericht.

Die Ehelichkeitserklärung bewirkt gemäß § 1736 BGB in allen beschriebenen Fällen, daß dem nichtehelichen Kind im Verhältnis zu seinem Vater und dessen Verwandten die Stellung eines ehelichen Kindes zukommt und macht es somit zu einem gesetzlichen Erben.

3.4 Das Erbrecht von adoptierten Kindern

Schließlich ist noch auf die erbrechtlichen Auswirkungen hinzuweisen, die die Adoption eines Kindes nach sich zieht. Dabei führt die Adoption von Minderjährigen und Volljährigen zu unterschiedlichen erbrechtlichen Konsequenzen:

- Durch die *Adoption oder Annahme eines minderjährigen Kindes,* die das Vormundschaftsgericht auszusprechen hat, erhält das angenommene Kind gemäß § 1754 Abs. 2 BGB die rechtliche Stellung eines ehelichen Kindes des Annehmenden.

  Nimmt ein Ehepaar ein Kind an oder nimmt ein Ehegatte ein Kind eines anderen Ehegatten an, so erlangt das Kind gemäß § 1754 Abs. 1 BGB die rechtliche Stellung eines gemeinschaftlichen ehelichen Kindes der Ehegatten.

  Aus erbrechtlicher Sicht wird das Kind in den beiden genannten Fällen gesetzlicher Erbe der ersten Ordnung nach dem bzw. den Annehmenden und verliert somit alle erbrechtlichen Verbindungen zu seinen leiblichen Verwandten.

  Die Adoption führt zu folgenden Auswirkungen auf die bestehenden Verwandtschaftsverhältnisse des minderjährigen Kindes:
    - Gemäß § 1755 Abs. 1 BGB erlöschen mit der Annahme das Verwandtschaftsverhältnis des Kindes und seiner Abkömmlinge zu den bisherigen Verwandten und die sich aus ihm ergebenden Rechte und Pflichten.
    - Nimmt ein Ehegatte das nichteheliche Kind seines Ehegatten an, so tritt in diesem Fall gemäß § 1755 Abs. 2 BGB das Erlöschen des Verwandtschaftsverhältnisses nur im Verhältnis zu demjenigen Elternteil und dessen Verwandten ein, der nicht mit dem Annehmenden verheiratet ist.
    - Sind die Annehmenden mit dem Kind im zweiten oder dritten Grad verwandt oder verschwägert, so erlischt gemäß § 1756 Abs. 1 BGB nur das Verwandtschaftsverhältnis des Kindes und seiner Abkömmlinge zu den Eltern des Kindes, nicht aber auch zu den Großeltern oder Urgroßeltern.
    - Nimmt ein Ehegatte das eheliche Kind seines Ehegatten an, dessen frühere Ehe durch Tod aufgelöst wurde (*Stiefkindadoption*), so tritt das Erlöschen nicht im Verhältnis zu den Verwandten des verstorbenen Elternteils ein. Das angenommene Kind zählt daher beispielsweise zu den gesetzlichen Erben nach den Eltern seines verstorbenen Elternteils.

- Bei der *Adoption eines Volljährigen* beziehen sich hingegen gemäß § 1770 Abs. 1 BGB die Wirkungen der Annahme nicht auf die Verwandten des Annehmenden, d.h., der Adoptierte ist nur mit dem Annehmenden familiär verbunden, nicht aber mit dessen Verwandten. Das führt gemäß § 1770 Abs. 2 BGB dazu, daß das Verwandtschaftsverhältnis des Angenommenen und seiner Abkömmlinge zu ihren Verwandten bestehen bleibt.

  Aus erbrechtlicher Sicht hat dies wiederum zur Konsequenz, daß der Adoptierte begrenzt auf eine Generation in zwei Familien als gesetzlicher Erbe berufen ist, also sowohl gesetzlicher Erbe nach seinen leiblichen Eltern als auch nach dem Annehmenden ist.

3.5 Das gesetzliche Erbrecht des Ehegatten

Das gesetzliche Erbrecht des Ehegatten orientiert sich aus rein erbrechtlicher Sicht gemäß § 1931 BGB zunächst einmal daran, ob Verwandte des verstorbenen Ehegatten vorhanden sind und welcher Ordnung diese angehören.

Des weiteren ist es güterstandsabhängig, d.h. es ist für den Umfang des Ehegattenerbrechts auch entscheidend, in welchem Güterstand die Ehegatten im Zeitpunkt des Erbfalls gelebt haben.

Grundlage des Erbrechts eines Ehegatten ist jedoch immer, daß die Ehe mit dem verstorbenen Ehegatten im Zeitpunkt dessen Todes noch Bestand hatte. Hier ist § 1933 Satz 1 BGB zu beachten, nach dem das Erbrecht und der Voraus des überlebenden Ehegatten bereits dann ausgeschlossen sind, wenn die Voraussetzungen für die Scheidung der Ehe im Zeitpunkt des Todes des verstorbenen Ehegatten gegeben waren und letzterer die Scheidung beantragt oder ihr zugestimmt hatte. In einem solchen Fall wandelt sich gemäß § 1933 Satz 3 BGB das Erbrecht des überlebenden Ehegatten in einen Unterhaltsanspruch um, den der Erbe des verstorbenen Ehegatten zu erfüllen hat.

3.5.1 Der Umfang des Ehegattenerbrechts aus rein erbrechtlicher Sicht

Gemäß § 1931 Abs. 1 Satz 1 BGB erbt der überlebende Ehegatte neben Verwandten der ersten Ordnung ein Viertel des Nachlasses des verstorbenen Ehegatten.

> **Beispiel:**
>
> Helga Maler verstirbt und hinterläßt ihren Ehegatten Helmut sowie die Kinder Claudia und Jan.
> Helmut Maler beerbt seine Frau gemäß § 1931 Abs. 1 Satz 1 BGB zu ein Viertel, Claudia und Jan erben gemäß § 1924 Abs. 1 und 4 BGB je drei Achtel.

Neben Verwandten der zweiten Ordnung oder neben Großeltern erbt der überlebende Ehegatte gemäß § 1931 Abs. 1 Satz 1 Halbsatz 2 BGB die Hälfte des Nachlasses des verstorbenen Ehegatten.

> **Beispiel:**
>
> Helga Müller verstirbt und hinterläßt ihren Ehemann Helmut. Ihre Ehe blieb kinderlos. Von ihren Eltern lebt nur noch ihr Vater Karl, von ihren Geschwistern ihre Schwester Anke.
> Hier wird Ehemann Helmut Müller gemäß § 1931 Abs. 1 Satz 1 Halbsatz 2 BGB gesetzlicher Erbe nach seiner Frau und erbt die Hälfte; Vater Karl und Schwester Anke sind gemäß § 1925 Abs. 3 BGB gesetzliche Erben zu je einem Viertel.

Treffen mit Großeltern Abkömmlinge von Großeltern zusammen, so erhält der überlebende Ehegatte gemäß § 1931 Abs. 1 Satz 2 BGB auch von der anderen Hälfte des Nachlasses des verstorbenen Ehegatten den Anteil, der diesen Abkömmlingen zufallen würde.

> **Beispiel:**
>
> Florian König stirbt und hinterläßt seine Ehefrau Elke, mit der er eine kinderlose Ehe geführt hat. Seine Eltern sind bei einem Verkehrsunfall tödlich verletzt worden. Von seinen Großeltern lebt nur noch seine Großmutter Gerda König und von deren Kindern sein Onkel Fred König.

> Elke König erbt gemäß § 1931 Abs. 1 Satz 1 BGB die Hälfte des Nachlasses ihres verstorbenen Mannes, Gerda König erbt gemäß § 1926 Abs. 1 und 3 BGB ein Viertel. An sich würde auch Fred König gemäß §§ 1926 Abs. 1 und 3 BGB das Viertel seines verstorbenen Vaters erben. Dieses erhält aber gemäß § 1931 Abs. 1 Satz 2 BGB auch Elke König, so daß sie insgesamt zu drei Viertel Erbin ist.

Gemäß § 1931 Abs. 2 BGB erhält der überlebende Ehegatte die ganze Erbschaft, wenn weder Verwandte der ersten oder zweiten Ordnung noch Großeltern vorhanden sind.

> **Beispiel:**
>
> Martin Schwarz verstirbt und hinterläßt seine Ehefrau Clara. Ihr gemeinsamer Sohn Thomas ist bei einem Motorradunfall tödlich verunglückt. Die Eltern und Großeltern von Martin Schwarz sind bereits verstorben. Von den Geschwistern seiner Eltern leben noch seine Tante Ute und sein Onkel Harald.
> Hier ist Clara Schwarz gemäß § 1931 Abs. 2 BGB Alleinerbin, da weder Erben erster oder zweiter Ordnung noch Großeltern ihres verstorbenen Mannes leben. Die Tante und der Onkel von Martin Schwarz beerben ihn hingegen nicht.

Dieses Ergebnis ist insofern bemerkenswert, als der überlebende Ehegatte mehr erbt, wenn zwar keine Großeltern des verstorbenen Ehegatten mehr leben, wohl aber noch Abkömmlinge derselben vorhanden sind. Denn in einem Fall, in dem Großelternteile versterben, ohne Abkömmlinge zu hinterlassen, fällt deren Anteil am Nachlaß des verstorbenen Ehegatten gemäß § 1926 Abs. 3 und 4 BGB den anderen Großelternteilen bzw. deren Abkömmlingen zu.

Aus der abschließenden Regelung des § 1931 Abs. 2 BGB folgt, daß die Verwandten der vierten und jeder ferneren Ordnung durch den überlebenden Ehegatten ausgeschlossen werden.

3.5.2 Der Umfang des Ehegattenerbrechts unter Berücksichtigung der Güterstände des BGB

Für den Umfang des Erbrechts des überlebenden Ehegatten kommt es zudem darauf an, in welchem der Güterstände des BGB die Ehegatten gelebt haben, ob sie also im gesetzlichen Güterstand der Zugewinngemeinschaft gelebt haben oder Gütertrennung beziehungsweise Gütergemeinschaft ehevertraglich vereinbart hatten.

Der Güterstand der Gütertrennung
Der Güterstand der Gütertrennung im Sinne des § 1414 BGB bedeutet, daß sich während der Ehe zwei getrennte Vermögensmassen des Ehemannes und der Ehefrau gegenüberstehen, d.h. die Ehegatten sind vermögensrechtlich wie Unverheiratete gestellt.

Lebt ein Ehepaar im Zeitpunkt des Todes eines Ehegatten im ehevertraglich vereinbarten Güterstand der Gütertrennung und sind als gesetzliche Erben neben dem überlebenden Ehegatten *ein oder zwei Kinder* des verstorbenen Ehegatten als Erben berufen, so erben gemäß § 1931 Abs. 4 BGB der überlebende Ehegatte und jedes Kind zu gleichen Teilen.

Beispiel:

Walter und Renate Meier haben für ihre Ehe Gütertrennung vertraglich vereinbart. Sie haben eine Tochter Jutta und einen Sohn Thomas. Walter Meier verstirbt.

Renate Meier beerbt ihren Mann gemäß § 1931 Abs. 4 BGB zu ein Drittel, ihre Kinder werden ebenfalls zu je ein Drittel Erben.

Bei mehr als zwei Kindern bleibt es auch im Güterstand der Gütertrennung bei der Regelung des § 1931 Abs. 1 BGB, wonach der überlebende Ehegatte neben Verwandten der ersten Ordnung zu ein Viertel erbt.

> **Beispiel:**
>
> Der verstorbene Walter Meier hinterläßt neben seiner Ehefrau Renate, mit der er im Güterstand der Gütertrennung gelebt hat, seinen Sohn Thomas und die Töchter Maike und Susanne.
> Hier erbt Renate Meier gemäß § 1931 Abs. 1 BGB ein Viertel, ihre Kinder werden ebenfalls zu je ein Viertel Erben.

Wenn *zusätzlich ein nichteheliches Kind* vorhanden ist, hat dieses weiterhin einen Erbersatzanspruch gemäß § 1934 a Abs. 1 BGB.

> **Beispiel:**
>
> Walter Meier verstirbt und hinterläßt außer seiner Ehefrau Renate, mit der er im Güterstand der Gütertrennung lebt, seine ehelichen Kinder Thomas und Ulrike sowie seinen nichtehelichen Sohn Max. Renate Meier und ihre beiden Kinder erben grundsätzlich ein Drittel.
> Max hat jedoch gegen die aus Renate Meier und ihren beiden Kindern bestehende Erbengemeinschaft einen Erbersatzanspruch gemäß § 1934 a Abs. 1 BGB in Höhe von ein Viertel, da er in dieser Höhe gemäß § 1931 Abs. 4 BGB gesetzlicher Erbe wäre.

Der Güterstand der Gütergemeinschaft

Der in den §§ 1415 ff. BGB geregelte Güterstand der Gütergemeinschaft ist dadurch gekennzeichnet, daß er zwischen fünf verschiedenen Vermögensmassen der Ehegatten unterscheidet, und zwar zwischen dem Sonder- und Vorbehaltsgut eines jeden Ehegatten gemäß §§ 1417, 1418 BGB und dem gemeinsamen Gesamtgut im Sinne des § 1416 BGB. An letzterem ist jeder Ehegatte gesamthänderisch zur Hälfte beteiligt.

Stirbt ein Ehegatte, so besteht sein Nachlaß gemäß § 1482 Satz 1 BGB aus seinem hälftigen Anteil am Gesamtgut sowie aus seinem Sonder- und Vorbehaltsgut.

Da der überlebende Ehegatte bereits aus güterrechtlicher Sicht gemäß § 1471 BGB die Hälfte des Gesamtgutes für sich beanspruchen kann, bedarf es für ihn keiner zusätzlichen erbrechtlichen Besserstellung, so daß die Regelung des § 1931 Abs. 1 und 2 BGB greift.

Gemäß § 1483 Abs. 1 BGB können die Ehegatten zudem ehevertraglich vereinbaren, daß die Gütergemeinschaft nach dem Tod eines Ehegatten zwischen dem überlebenden Ehegatten und den gemeinsamen Abkömmlingen fortgesetzt wird. Dies bedeutet dann, daß sich der Nachlaß des verstorbenen Ehegatten, der nach den §§ 1924 ff. BGB aufgeteilt wird, nur aus dessen Vorbehalts- und Sondergut zusammensetzt. Das Gesamtgut der Ehegatten wird hingegen gemeinschaftliches Eigentum der gemeinsamen Kinder und des überlebenden Ehegatten.

Beispiel:

Harald Großmann verstirbt und hinterläßt seine Ehefrau Tina, mit der er im Güterstand der Gütergemeinschaft gelebt hat, sowie seine drei Kinder Dörte, Carmen und Christian.
   Ehevertraglich haben Harald Großmann und seine Ehefrau *fortgesetzte Gütergemeinschaft* vereinbart.
   Zum Nachlaß des Harald Großmann gehören ein Grundstück im Wert von 1 000 000 DM sowie als Vorbehaltsgut ein Bankguthaben in Höhe von 10 000 DM. Das Grundstück gehört zum Gesamtgut und steht gemäß § 1483 BGB nunmehr aufgrund fortgesetzter Gütergemeinschaft im gesamthänderischen Eigentum von Tina Großmann und ihren drei Kindern.
   Von dem Bankguthaben in Höhe von 10 000 DM erbt Tina Großmann gemäß § 1931 Abs. 1 BGB ein Viertel (= 2500 DM), ihre Kinder Dörte, Carmen und Christian erben gemäß §§ 1924 Abs. 1 und 4 BGB ebenfalls je ein Viertel (= je 2500 DM).

Gesetzlicher Güterstand der Zugewinngemeinschaft
Leben die Ehegatten im gesetzlichen Güterstand der Zugewinngemeinschaft und wird diese durch den Tod eines Ehegatten beendet, so ergeben sich in Abhängigkeit von der erbrechtlichen Stellung des überlebenden Ehegatten folgende Konstellationen:

a) Erbrechtliche Konstellation
In dieser Konstellation kommt es gemäß § 1931 Abs. 3 in Verbindung mit § 1371 Abs. 1 BGB zu einer pauschalierten Erhöhung des gesetzlichen Erbteils des überlebenden Ehegatten um ein Viertel, so daß dieser neben den gesetzlichen Erben der ersten Ordnung zur Hälfte, neben dem gesetzlichen Erben der zwei-

ten Ordnung oder Großeltern des verstorbenen Ehegatten zu drei Viertel an der Erbschaft partizipiert.

Wenn weder Verwandte der ersten oder zweiten Ordnung noch Großeltern vorhanden sind, wird der überlebende Ehegatte gemäß § 1931 Abs. 2 BGB Alleinerbe.

Gemäß § 1371 Abs. 1 Halbsatz 2 BGB erfolgt die pauschalierte Erhöhung des Erbteils des überlebenden Ehegatten unabhängig davon, ob die Ehegatten tatsächlich einen Zugewinn erzielt hatten.

Voraussetzung für ein Erbrecht des überlebenden Ehegatten gemäß §§ 1931 Abs. 3, 1371 Abs. 1 BGB ist jedoch immer, daß dieser von seinem verstorbenen Ehepartner entweder als Erbe oder Vermächtnisnehmer mittels einer Verfügung von Todes wegen eingesetzt worden ist oder als gesetzlicher Erbe gilt.

Beispiel:

Hans Schacht ist mit seiner Frau Monika im gesetzlichen Güterstand der Zugewinngemeinschaft verheiratet. Als Hans Schacht, ohne eine letztwillige Verfügung getroffen zu haben, verstirbt, hinterläßt er neben seiner Frau Monika noch die gemeinsamen Kinder Stefan und Silke.

Monika Schacht erbt gemäß § 1931 Abs. 1 BGB neben ihren Kindern als Erben erster Ordnung zunächst ein Viertel, während ihre Kinder gemäß § 1924 Abs. 1 und 4 BGB je zu drei Achtel erben.

Da Monika Schacht mit ihrem Mann aber im gesetzlicher Güterstand der Zugewinngemeinschaft gelebt hat, erhöht sich ihr Erbteil gemäß § 1371 Abs. 1 BGB pauschal um ein Viertel auf die Hälfte des Nachlasses ihres verstorbenen Ehemannes. Ihre beiden Kinder erben demzufolge nur noch je ein Viertel des Nachlasses.

b) Güterrechtliche Konstellation
Anders stellt sich die erbrechtliche Situation für den überlebenden Ehegatten dar, wenn er von seinem verstorbenen Ehepartner weder als Erbe noch als Vermächtnisnehmer eingesetzt worden ist und auch nicht als gesetzlicher Erbe gilt. Dann kann der überlebende Ehegatte gemäß § 1371 Abs. 2 BGB den *Ausgleich des Zugewinns* gemäß §§ 1371 ff. BGB verlangen.

Daneben steht ihm ein sog. *kleiner Pflichtteil* gemäß § 1371 Abs. 2 Halbsatz 2 BGB zu, der sich nach dem nicht erhöhten gesetzlichen Erbteil des überlebenden Ehegatten gemäß § 1931 Abs. 1 und 2 BGB berechnet.

> **Beispiel:**
>
> Dieter Gösch lebt mit seiner Frau Sandra im gesetzlichen Güterstand der Zugewinngemeinschaft. Er hat im Laufe der Ehe einen Zugewinn erzielt, während seine Frau keinen Zugewinn erwirtschaftet hat. Testamentarisch setzt er die beiden gemeinsamen Kinder zu Alleinerben ein und enterbt somit seine Ehefrau.
>
> Nach dem Tod ihres Mannes kann Sandra Gösch gemäß §1371 Abs. 2 BGB den Zugewinnausgleich nach den §§ 1373 ff. BGB verlangen. Daneben hat sie einen Anspruch auf den kleinen Pflichtteil. Da sie aus rein erbrechtlicher Sicht gemäß §1931 Abs. 1 BGB neben ihren beiden Kindern zu einem Viertel Erbin werden würde, beträgt ihr Pflichtteil gemäß §2303 Abs. 1 Satz 2 BGB ein Achtel des Nachlasses ihres Mannes.

Gemäß §1371 Abs. 3 BGB kann der überlebende Ehegatte den Anspruch auf Ausgleich des Zugewinns und auf den kleinen Pflichtteil auch stellen, wenn er als Erbe oder Vermächtnisnehmer eingesetzt worden ist, diese erbrechtliche Stellung aber gemäß §§ 1942 ff. BGB ausschlägt.

Dabei besteht die Besonderheit, daß der überlebende Ehegatte im Gegensatz zu den gesetzlichen Erben der ersten und zweiten Ordnung durch die Ausschlagung der Erbschaft sein Pflichtteilsrecht nicht verliert.

Die dem überlebenden Ehegatten mit §1371 Abs. 3 BGB eingeräumte Möglichkeit ist für ihn besonders dann finanziell interessant, wenn der verstorbene Ehepartner sein Vermögen hauptsächlich während der Ehe erwirtschaftet hat.

Ein wichtiger Hinweis hierbei ist: Der überlebende Ehegatte hat zu beachten, daß er im Fall der Ausschlagung der Erbschaft oder des Vermächtnisses nicht wählen kann, ob er bei großem Zugewinn des verstorbenen Ehegatten den kleinen Pflichtteil und den Zugewinnausgleich geltend macht oder ob er bei geringerem Zugewinn den gemäß §§1931 Abs. 3, 1371 Abs. 1 BGB um ein Viertel erhöhten gesetzlichen Erbteil (*großer Pflichtteil*) beansprucht.

Er hat in diesem Fall allein einen Anspruch auf den kleinen Pflichtteil und den Zugewinnausgleich.

> **Beispiel:**
>
> Daniela und Konrad Weise leben im gesetzlichen Güterstand der Zugewinngemeinschaft. Sie haben zwei Kinder. Konrad Weise hat während seiner Ehe einen Zugewinn von 600 000 DM erzielt, während seine Frau keinen Zugewinn erwirtschaftet hat. Konrad Weise stirbt und hinterläßt seiner Familie einen Nachlaß von insgesamt 640 000 DM.
>
> Da er keine Verfügung von Todes wegen getroffen hat, tritt die gesetzliche Erbfolge ein.
>
> Nimmt Daniela Weise die Erbschaft an, so erbt sie gemäß § 1371 Abs. 1 in Verbindung mit § 1931 Abs. 1 BGB insgesamt die Hälfte der Erbschaft, also 320 000 DM. Schlägt sie hingegen die Erbschaft aus, dann würde sie gemäß §§ 1373 ff. BGB einen Zugewinnausgleichsanspruch in Höhe von 300 000 DM erzielen. Dazu hätte sie einen Anspruch auf den kleinen Pflichtteil in Höhe von 42 500 DM (= ein Achtel von 340 000 DM). In diesem Fall würde sie folglich insgesamt 342 500 DM erhalten.
>
> Den großen Pflichtteil, der sich nach dem um ein Viertel erhöhten gesetzlichen Erbteil des überlebenden Ehegatten berechnet und hier demzufolge ein Viertel der Erbschaft (gemäß §§ 1371 Abs. 1, 1931 Abs. 1 BGB beträgt der gesetzliche Erbteil die Hälfte), also 160 000 DM, betragen würde, darf sie jedoch nicht geltend machen.

Zusammenfassend ist festzustellen, daß der Betrag, der im Rahmen des Zugewinnausgleichs auszugleichen ist, einen erheblichen Teil des Nachlasses des verstorbenen Ehegatten ausmachen muß, damit die Ausschlagung der Erbschaft für den überlebenden Ehegatten finanziell rentabel wird.

3.5.3 Der Voraus des Ehegatten

Gemäß § 1932 BGB hat der überlebende Ehegatte neben seinem Erbrecht noch einen Anspruch auf den Voraus, d. h., auf die zum ehelichen Haushalt gehörenden Gegenstände, soweit sie nicht Zubehör eines Grundstücks sind, und die ehemals erhaltenen Hochzeitsgeschenke.

Voraussetzung dafür ist aber, daß der überlebende Ehegatte als gesetzlicher Erbe berufen ist, d. h., er darf nicht durch letztwillige Verfügung (Testament oder Erbvertrag) zum Erben eingesetzt sein oder die Erbschaft ausgeschlagen haben.

Der Voraus, der ein *gesetzliches Vorausvermächtnis* im Sinne des § 2150 BGB darstellt, gebührt dem überlebenden Ehegatten grundsätzlich neben Verwandten der zweiten Ordnung und Großeltern. Gegenüber Verwandten der ersten Ordnung nur soweit, wie er diese Gegenstände zur Führung eines angemessenen Haushalts benötigt, vgl. § 1932 Abs. 1 Satz 2 BGB.

3.5.4 Zusammenfassung: Das Erbrecht des Ehegatten

	Zugewinngemeinschaft = gesetzlicher Güterstand	Gütertrennung	Gütergemeinschaft
neben Erben erster Ordnung (Kinder, Enkel, …)	¼ (§ 1931 Abs. 1) + ¼ (§ 1371 Abs. 1) = ½	§ 1931 Abs. 4: ½ neben 1 Kind ⅓ neben 2 Kindern ¼ neben 3 oder mehr Kindern	¼ (§ 1931 Abs. 1)
neben Erben zweiter Ordnung (Eltern, Geschwister)	½ (§ 1931 Abs. 1 Satz 2) + ¼ (§ 1371 Abs. 1) = ¾	½ (§ 1931 Abs. 1)	½ (§ 1931 Abs. 1)
neben Erben dritter Ordnung (Großeltern)	½ (§ 1931 Abs. 1 Satz 2) + ¼ (§ 1371 Abs. 1) = ¾	½ (§ 1931 Abs. 1 Satz 2)	½ (§ 1931 Abs. 1 Satz 2)
neben Erben fernerer Ordnungen	den gesamten Nachlaß	den gesamten Nachlaß	den gesamten Nachlaß

4 Das Pflichtteilrecht

Das Pflichtteilsrecht ist das gesetzlich garantierte Mindesterbrecht der gesetzlichen Erben und verschafft den Interessen der Berechtigten für den Fall Geltung, daß der Erblasser von der ihm eingeräumten Testierfreiheit Gebrauch macht und seinen Nachlaß auf nicht zu den gesetzlichen Erben zählende Dritte übertragen möchte.

4.1 Die Pflichtteilsberechtigung

Gemäß § 2303 Abs. 1 BGB sind zunächst die Abkömmlinge des Erblassers, also seine Kinder, Enkel und Urenkel pflichtteilsberechtigt.

Hinzu kommen gemäß § 2303 Abs. 2 BGB die Eltern und der Ehegatte des Erblassers. Hier gilt es zu beachten, daß gemäß § 2309 BGB das Pflichtteilsrecht der Eltern und entfernterer Abkömmlinge des Erblassers dann ausgeschlossen ist, wenn im Sinne der gesetzlichen Erbfolge vorrangige Abkömmlinge vorhanden sind. Ein Verlust des Pflichtteilsrechts liegt hingegen vor, wenn

- der Erblasser den Pflichtteil gemäß §§ 2333 ff. BGB entzogen hat.
- der Pflichtteilsberechtigte auf seinen Pflichtteil gemäß § 2346 Abs. 2 BGB verzichtet hat.
- das nichteheliche Kind seinen vorzeitigen Erbausgleich gemäß § 1934 e BGB erhalten hat.
- der Erbe die Erbschaft gemäß §§ 1944 ff. BGB ausgeschlagen hat.

Hinweis:
Eine Ausnahme von dem Grundsatz, daß derjenige, der die Erbschaft ausschlägt, keinen Pflichtteilsanspruch hat, bildet § 1371 BGB, wonach der überlebende Ehegatte, obwohl er die Erbschaft ausgeschlagen hat, neben dem Ausgleich des Zugewinns einen Anspruch auf den sog. Pflichtteil hat.

Eine weitere Ausnahme von diesem Grundsatz stellt § 2306 Abs. 1 Satz 2 BGB dar, nach dem derjenige Pflichtteilsberechtigte, der unter den in § 2306 Abs. 1 Satz 1 BGB genannten Beschränkungen mit einem über der Hälfte seines gesetzlichen Erbteils liegenden Erbteil als Erbe eingesetzt worden ist, diese Erbschaft ausschlagen und seinen Pflichtteil verlangen kann.

Hinzuweisen ist schließlich noch auf die Regelung des § 2338 a BGB, wonach ein nichteheliches Kind bzw. der Vaters des nichtehelichen Kindes auch dann einen Anspruch auf ihren Pflichtteil haben, wenn ihnen der Erbersatzanspruch durch Verfügung von Todes wegen entzogen worden ist.

4.2 Die Entstehung des Pflichtteils

Gemäß § 2317 Abs. 1 BGB entsteht der Anspruch auf den Pflichtteil mit dem Erbfall.

Voraussetzung für die Entstehung des Pflichtteils ist, daß der Pflichtteilsberechtigte durch eine Verfügung von Todes wegen von der gesetzlichen Erbfolge ausgeschlossen worden ist. Dies kann gemäß der Auslegungsregel des § 2304 BGB auch dadurch geschehen, daß der Erblasser letztwillig anordnet, daß ein Pflichtteilsberechtigter den Pflichtteil erhalten soll. Diese Anordnung ist im Zweifelsfall aber nicht als Erbeinsetzung anzusehen.

Gemäß § 2317 Abs. 2 BGB ist der Pflichtteilsanspruch zudem übertragbar, was sich auch darin äußert, daß er gemäß § 312 Abs. 2 BGB Gegenstand eines schuldrechtlichen Vertrages unter den künftigen gesetzlichen Erben sein kann. Ein solcher Vertrag bedarf allerdings der notariellen Beurkundung.

4.3 Die Höhe des Pflichtteils

Der Pflichtteil beträgt gemäß § 2302 Abs. 1 Satz 2 BGB grundsätzlich die Hälfte des Wertes des gesetzlichen Erbteils.

Für die konkrete Berechnung der Pflichtteilshöhe ist es deshalb zunächst einmal erforderlich, den gesetzlichen Erbteil des Pflichtteilsberechtigten zu bestimmen, damit von diesem auf den Pflichtteil geschlossen werden kann. Dabei ist zu beachten, daß gemäß § 2310 BGB bei der Feststellung des für die Berechnung des Pflichtteils maßgeblichen Erbteils diejenigen Personen fiktiv als Erben mitzuzählen sind, die

- durch eine Verfügung von Todes wegen (Testament oder Erbvertrag) von der Erbfolge ausgeschlossen worden sind oder
- die Erbschaft ausgeschlagen haben oder
- für erbunwürdig erklärt worden sind.

Das bedeutet, daß sich durch Einbeziehung dieses Personenkreises der gesetzliche Erbteil und damit zugleich auch der Pflichtteil des Pflichtteilsberechtigten vermindert.

Gemäß § 2310 Satz 2 BGB wird lediglich derjenige, der auf sein Erbe verzichtet hat, nicht bei der Berechnung der Erbteile mitgezählt. § 2310 BGB stellt somit eine gesetzliche Regelung dar, die zu Lasten des Pflichtteilsberechtigten geht, dem oder den Erben aber zugute kommt.

Wenn der Kreis der potentiell Erbberechtigten auf diese Weise näher bestimmt wurde, ist deren gesetzlicher Erbteil, den sie bei Eintritt der gesetzlichen Erbfolge geerbt hätten, festzustellen.

Wie bereits dargestellt, hängt bei überlebenden Ehegatten des verstorbenen Erblassers die Berechnung ihres gesetzlichen Erbteils einerseits davon ab, neben welcher Ordnung gesetzlicher Erben sie erbberechtigt sind. Andererseits ist es entscheidend, in welchem Güterstand sie während ihrer Ehe gelebt haben. Grundsätzlich beträgt ihr gesetzliches Erbrecht gemäß § 1931 Abs. 1 BGB neben Verwandten der ersten Ordnung ein Viertel und neben Verwandten der zweiten Ordnung die Hälfte des Nachlasses.

Neben allen entfernteren Verwandten wird der überlebende Ehegatte gemäß § 1931 Abs. 2 BGB Alleinerbe.

Erbrecht und Güterstand
Das gesetzliche Erbrecht des überlebenden Ehegatten modifiziert sich teilweise in Abhängigkeit von demjenigen Güterstand, den die Ehegatten für ihre Ehe vereinbart hatten.

Zwischen folgenden drei Varianten wird hierbei unterschieden:

a) Gütergemeinschaft
Da im Güterstand der Gütergemeinschaft der überlebende Ehegatte bereits die Hälfte des Gesamtgutes aus güterrechtlicher Sicht beanspruchen kann, verbleibt es für die Berechnung seines gesetzlichen Erbteils bei der Regelung des § 1931 Abs. 1 und 2 BGB.

Von diesem gesetzlichen Erbteil ist gemäß § 2302 Abs. 1 Satz 2 BGB die Hälfte der dem überlebenden Ehegatten zustehende Pflichtteil.

b) Gütertrennung
Bei dem Güterstand der Gütertrennung ist gemäß § 1931 Abs. 4 BGB zu beachten, daß der überlebende Ehegatte, der *neben einem oder zwei Kindern* als Erbe berufen ist, und jedes Kind zu gleichen Teilen erben. Sind *mehr als zwei Kinder* vorhanden, gilt jedoch wieder analog zur Gütergemeinschaft die Regelung des § 1931 Abs. 1 BGB von oben.

Der auf diese Weise berechnete gesetzliche Erbteil stellt die Hälfte des Pflichtteils des überlebenden Ehegatten dar.

c) Gesetzlicher Güterstand der Zugewinngemeinschaft

Haben die Ehegatten bis zum Tod des Erstversterbenden im gesetzlichen Güterstand der Zugewinngemeinschaft gelebt, so wird gemäß § 1931 Abs. 1 BGB in Verbindung mit § 1371 Abs. 1 BGB grundsätzlich der gesetzliche Erbteil des überlebenden Ehegatten pauschal um ein Viertel vom Gesamtwert der Erbschaft erhöht.

Neben Verwandten der ersten Ordnung erbt der überlebende Ehegatte somit die Hälfte des Nachlasses, so daß der Pflichtteil ein Viertel desselben beträgt.

Gegenüber Verwandten der zweiten Ordnung oder Großeltern ist der überlebende Ehegatte zu drei Viertel erbberechtigt – in einem solchen Fall verbleibt ihm ein Pflichtteil von drei Achtel.

Neben Erben weiterer Ordnungen erhält der überlebende Ehegatte gemäß § 1931 Abs. 2 BGB die gesamte Erbschaft, d.h. sein Pflichtteil umfaßt die Hälfte des Nachlasses.

Ausgangssituationen

Unabhängig davon, ob es sich bei dem Pflichtteilsberechtigten um den überlebenden Ehegatten, der mit seinem verstorbenen Ehegatten im gesetzlichen Güterstand der Zugewinngemeinschaft gelebt hat, oder um einen Verwandten des Erblassers handelt, ist im Hinblick auf die Höhe des Pflichtteils zwischen folgenden Konstellationen zu unterscheiden:

a) Der Pflichtteilsberechtigte ist weder Erbe noch Vermächtnisnehmer

Das Erbrecht des pflichtteilsberechtigten Verwandten des Erblassers bestimmt sich in diesem Fall nach den §§ 1924 ff. BGB.

> **Beispiel:**
>
> Karl Meiler verstirbt unverheiratet und hinterläßt ein Vermögen von 600 000 DM. Überlebt wird er von seinen Eltern Agathe und Theo Meiler.
> Testamentarisch hat er seine Nachbarin Else Schmidt als Alleinerbin eingesetzt. Hier wären die Eltern Agathe und Theo Meiler gemäß § 1925 Abs. 1 und 2 BGB als gesetzliche Erben zweiter Ordnung je zur Hälfte erbberechtigt. Ihr gegenüber der Alleinerbin Else Schmidt bestehender Pflichtteilsanspruch beträgt demnach gemäß § 2302 Abs. 1 Satz 2 BGB je ein Viertel der Erbschaft, also je 150 000 DM.

Das Erbrecht des *überlebenden Ehegatten* des Erblassers bemißt sich in diesem Fall nach §§ 1931 Abs. 3, 1371 Abs. 2 BGB. Demzufolge könnte dieser von dem oder den Erben den Ausgleich des während der Ehe mit dem verstorbenen Ehegatten erzielten Zugewinns verlangen. Zusätzlich würde dem überlebenden Ehegatten der kleine Pflichtteil zustehen, der sich nach dem nicht erhöhten gesetzlichen Erbteil des Ehegatten bemißt. Demgegenüber steht es dem überlebenden Ehegatten in dieser Konstellation nicht zu, zwischen dem Zugewinnausgleich und dem kleinen Pflichtteil einerseits und dem großen Pflichtteil andererseits zu wählen.

Beispiel:

Harald Beer hat seine mit ihm im Güterstand der Zugewinngemeinschaft lebende Ehefrau Renate dadurch enterbt, daß er testamentarisch ihre gemeinsamen Kinder Carola und Martin als Alleinerben eingesetzt hat.

Im Falle des Versterbens ihres Ehemannes kann Renate Beer hier gemäß §§ 1371 Abs. 2, 1931 Abs. 3 BGB einen Ausgleich auf den während der Ehe erzielten Zugewinn verlangen. Zusätzlich kann sie den *kleinen Pflichtteil* beanspruchen, der gemäß § 2302 Abs. 1 Satz 2 BGB die Hälfte des ihr gemäß § 1931 Abs. 1 BGB zustehenden, nicht erhöhten gesetzlichen Erbteils von ein Viertel, also *ein Achtel* beträgt.

b) Der Pflichtteilsberechtigte ist als Erbe oder Vermächtnisnehmer berufen worden
In dieser Fallkonstellation ist danach zu unterscheiden, ob der dem Pflichtteilsberechtigten eingeräumte Erbteil größer oder kleiner als der ihm zustehende Pflichtteil ist:
- Ist einem Pflichtteilsberechtigen ein Erbteil hinterlassen worden, der *geringer* als der ihm zustehende Pflichtteil ist, so kann der Pflichtteilsberechtigte gemäß § 2305 BGB von den Miterben den Betrag verlangen, der an der Hälfte des Erbteils fehlt.

Beispiel:

Herbert Schade stirbt unverheiratet und hinterläßt ein Vermögen von 600 000 DM. Er wird von seiner Mutter überlebt, die Herbert Schade in seinem Testament neben seinem Freund, der 400 000 DM erben soll, mit 200 000 DM bedacht hat.

Gemäß gesetzlicher Erbfolge würde die Mutter nach § 1925 Abs. 1 BGB als Erbin zweiter Ordnung mangels vorhandener vorrangiger Erben gesetzliche Alleinerbin sein. Ihr Pflichtteil beträgt demnach gemäß § 2302 Abs. 1 Satz 2 BGB die Hälfte der Erbschaft, also 300 000 DM.

Da ihr aber testamentarisch nur 200 000 DM zugebilligt werden, hat sie gegen den Freund ihres Sohnes einen *Pflichtteilsrestanspruch* gemäß § 2305 BGB auf weitere 100 000 DM.

- Wird einem überlebenden Ehegatten ein Erbteil zugewendet, der wertmäßig unter seinem Pflichtteil liegt, so kann dieser ebenfalls gemäß § 2305 BGB die Ergänzung seines Erbteils bis zur Höhe des ihm zustehenden Pflichtteils verlangen. Der Pflichtteil berechnet sich aber nach dem erhöhten gesetzlichen Erbteil (großer Pflichtteil), der gemäß §§ 1931 Abs. 1, 1371 Abs. 1 BGB neben Abkömmlingen des Erblassers die Hälfte, neben Eltern des Erblassers drei Viertel ausmacht. Somit beträgt die Pflichtteilsquote des überlebenden Ehegatten neben Abkömmlingen ein Viertel und neben Eltern des Erblassers drei Achtel.

Beispiel:

Thomas Meier lebt mit seiner Frau Silke im gesetzlichen Güterstand der Zugewinngemeinschaft. Sie haben zwei gemeinsame Kinder. Thomas Meier gehört ein Vermögen von 1 000 000 DM. Nach seinem Tod wird sein Testament eröffnet, in dem er den gemeinsamen Kindern je 400 000 DM zukommen läßt. Seine Ehefrau Silke bedenkt er mit 200 000 DM.

Silke Meier würde gemäß § 1931 Abs. 3 BGB in Verbindung mit § 1371 Abs. 1 BGB zu einer Hälfte neben ihren beiden Kindern gesetzliche Erbin sein, so daß ihre Pflichtteilsquote ein Viertel (= 250 000 DM) betragen würde. Bis zur Höhe dieses großen Pflichtteils kann sie gemäß § 2305 BGB einen Pflichtteilsrestanspruch geltend machen.

- Wird der Pflichtteilsberechtigte mit einer Erbquote vom Erblasser eingesetzt, die wertmäßig über dem ihm zustehenden Pflichtteil liegt, so kann er die Erbschaft annehmen oder ausschlagen. Beides führt grundsätzlich zum Erlöschen des Pflichtteilsanspruchs.

Nimmt er die Erbschaft an, so wird er Erbe mit der ihm zugedachten Erbquote. Schlägt er hingegen die Erbschaft aus, so verliert er auch sein Pflichtteilsrecht. Es bestehen jedoch zwei Ausnahmen:
1. Zum einen gilt für Ehegatten, die im gesetzlichen Güterstand der Zugewinngemeinschaft leben, die Regelung des § 1371 Abs. 3 BGB, wonach der überlebende Ehegatte trotz Ausschlagung des Ausgleichs des Zugewinns den kleinen Pflichtteil verlangen kann.
2. Zum anderen kann der Pflichtteilsberechtigte, dessen hinterlassener Erbteil größer als der ihm zustehende Pflichtteil ist, der aber mit Beschränkungen oder Beschwerungen belastet ist, gemäß § 2306 Abs. 1 Satz 2 BGB die Erbschaft ausschlagen und trotzdem den Pflichtteil fordern.

4.4 Die Berechnung des Pflichtteils

Steht fest, wie hoch die jeweilige Pflichtteilsquote des Pflichtteilsberechtigten ist, so ist damit allerdings noch nichts über dessen tatsächliche und konkrete Höhe ausgesagt.

Gemäß § 2311 BGB ist deshalb zur Berechnung des Pflichtteils der Bestand und der Wert des Nachlasses zur Zeit des Erbfalls heranzuziehen. Vielfach dürfte es für den Pflichtteilsberechtigten aber sehr schwierig sein, sich einen Überblick über den Umfang und den Wert des Nachlasses zu verschaffen. Ihm stehen daher von Gesetzes wegen die nachfolgenden Ansprüche hilfsweise zur Verfügung.

4.4.1 Auskunftsanspruch gemäß § 2314 Abs. 1 Satz 1 BGB

Der Pflichtteilsberechtigte, der nicht Erbe ist, hat gemäß § 2314 Abs. 1 Satz 1 BGB einen Anspruch auf Auskunft über den Bestand des Nachlasses gegenüber dem Erben.

Dieser Anspruch beinhaltet die Möglichkeit für den Pfllichtteilsberechtigten, vom Erben ein Nachlaßverzeichnis mit sämtlichen Aktiva und Passiva zu verlangen. Hat der Pflichtteilsberechtigte Zweifel an der Vollständigkeit und Richtigkeit der Angaben des Erben, die dieser im Rahmen des Nachlaßverzeichnisses macht, so kann er vom Erben die Abgabe einer eidesstattlichen Versicherung gemäß §§ 1994, 2006 Abs. 1 BGB fordern. Der Pflichtteilsberechtigte kann auch verlangen, daß das Nachlaßverzeichnis durch einen Notar oder durch eine Behörde oder einen Beamten aufgenommen wird, vgl. § 2314 Abs. 1 Satz 3 BGB. Die Kosten hierfür fallen gemäß § 2314 Abs. 2 BGB dem Nachlaß zur Last.

Gehört zum Nachlaß ein Unternehmen oder eine Unternehmensbeteiligung, kann der Auskunftsberechtigte nicht nur Auskunft über den Wert des Unternehmens und der Unternehmensgegenstände verlangen, sondern auch die Vorlage der notwendigen Geschäftsunterlagen fordern, die ihn in den Stand setzen, die Ermittlung jener Werte selbst vorzunehmen. Zu den vorzulegenden Unterlagen gehören außer den Bilanzen und Gewinn- und Verlustrechnungen des Unternehmens die zugrundeliegenden Geschäftsbücher und Belege.

Diese Unterlagen können, da für die Ermittlung des Geschäftswerts die Ertragslage des Unternehmens in der Vergangenheit von Bedeutung ist, regelmäßig für die letzten fünf Geschäftsjahre verlangt werden.

Hinweis:
Der Auskunftsanspruch des Pflichtteilsberechtigten ist ein Anspruch, den dieser prozessual am sinnvollsten im Wege der sog. *Stufenklage* gemäß § 254 ZPO geltend macht. Diese Stufenklage setzt sich dann aus den folgenden Stufen zusammen:
1. In der ersten Stufe macht der Pflichtteilsberechtigte einen Anspruch auf Auskunft und Erstellung eines Bestandsverzeichnisses gemäß §§ 2314, 260 BGB gegenüber dem Erben geltend.
2. In der zweiten Stufe klagt er dann auf Auszahlung des sich aus diesen Auskünften ergebenden Pflichtteils.

Die Stufenklage hat den wesentlichen Vorteil, daß sie gemäß § 209 Abs. 1 BGB zur *Unterbrechung der Verjährung des Pflichtteilsanspruchs* führt.

4.4.2 Wertermittlungsanspruch gemäß § 2314 Abs. 1 Satz 2 BGB

Neben dem Auskunftsanspruch hat der Pflichtteilsberechtigte noch einen Anspruch auf Ermittlung des Wertes der Nachlaßgegenstände.

Gemäß § 2311 Abs. 2 Satz 2 BGB ist eine vom Erblasser getroffene Wertbestimmung nicht maßgebend. Es ist vielmehr – soweit erforderlich – der Wert der einzelnen Nachlaßgegenstände im Wege der Schätzung zu ermitteln,

§ 2311 Abs. 2 Satz 1 BGB. Gehört zum Nachlaß ein Unternehmen, so ist dessen Wert bzw. »good will« anhand von vorzulegenden Bilanzen und Unterlagen festzustellen, was aber in der Regel durch Sachverständigengutachten geschieht. Die Bewertung von Unternehmen und Unternehmensbeteiligungen geschieht wie folgt:
- Beteiligungen an Personengesellschaften (z. B. OHG- und KG-Anteile) werden mit ihrem vollen Wert und nicht mit ihrem Buchwert bewertet
- Beteiligungen an Kapitalgesellschaften werden mit dem Wert bestimmt, zu dem man den bisherigen Inhaber der Beteiligung ablösen könnte. Bei Aktien ist der jeweilige Kurs der Börse zum Zeitpunkt des Erbfalls entscheidend.

Hinweis:
Vielfach enthalten Gesellschaftsverträge bei Personengesellschaften Klauseln, die bei Ausscheiden eines Gesellschafters dessen Abfindung regeln. Wird in diesen Klauseln bestimmt, daß der scheidende Gesellschafter mit einer Zahlung, die wertmäßig unterhalb des Vollwertes dieser Beteiligung liegt, abgefunden werden soll, so ist trotzdem bei der Bewertung einer solchen Gesellschaftsbeteiligung anläßlich einer Nachlaßbewertung vom Vollwert dieser Beteiligung auszugehen.

4.4.3 Abziehbare Nachlaßverbindlichkeiten vom Aktivnachlaß

Von dem im Rahmen des § 2311 BGB bewerteten Nachlaß werden die Nachlaßverbindlichkeiten abgezogen. Abziehbar sind:
- die Erblasserschulden
- der dem überlebenden Ehegatten gebührende Voraus gemäß § 2311 Abs. 1 Satz 2 BGB, soweit es um die Berechnung des Pflichtteils eines Abkömmlings und der Eltern des Erblassers geht
- die Kosten der Beerdigung, der Nachlaßverwaltung und der Nachlaßsicherung
- der Zugewinnausgleichsanspruch des überlebenden Ehegatten
- die Verbindlichkeiten des Erblassers aus einer Freigebigkeit unter Lebenden gemäß § 226 Abs. 2 Nr. 3 KO.

Nicht abziehbar sind dagegen:
- die Verbindlichkeiten aus vom Erblasser angeordneten Vermächtnissen und Auflagen sowie Verbindlichkeiten gegenüber Erbersatzberechtigten, vgl. § 226 Abs. 2 Nr. 5, 6 KO

- die Ansprüche aus dem Dreißigsten, §1969 BGB
- das gesetzliche Vermächtnis an die Abkömmlinge gemäß §1371 Abs. 4 BGB
- die den Erben treffenden Erbschafts- und Ertragssteuern.

4.4.4 Anrechnungs- und Ausgleichspflicht für Vorempfänge

Der konkret berechnete Wert des Pflichtteils kann sich jedoch noch modifizieren, wenn den Pflichtteilsberechtigten Anrechnungspflichten gemäß §2315 BGB oder Ausgleichspflichten gemäß §2316 BGB treffen.

Anrechnungspflicht gemäß §2315 BGB
Gemäß §2315 Abs. 1 BGB muß sich der Pflichtteilsberechtigte auf seinen Pflichtteil dasjenige anrechnen lassen, was ihm vom Erblasser zu dessen Lebzeiten mit einer entsprechenden Anrechnungsbestimmung zugewendet worden ist. Dabei ist die Anrechnung folgendermaßen vorzunehmen:
1. Dem Nachlaßwert ist zunächst derjenige Betrag hinzuzurechnen, den der anrechnungspflichtige Pflichtteilsberechtigte als anrechenbare Zuwendung zu Lebzeiten des Erblassers von diesem erhalten hat, und zwar gemäß §2315 Abs. 2 Satz 2 BGB zu dem Wert zu der Zeit, zu welcher die Zuwendung erfolgt ist.
2. Es ist dann zu errechnen, wie hoch der Pflichtteil von dieser Summe wäre. Von dem so gewonnenen vorläufigen Pflichtteilswert ist die anrechenbare Zuwendung abzuziehen. Der Restbetrag bildet dann den Pflichtteilsanspruch.

> **Beispiel:**
>
> Dietmar Bolz lebt mit seiner Frau Gerda im ehevertraglich vereinbarten Güterstand der Gütergemeinschaft. Beide haben einen gemeinsamen Sohn und eine gemeinsame Tochter. Da sich Gerda Bolz als Friseurin selbständig machen wollte, hatte sie Dietmar Bolz mit einem Startkapital von 200 000 DM ausgestattet, das Gerda Bolz sich aber auf ihren späteren Erbteil anrechnen lassen sollte. Die Tochter hat zu Lebzeiten ihres Vaters anrechnungspflichtige 20 000 DM zum Erwerb eines Autos und der Sohn anrechnungspflichtige 10 000 DM für einen längeren Urlaub erhalten.

> Als Dietmar Bolz verstirbt, beträgt sein Nachlaß 1 000 000 DM. Zur Überraschung seiner Familie hat er seinen alten Freund Karl Bär zum Alleinerben eingesetzt.
>
> Der gesetzliche Erbteil von Gerda Bolz beträgt gemäß §1931 Abs.1 BGB ein Viertel und der von ihren beiden Kindern je drei Achtel. Der Pflichtteil von Gerda Bolz beträgt somit ein Achtel, der ihrer Kinder je drei Sechzentel.
>
> Gerda Bock erhält:
>   1 000 000 DM + 200 000 DM = 1 200 000 DM : 8 = 150 000 DM
>   − 200 000 DM = null DM.
>
> Ihr Sohn erhält:
>   1 000 000 DM + 10 000 DM = 1 010 000 DM : 16 = 63 125 x 3 =
>   189 375 DM − 10 000 DM = 179 375 DM.
>
> Ihre Tochter erhält:
>   1 000 000 DM + 20 000 DM = 1 020 000 DM : 16 = 63 750 DM x 3 =
>   191 250 DM − 20 000 DM = 171 250 DM.

Anrechnungspflicht gemäß §2316 BGB

Im Unterschied zu §2315 BGB betrifft die Ausgleichungspflicht des §2316 BGB nur Abkömmlinge des Erblassers. Die Punkte, die auszugleichen sind, werden in §2050 BGB geregelt.

Auszugleichen sind:
- Ausstattungen gemäß §2050 Abs.1 BGB
- Zuschüsse und Aufwendungen für die Vorbildung zu einem Beruf gemäß §2050 Abs.2 BGB, soweit der Erblasser nichts anderes angeordnet hat
- sonstige Zuwendungen, soweit es der Erblasser angeordnet hat.

> **Beispiel:**
>
> Elisabeth und Siegfried Kraft sind im gesetzlichen Güterstand der Zugewinngemeinschaft verheiratet und haben zwei Kinder, Sohn Jan und Tochter Ulrike.
>
> Jan hat für seinen Jugendtraum, einen mehrmonatigen Aufenthalt in den USA, einen ausgleichspflichtigen Betrag in Höhe von 10 000 DM erhalten. Ulrike hat zur Finanzierung und Ausstattung ihrer Wohnung einen Betrag von 20 000 DM von ihrem Vater erhalten. Als Siegfried Kraft

stirbt, beträgt sein Nachlaß 1 000 000 DM. Er hat testamentarisch seine Ehefrau Elisabeth zur Alleinerbin eingesetzt.

Um die für die Ausgleichung im Sinne des § 2316 BGB entscheidende Nachlaßsumme ermitteln zu können, ist vom tatsächlichen Nachlaßwert in Höhe von 1 000 000 DM zunächst der Betrag abzuziehen, der bei gesetzlicher Erbfolge auf die nicht an der Ausgleichung beteiligte Elisabeth Kraft entfallen würde. Ihr gesetzlicher Erbteil beträgt gemäß §§ 1931 Abs. 1, 1371 Abs. 1 BGB insgesamt die Hälfte des Nachlasses, also 500 000 DM. Der für die Berechnung der Pflichtteilsansprüche der beiden Kinder maßgebliche Nachlaßwert beträgt mithin 1 000 000 DM – 500 000 DM = 500 000 DM.

Zu diesem Betrag sind gemäß § 2055 Abs. 1 Satz 2 BGB alle ausgleichspflichtigen Beträge hinzuzurechnen, d. h. hier die gemäß § 2050 Abs. 1 BGB ausgleichspflichtigen 20 000 DM, die Ulrike erhalten hat, sowie die gemäß § 2050 Abs. 3 BGB ausgleichspflichtigen 10 000 DM, die Jan zugewendet worden sind. Insgesamt ergibt sich somit ein Betrag von 530 000 DM. Dieser Betrag ist auf beide Kinder gleichmäßig zu verteilen, so daß hier auf jedes Kind 530 000 DM : 2 = 265 000 DM entfällt. Hiervon haben Jan und Ulrike dann jeweils ihre ausgleichspflichtige Zuwendung abzuziehen. Als gesetzlicher Erbteil stehen damit folgende Summen zu Buche:

    Jan erhält: 265 000 DM – 10 000 DM = 255 000 DM,
    Ulrike erhält: 265 000 DM – 20 000 DM = 245 000 DM.

Gemäß § 2302 Abs. 1 Satz 2 BGB hat Ulrike somit einen Pflichtteilsanspruch in Höhe von 245 000 DM : 2 = 122 500 DM und Jan in Höhe von 255 000 DM : 2 = 127 500 DM.

Besondere Leistungen nach § 2057 a BGB
Gemäß § 2057 a BGB hat ein Abkömmling, der durch Mitarbeit im Haushalt, Beruf oder Geschäft des Erblassers, durch erhebliche Geldleistungen oder unentgeltlich in besonderem Maße dazu beigetragen hat, daß sich das Vermögen des Erblassers erhalten oder vermehrt hat, oder der den Erblasser unter Verzicht auf ein eigenes Einkommen längere Zeit gepflegt hat, bei der Erbauseinandersetzung einen Ausgleichsanspruch.

Beispiel:

Thomas Wilhelm ist mit seiner Frau Christina im gesetzlichen Güterstand der Zugewinngemeinschaft verheiratet. Er betreibt eine Metzgerei, in der seine Tochter Anke nebenbei unentgeltlich mitarbeitet.

Thomas Wilhelm erleidet einen Schlaganfall und wird zu einem Pflegefall. Unter großer Anteilnahme wird er von seinem Sohn Jan aufopferungsvoll gepflegt. Als Thomas Wilhelm verstirbt, hinterläßt er seiner Frau Christina, die er testamentarisch als Alleinerbin eingesetzt hat, ein Vermögen in Höhe von 600 000 DM.

Im Sinne des § 2057 a Abs. 3 BGB beträgt der Wert der Mitarbeit der Tochter Anke 5000 DM, der Pflegedienst des Sohnes Jan 6000 DM.

Hier ist zunächst der Wert des Nachlasses festzustellen, der den beiden Kindern verbliebe, wenn die gesetzliche Erbfolge eintreten würde. Da Christina Wilhelm gemäß §§ 1931 Abs. 1, 1371 Abs. 1 BGB die Hälfte des Nachlasses beanspruchen könnte, würde der gesetzliche Erbteil der Kinder insgesamt 600 000 DM – 300 000 DM = 300 000 DM betragen. Dieser Betrag stellt die Berechnungsgrundlage für den Pflichtteil der beiden Kinder dar. Davon sind gemäß § 2057 a Abs. 4 Satz 2 BGB die Ausgleichsbeträge, hier 5000 DM + 6000 DM = 11 000 DM abzuziehen, so daß ein Betrag von 289 000 DM verbleibt.

Nunmehr ist der Ausgleichsbetrag zum jeweiligen Erbteil der Kinder gemäß § 2057 a Abs. 4 Satz 1 BGB hinzuzurechnen.

Für Anke ist demnach von einem Erbteil von einem Viertel der Erbschaft (= 289 000 DM : 4 = 72 250 DM) auszugehen, zu dem 5000 DM hinzuzurechnen sind, so daß sich ein Erbteil von insgesamt 77 250 DM ergibt. Gemäß § 2302 Abs. 1 Satz 2 BGB beträgt der Pflichtteilsanspruch von Anke daher 38 625 DM.

Der Erbteil von Jan setzt sich aus 289 000 DM : 4 = 72 250 DM + 6000 DM = 78 250 DM zusammen, so daß sein Pflichtteil 39 125 DM beträgt.

4.5 Die Verteilung der Pflichtteilslast gemäß §§ 2318 bis 2324 BGB

Die Verteilung der Pflichtteilslast betrifft die Frage, wer im Verhältnis der Erben, Vermächtnisnehmer und Auflagenbegünstigten zueinander die Last eines auszuzahlenden Pflichtteils zu tragen hat.

Unter der Prämisse, die alleinige Belastung des Erben mit den Nachlaßverbindlichkeiten (Verbindlichkeiten aus Pflichtteilsansprüchen, Vermächtnissen und Auflagen) zu vermeiden, bestimmen die §§ 2318 ff. BGB, daß alle, die einen Vorteil daraus ziehen, daß ein gesetzlicher Erbe enterbt wird, die Pflichtteilslast im Verhältnis ihrer Vorteile zu tragen haben.

4.5.1 Die Regelung des § 2318 Abs. 1 BGB

Gemäß § 2318 Abs. 1 BGB kann der Erbe den Anspruch des Vermächtnisnehmers kürzen. Der Kürzungsbetrag orientiert sich dabei an dem Verhältnis zwischen Erbteil und Vermächtnis in bezug auf den gesamten Nachlaßwert.

Beispiel:

Clara und Heinz Schumann leben im gesetzlichen Güterstand der Zugewinngemeinschaft und sind kinderlos. Als Heinz Schumann verstirbt, hinterläßt er ein Vermögen von 1 000 000 DM. Zur Überraschung seiner Ehefrau hat er testamentarisch seinen Nachbarn Harald Späth zum Alleinerben eingesetzt und zugunsten seines Freundes Tobias Mohn ein Vermächtnis in Höhe von 200 000 DM ausgesetzt.

Da Clara Schumann gesetzliche Alleinerbin gemäß § 1931 Abs. 2 BGB geworden wäre, hat sie gemäß § 2302 Abs. 1 Satz 2 BGB einen Pflichtteilsanspruch auf die Hälfte des Nachlasses, also 500 000 DM. Harald Späth als Erbe hat im Verhältnis zu Tobias Mohn als Vermächtnisnehmer einen Anteil am Nachlaß des Heinz Schumann von 4 : 1. Gemäß § 2318 Abs. 1 BGB trägt er die Pflichtteilslast, die aus dem Pflichtteilsanspruch der Clara Schumann herrührt, zu vier Fünftel, während auf Tobias Mohn eine anteilige Belastung von ein Fünftel entfällt.

Harald Späth darf daher das Vermächtnis des Tobias Mohn anteilig um ein Fünftel von 500 000 DM = 100 000 DM kürzen. Wenn Clara Schumann ihren Pflichtteil in Höhe von 500 000 DM von Harald Späth als Erben ausbezahlt erhalten hat, verbleiben ihm 800 000 DM – 400 000 DM (anteiliger Pflichtteilslast) = 400 000 DM. Tobias Mohn verbleiben 200 000 DM – 100 000 DM = 100 000 DM.

4.5.2 Die Ausnahmeregelung des § 2318 Abs. 2 BGB

Gemäß § 2318 Abs. 2 BGB ist gegenüber einem pflichtteilsberechtigten Vermächtnisnehmer die Kürzung nur insoweit zulässig, als ihm sein Pflichtteil verbleibt.

Damit soll bezweckt werden, daß der Pflichtteilsberechtigte, der gemäß § 2307 Abs. 1 BGB seinen Pflichtteilsanspruch durch die Annahme des Vermächtnisses eingebüßt hat, in Höhe seines Pflichtteils vor Kürzung geschützt ist.

Beispiel:

Als Wilhelm Maus stirbt, hinterläßt er seiner Frau Claudia, mit der er im gesetzlichen Güterstand der Zugewinngemeinschaft gelebt hat, testamentarisch ein Vermächtnis in Höhe von 300 000 DM. Seinen einzigen Sohn Thomas enterbt er, indem er ihn im Testament nicht erwähnt. Als Erben setzt er seinen Freund Martin Sörensen ein. Das Vermögen von Wilhelm Maus beläuft sich im Zeitpunkt seines Todes auf 1 000 000 DM.

Da Thomas Maus enterbt ist, hat er nur einen Pflichtteilsanspruch gegen den Erben Martin Sörensen. Neben seiner Mutter, die gemäß §§ 1931 Abs. 1, 1371 Abs. 1 BGB als gesetzliche Erbin die Hälfte des Nachlasses geerbt hätte, wäre auch er zur Hälfte gesetzlicher Erbe geworden, so daß er einen Pflichtteilsanspruch auf ein Viertel der Erbschaft, also 250 000 DM, hat.

Ohne die Pflichtteilslast miteinzubeziehen, erhält Martin Sörensen einen Anteil am Nachlaß von 700 000 DM (1 000 000 DM – 300 000 DM), Claudia Maus einen Anteil in Höhe von 300 000 DM. Demzufolge stehen Martin Sörensen sieben Zehntel und Claudia Maus drei Zehntel am Nachlaß zu.

Gemäß § 2318 Abs. 1 BGB würde Claudia Maus grundsätzlich zu drei Zehntel die Pflichtteilslast tragen, die durch die Forderung ihres Sohnes auf Auszahlung seines Pflichtteils entstanden ist. Ihr Vermächtnis würde also grundsätzlich um 250 000 DM x drei Zehntel = 75 000 DM gekürzt werden.

Da sie jedoch einen Pflichtteilsanspruch gemäß §§ 1931 Abs. 1, 1371 Abs. 1, 2302 Abs. 1 Satz 2 BGB auf ein Viertel des Nachlasses, also 250 000 DM, hat, und dieser Betrag durch § 2318 Abs. 2 BGB geschützt ist, darf ihr Vermächtnis nur um 50 000 DM gekürzt werden.

Den restlichen Kürzungsbetrag in Höhe von 25 000 DM hat Martin Sörensen als Erbe zu tragen.

Hinweis:

Da der Pflichtteilsanspruch als gesetzliches Mindesterbrecht der Dispositionsbefugnis des Erblassers entzogen ist, kann dieser gemäß § 2324 BGB nicht die Vorschrift des § 2318 Abs. 2 BGB einseitig abbedingen, sondern nur bezüglich § 2318 Abs. 1 BGB abweichende Anordnungen treffen.

4.5.3 Die Regelung des § 2318 Abs. 3 BGB

§ 2318 Abs. 3 BGB eröffnet dem selbst pflichtteilsberechtigten Erben die Möglichkeit, ein ihm auferlegtes Vermächtnis und eine ihn belastende Auflage soweit zu kürzen, daß ihm sein eigener Pflichtteil verbleibt.

Beispiel:

Helmut Müller ist mit seiner Frau Gerda im gesetzlichen Güterstand der Zugewinngemeinschaft verheiratet. Sie haben keine Kinder. Als Helmut Müller stirbt, hinterläßt er ein Vermögen von 1 000 000 DM. Seine Frau setzt er testamentarisch als Alleinerbin ein, vermacht seinem Freund Walter Rabe jedoch 600 000 DM.

Da Gerda Müller gemäß § 1931 Abs. 2 BGB im Fall des Eintritts der gesetzlichen Erbfolge gesetzliche Alleinerbin wäre, hätte sie gemäß § 2302 Abs. 1 Satz 2 BGB einen Pflichtteilsanspruch auf die Hälfte des Nachlasses, also 500 000 DM.

Wenn sie jedoch das ihr auferlegte Vermächtnis zugunsten des Walter Rabe erfüllen müßte, verbleiben ihr nur 1 000 000 DM – 600 000 DM = 400 000 DM, also 100 000 DM weniger als ihr Pflichtteil ausmachen würde. Gemäß § 2318 Abs. 3 BGB ist es ihr deshalb möglich, diese 100 000 DM vom Vermächtnis des Walter Rabe abzuziehen, so daß letztlich beide 500 000 DM erhalten.

Hinweis:

Das Verhältnis von § 2306 BGB zu dem Recht des pflichtteilsberechtigten Erben aus § 2318 Abs. 3 BGB, Vermächtnisse zu kürzen, ist dem Gesetzeswortlaut nur schwer zu entnehmen. Nach § 2306 BGB entfällt entweder die Belastung oder es muß ausgeschlagen werden. Schlägt der Erbe nicht aus, so muß er ein Vermächtnis auch auf Kosten des eigenen Pflichtteils erfüllen.

§ 2318 Abs. 3 BGB wird dann relevant, wenn noch andere Pflichtteilslasten hinzukommen. Soweit diese zusätzlichen Lasten den Pflichtteil beeinträchtigen würden, kann der pflichtteilsberechtigte Erbe nach § 2318 Abs. 3 BGB kürzen oder die Erfüllung verweigern.

> **Beispiel:**
>
> Bodo Beitzke ist mit seiner Frau Elvira im gesetzlichen Güterstand der Zugewinngemeinschaft verheiratet. Sie haben einen Sohn Frank. Als Bodo Beitzke verstirbt, hinterläßt er ein Vermögen von 1 000 000 DM. Er setzt testamentarisch seine Frau als Alleinerbin ein und enterbt seinen Sohn. Seinem Nachbarn Gerd Bohm setzt er dafür ein Vermächtnis in Höhe von 800 000 DM aus.
>
> Sohn Frank hat einen Pflichtteilsanspruch gemäß §§ 1924 Abs. 1, 2302 Abs. 1 Satz 2 BGB auf ein Viertel der Erbschaft, also auf 250 000 DM. Diese Pflichtteilslast hätten Elvira Beitzke und Gerd Bohm gemäß § 2318 Abs. 1 BGB im Verhältnis ihrer Anteile am Nachlaß zu tragen, also Elvira Beitzke zu ein Fünftel und Gerd Bohm zu vier Fünftel. Elvira Beitzke hätte also 50 000 DM und Gerd Bohm 200 000 DM als Pflichtteilslast zu tragen.
>
> Da es Elvira Beitzke in einem solchen Fall, in dem der ihr zugesprochene Erbteil (200 000 DM) bereits unterhalb des Pflichtteils (gemäß §§ 1931 Abs. 1, 1371 Abs. 1, 2302 Abs. 1 Satz 2 BGB 250 000 DM) liegt, nicht zuzumuten ist, auch noch die Pflichtteilslast ihres Sohnes anteilig zu tragen, kann sie gemäß § 2318 Abs. 3 BGB den Pflichtteilsanspruch ihres Sohnes in voller Höhe auf Gerd Bohm als Vermächtnisnehmer abwälzen. Dieser muß dann von seinem Vermächtnis in Höhe von 800 000 DM den Pflichtteil in Höhe von 250 000 DM begleichen. Somit bleiben ihm noch 550 000 DM.

4.6 Die Sicherung des Pflichtteilsanspruchs

Das Pflichtteilsrecht als gesetzliches Mindesterbrecht soll garantieren, daß pflichtteilsberechtigte Personen einen bestimmten Anteil am Vermögen des Erblassers in jedem Fall erhalten.

Folgende Vorschriften schützen die Pflichtteilsberechtigten gegen eine mögliche Beeinträchtigung des für sie bestimmten Anteils am Nachlaß:

- die Regelung des § 2305 BGB
- die Regelung des § 2306 BGB
- die Regelung des § 2307 BGB
- der Pflichtteilsergänzungsanspruch.

4.6.1 Die Regelung des § 2305 BGB

Ist einem pflichtteilsberechtigten Erben ein Erbteil hinterlassen worden, der geringer ist als die Hälfte seines gesetzlichen Erbteils, so kann er von den Miterben gemäß § 2305 BGB den Wert des an der Hälfte fehlenden Teils als Pflichtteil verlangen. Dieser Ausgleichsanspruch wird als *Pflichtteilsrestanspruch* bezeichnet.

Beispiel:

Günter Graf hat zwei Kinder, Tochter Uta und Sohn Mark. Seine Frau ist bereits vor ihm verstorben. Als er stirbt, hinterläßt er seinen Kindern ein Vermögen von 1 000 000 DM. Testamentarisch hat er seine Tochter zu acht Zehntel und seinen Sohn zu zwei Zehntel eingesetzt.
Gesetzliche Erben würden beide Kinder gemäß § 1924 Abs. 1 und 4 BGB jeweils zur Hälfte, also zu je 500 000 DM sein. Mark Graf hätte demnach einen Pflichtteilsanspruch gemäß § 2302 Abs. 1 Satz 2 BGB in Höhe von 250 000 DM. Da er zu zwei Zehntel als Erbe eingesetzt ist, beträgt sein Erbteil aber nur 200 000 DM. Er hat somit gegen seine Schwester einen Pflichtteilsrestanspruch in Höhe von 50 000 DM.

Ein zweites Beispiel:

Eduard Glitter lebt mit seiner Frau Margot im gesetzlichen Güterstand der Zugewinngemeinschaft. Sie haben zwei Kinder, Thomas und Ulrike. Während seiner Ehe erwirtschaftete Eduard Glitter einen Zugewinn von 1 000 000 DM. Seine Frau hat keinen Zugewinn erzielt. Als Eduard Glitter stirbt, hinterläßt er seiner Familie ein Vermögen von 1 000 000 DM. Er hat testamentarisch seine Frau Margot zu ein Fünftel und seine beiden Kinder Thomas und Ulrike je zu zwei Fünftel als Erben eingesetzt, so daß Margot Glitter ein Erbteil von 200 000 DM und den Kindern ein Erbteil von je 400 000 DM zusteht.

Angesichts des hohen Zugewinns, den Eduard Glitter während der Ehe erzielt hat, bietet es sich für Margot Glitter jedoch an, ihr Erbe *auszuschlagen* und gemäß § 1371 Abs. 3 BGB gegenüber ihren Kindern als Erben den Anspruch auf Zugewinnausgleich geltend zu machen.

Dadurch würde sie gemäß der §§ 1373 ff. BGB als Zugewinn 500 000 DM erhalten und zusätzlich als kleinen Pflichtteil in Höhe von einem Achtel der Erbschaft 125 000 DM, also insgesamt 625 000 DM.

Nimmt Margot Glitter hingegen die Erbschaft in Höhe von 200 000 DM an, die wertmäßig unterhalb ihres Pflichtteilsanspruchs in Höhe von 250 000 DM liegt (§§ 1371 Abs. 1, 1931 Abs. 1, 2302 Abs. 1 Satz 2 BGB), so hat sie gegenüber ihren Kindern als Erbin einen Pflichtteilsrestanspruch gemäß § 2305 BGB bis zu diesem großen Pflichtteil in Höhe von 250 000 DM, also in Höhe von 50 000 DM.

4.6.2 Die Regelung des § 2306 BGB

Ist der pflichtteilsberechtigte Erbe mit Beschwerungen oder Belastungen beansprucht, so ist im Rahmen der Regelung des § 2306 BGB zu unterscheiden:
- Übersteigt der Erbteil die Hälfte des gesetzlichen Erbteils nicht, d. h. ist der hinterlassene Erbteil geringer als der Pflichtteil oder entspricht er diesem wertmäßig, so gelten die Beschränkungen und Beschwerungen gemäß § 2306 Abs. 1 Satz 1 BGB nicht als angeordnet.
Der pflichtteilsberechtigte Erbe erhält somit im Ergebnis wertmäßig dasjenige, was ihm als Pflichtteilsberechtigten zustehen würde. Ist der hinterlassene Erbteil kleiner als der Pflichtteil, so wird dieses Ergebnis zusätzlich durch den Pflichtteilsrestanspruch gemäß § 2305 BGB gesichert.
- Ist der hinterlassene Erbteil größer als die Hälfte des gesetzlichen Erbteils, dann hat der pflichtteilsberechtigte Erbe gemäß § 2306 Abs. 1 Satz 2 BGB ein *Wahlrecht*: Einerseits kann er die seinen Pflichtteil übersteigende, aber belastete *Erbschaft annehmen*. Dann muß er in Kauf nehmen, daß er im Ergebnis weniger als den ihm rechnerisch zustehenden Pflichtteil erhält. Andererseits kann er aber auch die *Erbschaft ausschlagen* und erhält dann seinen Pflichtteil.

Beispiel:

Herbert Schwan hinterläßt seinen Kindern ein Unternehmen im Wert von 1 000 000 DM. Er beruft testamentarisch seinen Sohn Max zu drei Viertel und seine Töchter Anke, Margret und Anja zu je ein Zwölftel zu Erben. Um den Erhalt seines Unternehmens möglichst langfristig zu sichern, ordnet Herbert Schwan für alle Kinder an, daß die Verwaltung des Nachlasses einem Testamentsvollstrecker obliegen soll.

Allen vier Kindern würde gemäß § 1924 Abs. 1 und 4 BGB bei gesetzlicher Erbfolge ein Erbteil von je ein Viertel zustehen, so daß ihr Pflichtteil gemäß § 2302 Abs. 1 Satz 2 BGB je ein Achtel betragen würde.

Max, der zu drei Viertel (Wert des Erbteils: 750 000 DM) als Erbe eingesetzt ist, hat einen seinen Pflichtteil (Wert: 125 000 DM) übersteigenden Erbteil erhalten und hat somit gemäß § 2306 Abs. 1 Satz 2 BGB ein Wahlrecht: Er kann einerseits die ihm zugewendete Erbschaft in Höhe von 750 000 DM annehmen, ist jedoch in seiner Ausübung als Erbe dann durch die Testamentsvollstreckung beschränkt. Andererseits kann er die Erbschaft ausschlagen, so daß er dann seinen vollen Pflichtteil in Höhe von ein Achtel der Erbschaft (= 125 000 DM) erhält, der nicht mit der Testamentsvollstreckung beschränkt ist.

Seine Schwestern Anke, Margret und Anja, die je zu ein Zwölftel Erben geworden sind, bleiben mit ihrem Erbteil wertmäßig hinter ihrem Pflichtteil (je ein Achtel) zurück, so daß gemäß § 2306 Abs. 1 Satz 1 BGB ihnen gegenüber die Beschränkung in Form der Testamentsvollstreckung als nicht angeordnet gilt.

Im Ergebnis sind sie daher zu ein Zwölftel Erben ohne Beschränkung und haben je einen Pflichtteilsrestanspruch gemäß § 2305 BGB in Höhe von 41 666,67 DM (= ein Vierundzwanzigstel der Erbschaft).

4.6.3 Die Regelung des § 2307 BGB

Ist dem Pflichtteilsberechtigten ein Vermächtnis zugewandt worden, so steht ihm ein Pflichtteilsanspruch in voller Höhe nur zu, wenn er das Vermächtnis ausschlägt, § 2307 Abs. 1 Satz 1 BGB. Schlägt er nicht aus, so mindert sich der Pflichtteilsanspruch auf den Unterschied zwischen der Hälfte des gesetzlichen Erbteils und dem Vermächtnis, § 2307 Abs. 1 Satz 2 BGB.

Beachte:
Kein Pflichtteilsberechtigter ist dazu verpflichtet, sich auf ein Vermächtnis verweisen zu lassen. Er kann daher in jedem Fall ausschlagen.

Ist ein Pflichtteilsberechtigter nur in Höhe seines Pflichtteils, d. h. in Höhe der Hälfte des gesetzlichen Erbteils, als Erbe eingesetzt worden, und zudem Beschränkungen oder Belastungen unterworfen, so kann er, wenn er zusätzlich zu seinem Erbteil ein Vermächtnis erhalten hat, das Vermächtnis ausschlagen und den zugewandten Erbteil ohne Beschränkungen oder Belastungen nach § 2306 Abs. 1 Satz 1 behalten.

Hinweis:
Diese insgesamt sehr komplizierte Regelung macht deutlich, wie wichtig es ist, eine Verfügung von Todes wegen schnell und richtig auszulegen.
Gemäß § 1944 Abs. 1, 2 BGB muß eine Ausschlagung innerhalb von sechs Wochen nach dem Zeitpunkt, an dem der Erbe davon Kenntnis erlangt hat, daß er als Erbe berufen wurde, erfolgen.

Hierbei muß klargestellt sein, ob es sich um eine Erbeinsetzung oder ein Vermächtnis handelt, denn *die Ausschlagung der Erbschaft erfolgt gegenüber dem Nachlaßgericht (§ 1945 Abs. 1 BGB); ein Vermächtnis wird allerdings gegenüber dem Erben ausgeschlagen.*
Dabei ist darauf hinzuweisen, daß die Ausschlagung eines Vermächtnisses nicht fristgebunden ist. Gemäß § 2307 Abs. 2 Satz 1 BGB kann der mit dem Vermächtnis beschwerte Erbe jedoch dem Pflichtteilsberechtigten eine angemessene Frist setzen, in der er zur Annahme des Vermächtnisses aufgefordert wird. Gemäß § 2307 Abs. 2 Satz 2 BGB gilt die Nichterklärung der Annahme innerhalb der Frist dann als Ausschlagung.

4.6.4 Der Pflichtteilsergänzungsanspruch

Aus unterschiedlichen Motiven verschenkt der Erblasser häufig zu Lebzeiten sein ganzes Vermögen oder Teile davon. Hierzu gehören Zuwendungen, die auf den Tod befristet oder bedingt und wirksam vollzogen sind, wie beispielsweise Lebensversicherungen und Bausparverträge in der Form von Verträgen zugunsten Dritter.
Dadurch könnte ein Erblasser erreichen, daß den Pflichtteilsberechtigten nur ein geringer Zahlungsanspruch, der sich aus dem vorhandenen Nachlaß errechnet, zukommt. Dies will der Gesetzgeber vermeiden. Deshalb werden

alle Schenkungen an den Ehegatten oder sonstige in den zurückliegenden zehn Jahren gemachten Schenkungen so behandelt, als wären sie noch im Nachlaß vorhanden.

Der Pflichtteilsberechtigte kann somit von dem oder den Erben rechnerisch den Betrag verlangen, welcher sich aus dem vorhandenen Aktivnachlaß unter wertmäßiger Erhöhung um den verschenkten Gegenstand berechnet. Dabei kommt es nicht darauf an, aus welchen Gründen der Erblasser etwas verschenkt hat, d. h. im Gegensatz zur Regelung des § 2287 BGB beim Erbvertrag muß der Erblasser bei der Schenkung nach § 2325 BGB nicht in Benachteiligungsabsicht gehandelt haben.

Hinweis:
Gemäß § 2325 Abs. 3 Satz 2 BGB beginnt die Zehnjahresfrist bei Schenkungen an den Ehegatten des Erblassers nicht vor Auflösung der Ehe.

Beachte:
Der Anspruch richtet sich in erster Linie gegen den Erben, nicht gegen die Person des Beschenkten. Gemäß § 2328 BGB kann jedoch der Erbe, der selbst pflichtteilsberechtigt ist, die Ergänzung des Pflichtteils insoweit verweigern, daß ihm sein eigener Pflichtteil mit Einschluß dessen verbleibt, was ihm zur Ergänzung des Pflichtteils gebühren würde. Dann richtet sich der Pflichtteilsergänzungsanspruch wiederum gemäß § 2329 BGB gegen den Beschenkten.

Beispiel:

Heinz Roloff hat zwei Kinder, Tochter Karin und Sohn Manfred. Seine Frau ist früh verstorben. Er setzt testamentarisch seine Tochter Karin als Alleinerbin ein. Seinen Sohn enterbt er. Kurz vor seinem Tod hat er seiner Freundin Karla Schmidt 50 000 DM geschenkt. Als er stirbt, hinterläßt er ein Vermögen in Höhe von 30 000 DM.

Rechnet man die 50 000 DM, die Heinz Roloff Karla Schmidt geschenkt hat, gemäß § 2325 Abs. 1 BGB zum Nachlaß hinzu, so beträgt der rechnerische Nachlaß 80 000 DM. Gemäß §§ 1924 Abs. 1 und 4, 2325 Abs. 1 BGB beträgt der Pflichtteilsergänzungsanspruch des Manfred Roloff somit 20 000 DM (= ein Viertel von 80 000 DM). Würde er den Anspruch in dieser Höhe gegenüber seiner Schwester Karin durchsetzen können, so würden dieser 10 000 DM (30 000 DM − 20 000 DM) ver-

> bleiben und damit weniger als der ihr zustehende ergänzte Pflichtteils-
> anspruch in Höhe von 20 000 DM.
>   Sie kann deshalb gemäß § 2328 BGB gegenüber ihrem Bruder die Erfüllung seines Pflichtteilsergänzungsanspruch in Höhe von 10 000 DM verweigern, so daß sie ihm nur 10 000 DM zu zahlen hat. Die restlichen 10 000 DM muß Manfred Roloff gemäß § 2329 BGB von Karla Schmidt beanspruchen.

Schenkung

Grundlage für einen Pflichtteilsergänzungsanspruch gemäß § 2325 BGB ist, daß der Erblasser einem Dritten eine Schenkung gemacht hat.

Maßgeblich ist hier der Schenkungsbegriff nach den §§ 516 ff. BGB mit einer Einigung der Beteiligten über die Unentgeltlichkeit. Zu beachten ist, daß die sog. *unbenannten Zuwendungen unter Ehegatten*, d.h. diejenigen Schenkungen, die der Verwirklichung der ehelichen Lebensgemeinschaft dienen, im Erbrecht als Schenkungen zu behandeln sind und damit auch Pflichtteilsergänzungsansprüche auslösen.

Häufig werden in Verträgen Gegenleistungen aufgeführt, die als künftig zu erbringende Pflegeleistungen oder als Bestellung eines Nießbrauchs oder Wohnrechts ausgestaltet sein können. Soweit diese Gegenleistung noch in einem angemessenen Verhältnis zur Leistung steht, ist von einem entgeltlichen Vertrag und damit von einer Schenkung auszugehen.

Besteht jedoch ein auffälliges Mißverhältnis zwischen der Leistung und der Gegenleistung, so ist von einer sog. *gemischten Schenkung* auszugehen, mit der Folge, daß der unentgeltliche Teil dem Pflichtteilsergänzungsanspruch unterliegt.

Zehnjahresfrist des § 2325 Abs. 3 BGB

Gemäß § 2325 Abs. 3 BGB bleiben Schenkungen unberücksichtigt, wenn zur Zeit des Erbfalls zehn Jahre seit der Leistung des verschenkten Gegenstandes verstrichen sind. Eine Ausnahme hierzu beinhalten Schenkungen an den Ehegatten des Erblassers, da in diesen Fällen die Frist nicht vor Auflösung der Ehe zu laufen beginnt.

Niederstwertprinzip des § 23 Abs. 2 Satz 2 BGB

Da zwischen der Schenkung und dem Todesfall unter Umständen eine lange Zeitspanne liegen kann, kommt es häufig vor, daß der Wert der Schenkung zu den jeweiligen Zeitpunkten unterschiedlich ist. Gemäß § 2325 Abs. 2 Satz 2

BGB kommt es auf den geringeren Wert an (sog. Niederstwertprinzip). Bei Grundstücken ist dies zumeist der Wert im Zeitpunkt der Schenkung.

4.7 Die Pflichtteilsentziehung

Das Erbrecht des Pflichtteilsberechtigten ist ausgeschlossen, wenn
- er für erbunwürdig erklärt worden ist oder
- auf sein Erbrecht verzichtet hat oder
- der Erblasser ihm wegen schuldhafter Verfehlungen den Pflichtteil gemäß §§ 2333 ff. BGB entzogen hat.

Hier soll zunächst nur die Pflichtteilsentziehung gemäß §§ 2333 ff. BGB behandelt werden. Auf die Erbunwürdigkeit und den Erbverzicht wird später eingegangen.

Der *Pflichtteilsanspruch* von Abkömmlingen, Eltern und dem Ehegatten des Verstorbenen ist ein gesetzlich *garantiertes Mindesterbrecht*.

Praktisch relevant ist allein die Pflichtteilsentziehung gegenüber Abkömmlingen. Bei erheblichen Differenzen der Ehegatten untereinander kommt es in der Regel zur Scheidung. Die auf ihrem Verwandtschaftsverhältnis beruhende Eltern-Kind-Beziehung ist hingegen unauflöslich.

4.7.1 Entziehung des Pflichtteils eines Abkömmlings

Kindern, Enkeln und anderen Abkömmlingen kann der Pflichtteil unter den Voraussetzungen des § 2333 BGB entzogen werden. Demnach ist der Pflichtteilsentzug möglich, wenn ein Abkömmling
- dem Erblasser, dessen Ehegatten oder einem anderen Abkömmling nach dem Leben trachtet.
- sich einer vorsätzlichen körperlichen Mißhandlung des Erblassers oder des Ehegatten schuldig gemacht hat; in letzterem Fall jedoch nur, wenn der Abkömmling auch von dem mißhandelten Ehegatten abstammt.
- sich eines Verbrechens oder eines schweren vorsätzlichen Vergehens gegen den Erblasser oder dessen Ehefrau schuldig gemacht hat.
- die ihm gegenüber dem Erblasser obliegende Unterhaltspflicht böswillig, d.h. in Kenntnis aller tatsächlichen Voraussetzungen der Unterhaltspflicht und der tatsächlichen Möglichkeit ihrer Erfüllung, verletzt hat.
- einen ehrlosen und unsittlichen Lebenswandel gegen den Willen des Erblassers führt.

Hinweis:
Gemäß §2336 Abs. 1, 2 BGB hat die Entziehung des Pflichtteils in einem Testament oder Erbvertrag unter Angabe des Grundes zu erfolgen. Laut §2336 Abs. 3 BGB obliegt der Beweis des Grundes der Pflichtteilsentziehung demjenigen, der die Entziehung geltend macht.

Ob ein Erblasser zur Pflichtteilsentziehung berechtigt ist, kann bereits zu seinen Lebzeiten durch eine *Feststellungsklage* (§256 ZPO) geklärt werden.

4.7.2 Entziehung des Elternpflichtteils

Gemäß §2334 BGB kann der Erblasser seinen Eltern den Pflichtteil entziehen, wenn diese sich einer der in §2333 Nr. 1, 3 und 4 BGB bezeichneten Verfehlungen schuldig gemacht haben.

Die Eltern müßten dem Erblasser also nach dem Leben getrachtet haben, sich eines Verbrechens oder eines schweren vorsätzlichen Vergehens schuldig gemacht haben oder ihre gegenüber dem Erblasser bestehende Unterhaltspflicht böswillig verletzt haben.

4.7.3 Entziehung des Ehegattenpflichtteils

Der Erblasser kann gemäß §2335 BGB seinem Ehegatten aus den gleichen Gründen den Pflichtteil entziehen, aus denen er seinen Abkömmlingen gemäß §2333 BGB den Pflichtteil entziehen kann.

Lediglich der in §2333 Nr. 5 BGB benannte unsittliche Lebenswandel gegen den Willen des Erblassers berechtigt nicht zur Pflichtteilsentziehung gegenüber dem Ehegatten.

4.7.4 Verzeihung gemäß § 2337 BGB

Das Recht zur Entziehung des Pflichtteils erlischt gemäß §2337 BGB durch Verzeihung. Eine Verfügung, durch die der Erblasser die Entziehung angeordnet hat, wird durch die Verzeihung unwirksam.

4.8 Pflichtteilsbeschränkung in guter Absicht

Hat sich ein Abkömmling in solchem Maße der Verschwendung ergeben oder überschuldet, daß er bei Auszahlung seines gesamten Pflichtteils den Nachlaß gefährden würde, so kann der Erblasser das Pflichtteilsrecht des Abkömmlings in guter Absicht gemäß §2338 Abs.1 Satz 1 BGB beschränken.

Dies kann einerseits in der Form geschehen, daß der Erblasser die gesetzlichen Erben des Abkömmlings als Nacherben und den Abkömmling selbst nur als Vorerben einsetzt. Andererseits kann der Erblasser gemäß §2338 Abs.1 Satz 2 BGB auch für die Lebenszeit des Abkömmlings Testamentsvollstreckung anordnen, so daß dem Abkömmling in diesem Fall nur der jährliche Reinertrag verbleibt.

Diese Anordnungen sind gemäß §2338 Abs.2 BGB in einer letztwilligen Verfügung, also in einem Testament oder Erbvertrag, anzugeben. Durch diese Maßnahmen wird indirekt auch das Vermögen des Erblassers dauerhaft erhalten, was gerade bei der Übertragung von Unternehmen eine große Relevanz gewinnen kann.

4.9 Verjährung des Pflichtteilsanspruchs

Gemäß §2332 BGB verjähren der Pflichtteilsanspruch, der Pflichtteilsrestanspruch gemäß §2305 BGB und der Pflichtteilsergänzungsanspruch im Sinne des §2325 BGB in drei Jahren von dem Zeitpunkt an, in welchem der Pflichtteilsberechtigte von dem Eintritt des Erbfalls und von der ihn beeinträchtigenden Verfügung Kenntnis erlangt. Ohne Rücksicht auf diese Kenntnis verjährt der Pflichtteilsanspruch in 30 Jahren ab dem Erbfall.

Hinweis:
Soweit ein pflichtteilsberechtigter Erbe in einem Rechtsstreit um seine Erbeinsetzung streitet, sollte er hilfsweise einen *Auskunftsanspruch* gemäß §2314 BGB geltend machen, um die Verjährung der Pflichtteilsansprüche vorsorglich zu unterbrechen. Ansonsten könnten zu dem Zeitpunkt, in dem von gerichtlicher Seite aus festgestellt wird, daß die Erbeinsetzung unwirksam war, die Pflichtteilsansprüche verjährt sein.

4.10 Stundung des Pflichtteils

Um der Gefahr vorzubeugen, daß die gemäß §2317 Abs.1 BGB mit dem Erbfall entstehenden Pflichtteilsansprüche dem oder den pflichtteilsberechtigten Erben die wirtschaftliche Existenz entziehen, können der oder die Erben gemäß §2331a BGB die Stundung des Pflichtteils unter folgenden Voraussetzungen verlangen:

- die sofortige Erfüllung des gesamten Anspruchs muß den Erben wegen der Art der Nachlaßgegenstände ungewöhnlich hart treffen
- die Stundung muß dem Pflichtteilsberechtigten unter Abwägung beider Interessen zumutbar sein.

Die Stundung ist gemäß § 2331 a Abs. 2 BGB beim Nachlaßgericht zu beantragen, das hierüber eine Entscheidung trifft.

Beispiel:

Helga und Heinz Carstens haben sich ihren gemeinsamen Traum in Form eines Eigenheims erfüllt. Als Heinz Carstens verstirbt, wird sein Testament eröffnet, in dem er seine Frau Helga als Alleinerbin eingesetzt und bestimmt hat, daß ihre gemeinsamen Kinder Olaf und Dagmar nur den Pflichtteil erhalten sollen.

Müßte nun die Mutter die mit dem Erbfall fälligen Pflichtteilsansprüche ihrer beiden Kinder erfüllen, so liegt es nahe, daß mangels anderweitigen Vermögens das Eigenheim zwangsversteigert werden müßte.

Deshalb kann Helga Carstens hier von ihren Kindern verlangen, daß sie ihr ihre Pflichtteilsansprüche stunden, da sie ansonsten als pflichtteilsberechtigte Erbin zur Aufgabe der Familienwohnung und damit ungewöhnlich hart getroffen werden würde.

Eine Entscheidung über solche und ähnlich geartete Fälle trifft das Nachlaßgericht.

4.11 Verzicht auf den Pflichtteil gemäß § 2346 Abs. 2 BGB

Ein Pflichtteilsberechtigter kann gemäß § 2346 Abs. 2 BGB schon vor dem Erbfall wirksam auf sein Pflichtteilsrecht verzichten. Dieser Verzicht ist vertraglich zu vereinbaren und bedarf gemäß § 2348 BGB der notariellen Beurkundung.

Der Pflichtteilsverzicht stellt neben dem Erbverzicht für den Erblasser ein wichtiges Instrument dar, um für den Fall seines Todes Familienbeziehungen und Vermögensverhältnisse zu regeln.

Da sowohl ein Erb- als auch ein Pflichtteilsverzicht regelmäßig gegen eine entsprechende *Abfindung* erfolgen, können durch diese Vorabbefriedigungen im Rahmen einer vorausschauenden Nachfolgeplanung Streitigkeiten bei der späteren Erbauseinandersetzung unter den Erben vermieden werden.

Einen *Anwendungsbereich* findet der Pflichtteilsverzicht *bei gemeinschaftlichen Testamenten von Ehegatten*. Wenn letztere sicherstellen wollen, daß das Vermögen nach dem Tod des erstversterbenden Ehegatten dem Längerlebenden verbleibt und deshalb vermeiden wollen, daß ihre Kinder ihre Pflichtteilsansprüche nicht nach dem Tod des Erstversterbenden geltend machen, können sie mit diesen einen Pflichtteilsverzicht vereinbaren.

Alternativ können die Ehegatten auch in ihr gemeinschaftliches Testament eine *Bestrafungsklausel* dergestalt aufnehmen, daß ein Kind, das nach dem Tod des Erstversterbenden den Pflichtteil verlangt, auch nach dem Tod des Längerlebenden nur den Pflichtteil und nicht seinen gesetzlichen Erbteil erhält.

Ganz besondere Bedeutung gewinnt der Pflichtteilsverzicht im Bereich der Übertragung von mittelständischen Unternehmen von einer Generation auf die nächste.

Durch einen Erb- oder Pflichtteilsverzicht gegen eine entsprechende Abfindung kann die Einheit eines Betriebes oder Unternehmens erhalten bleiben und durch eine entsprechende Ratenvereinbarung bei der Abfindungssumme die jeweilige Liquidität eines Unternehmens bewahrt bleiben.

Derartige Abfindungsvereinbarungen können aber für denjenigen Erblasser nachteilig sein, dessen Vermögen im wesentlichen aus dem ihm gehörenden Unternehmen besteht.

Die Abfindungszahlungen müßten in einem solchen Fall mangels sonstiger Vermögensmasse allein aus den finanziellen Mitteln des Unternehmens erfolgen. Vor allem bei kleinen bis mittleren Unternehmen würde dies zu einer wirtschaftlichen Auszehrung führen, was unter dem Gesichtspunkt einer vorausschauenden Nachfolgeplanung, die insbesondere den Erhalt des Unternehmens verfolgt, bedenklich erscheint.

Heikel wird es dann, wenn der Erblasser beabsichtigt, nicht einen pflichtteilsberechtigten Abkömmling oder Ehegatten, sondern einen außenstehenden Dritten, beispielsweise den sehr sachkundigen und erfahrenen Geschäftsführer, als Erben und damit als Unternehmensnachfolger einzusetzen. In einem solchen Fall hängt es besonders und entscheidend vom Umfang des restlichen Vermögens des Erblassers ab, ob derartige Abfindungszahlungen finanziell realisierbar sind oder nicht. Ist das restliche Vermögen des Erblassers umfangreich genug, so ist es sinnvoll, diese Vermögensmasse als Abfindung zu Lebzeiten des Erblassers auf diejenigen, die zugunsten des ausgewählten Unternehmensnachfolgers auf ihren Pflichtteil verzichtet haben, zu übertragen.

Sollte in diesem Vermögen auch das eigene Familienheim des Erblassers enthalten sein, so empfiehlt sich – angesichts der starken emotionalen Bindungen des Erblassers – diesen Vermögenswert durch ein zukünftiges Leistungsversprechen in Form eines *erbvertraglichen Vermächtnisses* zu übertragen, um den persönlichen Lebensbereich des Erblassers zu dessen Lebzeiten zu erhalten. Macht hingegen das Unternehmen praktisch das gesamte Vermögen des Erblassers aus, so können die Abfindungszahlungen nur zu Lasten des Unternehmens geleistet werden. Dann ist aber auf eine ratenweise Zahlung der Abfindungssummen, beispielsweise in Form einer monatlichen Verrentung, entsprechend der wirtschaftlichen Möglichkeiten des Unternehmens zu achten.

Gegenüber demjenigen, den der Erblasser als seinen Unternehmensnachfolger ausgewählt und als Erben eingesetzt hat, kann es aus erb- und gesellschaftlichen Gründen sinnvoll erscheinen, das *Unternehmen unter der Auflage eines Nießbrauchsvorbehalts unentgeltlich zu übertragen*. Auf diese Weise kann einerseits die Belastung des Erben bzw. des Unternehmens finanziell gering gehalten und andererseits es dem Erblasser ermöglicht werden, bis zu seinem Lebensende seinen Einfluß auf das Unternehmen tatsächlich ausüben zu können.

Häufig wird der Erblasser einen Pflichtteilsverzichtsvertrag mit allen in Betracht kommenden Pflichtteilsberechtigten abschließen. Wenn einer dieser Verträge aber sich im nachhinein als nichtig herausstellen sollte, hat dies wegen der Regelung des §2310 BGB möglicherweise weitreichende Konsequenzen und kann zur Vereitelung des Zwecks des Gesamtvertragswerks der abgeschlossenen Pflichtteilsverzichtsverträge führen.

Beispiel:

Ulrich Dreier ist Inhaber eines Unternehmens (Wert: 5 000 000 DM), das er an den familienfremden Geschäftspartner Wolfgang Langer weitergeben möchte. Deshalb bestimmt er ihn testamentarisch zum Alleinerben.

Mit seinen beiden Kindern Nina und Matthias vereinbart er in inhaltlich übereinstimmenden, aber separaten Verträgen einen Pflichtteilsverzicht und wendet ihnen als Gegenleistung sein restliches Vermögen in Form von Vermächtnissen (Wert: 3 000 000 DM) zu.

Somit erhält jedes Kind je 1 500 000 DM, ihr Pflichtteil würde jedoch wertmäßig für jeden 2 000 000 DM (Wert des Unternehmens 5 000 000 DM + Restvermögen 3 000 000 DM = 8 000 000 DM : 4) betragen.

War Matthias jedoch im Zeitpunkt, als er den Pflichtteilsverzichtvertrag unterzeichnet hat, unerkannt geisteskrank und somit geschäftsunfähig im Sinne des §104 Nr. 2 BGB, so ist der Pflichtteilsverzichtvertrag gemäß §105 BGB nichtig.

Auch wenn Matthias testamentarisch von seinem Vater von der gesetzlichen Erbfolge ausgeschlossen worden ist, verbleibt ihm immer noch sein Pflichtteil. Dieser berechnet sich wegen §2310 BGB wertmäßig aber nicht mehr auf der Basis seines ursprünglichen gesetzlichen Erbteils von einer Hälfte (vgl. §1924 Abs.1, 4 BGB). Gemäß §2310 Satz 2 BGB werden diejenigen bei der Feststellung des für die Berechnung des Pflichtteils maßgebenden Erbteils von Matthias nicht mitgezählt, die durch ihren Pflichtteilsverzicht von der gesetzlichen Erbfolge ausgeschlossen sind.

Da auch seine Schwester Nina auf ihren Pflichtteil verzichtet hat, führt dies dazu, daß Matthias als Alleinerbe auftritt und sein Pflichtteil demzufolge gemäß §2302 Abs.1 Satz 2 BGB die Hälfte des Nachlaßwertes, also 4 000 000 DM, ausmachen würde. Diese mit dem Tod seines Vaters fällige Forderung könnte er gegenüber dem Erben Wolfgang Langer geltend machen. Dadurch würde dann die wirtschaftliche Grundlage des Vertragswerks aufgehoben werden.

Um das Szenario aus dem Beispiel zu verhindern, empfiehlt es sich, in den Pflichtteilsverzichtvertrag folgende Regelungen aufzunehmen:[1]

- Einerseits sollten die einzelnen Pflichtteilsverzichtsverträge *mittels einer aufschiebenden Bedingung* inhaltlich zu einem Gesamtvertragswerk in der Form verbunden werden, daß die Wirksamkeit dieses Vertragswerks davon abhängt, ob jeder Pflichtteilsberechtigte seinen Vertrag auch tatsächlich unterzeichnet hat.
  Dadurch kann dem nicht beabsichtigten Fall vorgebeugt werden, daß ein Pflichtteilsberechtigter seine Unterschrift unter den Pflichtteilsverzichtsvertrag überraschend zurückzieht und dann seinen erhöhten Pflichtteil fordert.

- Andererseits sollte *als auflösende Bedingung* vereinbart werden, daß der jeweilige Pflichtteilsberechtigte den von ihm abgeschlossenen Pflichtteilsverzichtvertrag so lange als wirksam ansehen kann, wie auch alle anderen in diesem Zusammenhang abgeschlossenen Pflichtteilsverzichtsverträge rechtsgültig sind.
  Durch diese inhaltliche Abhängigkeit der Einzelverträge voneinander und der damit verbundenen Unwirksamkeit des Gesamtvertragswerks bei Unwirksamkeit eines Teilvertrages wird primär denjenigen Rechnung getragen, die auf ihre Pflichtteile verzichtet haben.

Hinweis:
Sollte das restliche, dem Erblasser neben seinem Unternehmen gehörende Vermögen umfangreich genug sein, um daraus im Falle der Unwirksamkeit eines

---

[1] Ebenroth/Fuhrmann Betriebsberater 1989, 2049, 2057f.

Teilvertrages dem dann Pflichtteilsberechtigten seinen erhöhten Pflichtteil auszahlen zu können, so empfiehlt sich im Sinne des Erhalts des Unternehmens, die übrigen Verträge aufrechtzuerhalten.

Aufgrund von wirtschaftlichen Entwicklungen zwischen dem Abschluß des Pflichtteilsverzichtsvertrages und dem Erbfall können im Vermögen des Erblassers umfangreiche Wertdifferenzen vorkommen, die sowohl das dem Pflichtteilsberechtigten als Abfindung zugewendete Vermächtnis als auch das Unternehmen selbst betreffen können.

Um den pflichtteilsberechtigten Vermächtnisnehmer bei einer Entwertung des Vermächtnisgegenstandes nicht unangemessen zu benachteiligen, sollte ihm vertraglich die Möglichkeit eingeräumt werden, in einem solchen Fall vom *Pflichtteilsverzichtsvertrag* zurückzutreten.

4.12 Zusammenfassung: Schutz des Pflichtteils

Das Pflichtteilsrecht und seine Ausgestaltung	
lebzeitiges Verhalten/ letztwillige Verfügungen des Erblassers	Abwehrmöglichkeiten für den Erben/Pflichtteilsberechtigten
lebzeitige Schenkungen des Erblassers an Dritte zu Lasten des Nachlasses	Der Pflichtteilsberechtigte hat gegen den Erben, subsidiär gegen den Beschenkten, einen Pflichtteilsergänzungsanspruch gemäß §§ 2325, 2329 BGB
Einsetzung auf einen Erbteil, der geringer ist als der Pflichtteil	Der pflichtteilsberechtigte Erbe hat einen Pflichtteilsrestanspruch gemäß § 2305 BGB gegen die Miterben
Einsetzung auf einen Erbteil, der nicht den Pflichtteil übersteigt	Die Beschränkungen und Beschwerungen des § 2306 Abs. 1 Satz 1 BGB gelten gegenüber dem Pflichtteilsberechtigten als nicht angeordnet.
Einsetzung auf einen Erbteil, der größer ist als der Pflichtteil	Ist der Erbteil mit Beschränkungen oder Beschwerungen belastet, so kann der pflichtteilsberechtigte Erbe gemäß § 2306 Abs. 1 Satz 2 BGB die Erbschaft entweder ausschlagen, um den unbelasteten Pflichtteil zu erhalten, oder die belastete Erbschaft annehmen.

5 Die gewillkürte Erbfolge

5.1 Grundsatz der Testierfreiheit

Im Privatrecht gilt der *Grundsatz der Privatautonomie*, der besagt, daß jeder einzelne seine privaten Lebensverhältnisse im Rahmen der von der Rechtsordnung gezogenen Grenzen nach seinen Vorstellungen ordnen kann.

Dies gilt auch im Bereich des Erbrechts. Gemäß dem *Grundsatz der Testierfreiheit* kann der Erblasser frei bestimmen, welcher Person er sein Vermögen mit dem Erbfall zukommen lassen möchte. Diese Testierfreiheit kann gemäß § 2302 BGB rechtsgeschäftlich nicht beschränkt werden. Eine freiwillig übernommene Bindung sieht das Gesetz nur beim Erbvertrag und beim gemeinschaftlichen Testament zwischen Ehegatten vor; auf beide Institute wird noch einzugehen sein.

Der Testierfreiheit sind jedoch von seiten des Gesetzes auf unterschiedlichste Weise Grenzen gesetzt worden:
- Die inhaltlichen Gestaltungsmöglichkeiten bei Verfügungen von Todes wegen (Testament und Erbvertrag) sind durch einen im Erbrecht bestehenden *Typenzwang* wie folgt festgelegt:
  - Erbeinsetzung: die Einsetzung einer Person oder mehrerer Personen als Gesamtrechtsnachfolger, als Vor-, Nach- oder Ersatzerben bzw. die Ausschließung eines gesetzlichen Erben von der Erbfolge (Enterbung).
  - Vermächtnis: dieses ist als Einzelzuwendung von der Erbeinsetzung als Gesamtzuwendung zu unterscheiden. Soll der Bedachte allein oder mit anderen der Nachfolger in das Vermögen des Erblassers sein, so ist er der Erbe. Soll er lediglich einzelne Gegenstände erhalten, so hat er als Vermächtnisnehmer nur einen schuldrechtlichen Anspruch auf Übertragung oder Zahlung gegen die Erben.
  - Auflage: sie ist eine Verpflichtung des Erben zu einer Leistung, die für einen Dritten zwar einen Vollziehungsanspruch, dem Begünstigten aber kein Recht auf Leistung einräumt.
  - Testamentsvollstreckung: eine gesetzlich genau umschriebene Befugnis zur Nachlaßverwaltung und -sicherung unter Ausschluß der Verfügungsmacht der Erben.

- Gemäß §§ 2064, 2274 BGB hat der Erblasser ein Testament persönlich abzuschließen. Eine Stellvertretung ist unzulässig. Verfügungen von Todes wegen sind somit höchstpersönliche Rechtsgeschäfte.
- Gemäß § 2065 Abs. 1 BGB kann der Erblasser eine letztwillige Verfügung nicht in der Weise treffen, daß ein anderer zu bestimmen hat, ob sie gelten soll oder nicht.
- Gemäß § 2065 Abs. 2 BGB kann der Erblasser keiner anderen Person die Bestimmung darüber überlassen, wer eine Zuwendung erhalten soll und was einem anderem überlassen werden soll.

Da § 2065 BGB eine Ausprägung des § 2064 BGB ist und damit eine Vertretung des Erblassers verhindern will, ist danach zu unterscheiden, inwieweit der Erblasser bei der Bestimmung des Erben und des Gegenstandes der Zuwendung dem Dritten einen Beurteilungsspielraum eingeräumt hat.

Die Zulässigkeit bzw. Unzulässigkeit einer solchen Bestimmung durch Dritte soll beispielhaft am Fall eines Unternehmers verdeutlicht werden, der die Entscheidung darüber, wer sein Nachfolger werden soll, nicht zu seinen Lebzeiten fällen kann und deshalb testamentarisch verfügt, daß ein ihm geeignet erscheinender Dritter dieses zu einem späteren Zeitpunkt vornehmen soll.

– Gibt der Erblasser in seiner Verfügung von Todes wegen *objektive Kriterien* an, aufgrund derer sich ein Nachfolger hinreichend durch einen Dritten konkretisieren läßt, so hält sich diese Verfügung im Rahmen des § 2065 BGB.

Beispiel:

Der Erblasser verfügt im Rahmen seines Testaments, daß dasjenige seiner Kinder die Unternehmensführung nach seinem Ableben übernehmen soll, das erfolgreich sein betriebswirtschaftliches Studium absolviert. Sollten mehrere Kinder einen solchen Abschluß vorweisen können, so soll dasjenige Kind zum Zuge kommen, das daneben die größte berufliche Erfahrung gesammelt hat. Die letztendliche Entscheidung hierüber überläßt der Erblasser seinem Geschäftsführer.

Da hier der Geschäftsführer keinen Entscheidungsspielraum darüber hat, wer letztlich Erbe wird, halten sich diese Verfügungen im Rahmen des § 2065 Abs. 2 BGB.

– Eine Verfügung des Erblassers, die ohne Angaben von sachlichen Gesichtspunkten einem Dritten ermöglicht, nach eigenen Kriterien zu entscheiden, wer sich als Unternehmensnachfolger am besten eignet, ersetzt hingegen den Erblasserwillen durch die *willkürliche Entscheidung* eines Dritten, was mit § 2065 Abs. 2 BGB nicht mehr vereinbar ist. Eine derartige Verfügung ist daher unwirksam.

Beispiel:

Der Erblasser verfügt in seinem Testament, daß er es seinem Geschäftsführer nach bestem Wissen überläßt, welches seiner Kinder er als Erben und damit Unternehmensnachfolger benennt.

– Unterschiedlich werden Verfügungen des Erblassers beurteilt, in denen er einen von ihm bestimmten Dritten die Letztentscheidungskompetenz hinsichtlich der Bestimmung des Erben einräumt und ihm somit einen Ermessensspielraum einräumt, jedoch die sachlichen Kriterien, anhand derer der Dritte seine Entscheidung zu treffen hat, genau festlegt.

Beispiel:

Der Erblasser verfügt letztwillig, daß dasjenige seiner Kinder sein Erbe werden und damit sein Unternehmen fortführen soll, das ein abgeschlossenes Ingenieurstudium vorweisen kann. Sollten mehrere seiner Kinder einen solchen Abschluß erbracht haben, bestimmt er seinen Geschäftsführer wegen dessen hoher Sachkenntnis dazu, dasjenige seiner Kinder, welches nach Auffassung des Geschäftsführers am besten als Nachfolger geeignet erscheint, als Erben zu bestimmen.

Hinweis:
Zwar kann bei enger Auslegung der Vorschrift des § 2065 Abs. 2 BGB bereits in einem derart einem Dritten gegenüber eingeräumten Beurteilungsspielraum ein Verstoß gegen diese Vorschrift und damit eine unwirksame Verfügung gesehen werden. Jedoch erscheint die Einräumung eines Entscheidungsspielraums im Rahmen vorgegebener objektiver Kriterien angesichts des vorhan-

denen Bedürfnisses bei Unternehmensinhabern für die Zulässigkeit einer derartigen Vorgehensweise noch vertretbar.

Um die bestehende Unsicherheit für Unternehmensinhaber – ob die von ihnen letztwillig getroffenen Verfügungen wirksam sind oder nicht – auszuräumen, empfiehlt sich eine möglichst detaillierte Regelung zu treffen.

Zudem ist noch auf die Möglichkeit hinzuweisen, daß der Erblasser das ihm am Herzen liegende Unternehmen als Vermächtnisgegenstand ausweist. Dadurch besteht gemäß §2151 Abs.1 BGB die Möglichkeit, denjenigen, den er mit einem Vermächtnis beschwert, oder auch einen Dritten bestimmen zu lassen, wer aus einem vom Erblasser vorher benannten Kreis der letztendliche Vermächtnisnehmer wird.

Der Erblasser kann also auf diesem Wege die Auswahl eines geeigneten Unternehmensnachfolgers doch einem Dritten überlassen.

- Um im Rahmen der Testierfreiheit letztwillig verfügen zu können, muß der Erblasser *testierfähig* sein. Grundsätzlich ist dies jeder, der volljährig und voll geschäftsfähig ist.

  Gemäß §2229 Abs.1 BGB sind auch Minderjährige dann testierfähig, wenn sie das 16. Lebensjahr vollendet haben. Ab diesem Zeitpunkt bedarf der Minderjährige gemäß §2229 Abs.2 BGB zur Errichtung eines Testaments keiner Zustimmung des gesetzlichen Vertreters.

  Allerdings:

  Der Minderjährige kann gemäß §2247 Abs.4 BGB kein eigenhändiges Testament errichten, sondern nur im Wege des öffentlichen Testaments gemäß §§2232, 2233 Abs.1 BGB durch mündliche Erklärung oder Übergabe einer offenen Schrift testieren.

  Dadurch soll dem Minderjährigen die Möglichkeit eröffnet werden, sich durch die Urkundsperson persönlich beraten zu lassen.

  Testierunfähig ist hingegen derjenige,
    - der gemäß §2229 Abs.4 BGB wegen krankhafter Geistestätigkeit, wegen Geistesschwäche oder wegen Bewußtseinsstörung nicht in der Lage ist, die Bedeutung einer von ihm abgegebenen Willenserklärung einzusehen und nach dieser Einsicht zu handeln.

      Um testierfähig zu sein, muß sich der Testierende also ein klares Urteil über die Tragweite seiner letztwilligen Verfügung bilden und nach diesem Urteil frei von den Einflüssen interessierter Dritter handeln können.
    - der noch nicht 16 Jahre alt ist.

Beweislast
Angesichts der steigenden Lebenserwartung werden vermehrt viele Menschen erst im hohen Alter eine letztwillige Verfügung treffen bzw. eine solche abändern. Ob zu diesem Zeitpunkt die Fähigkeit noch vorhanden ist, wirksam zu testieren, läßt sich im nachhinein nur schwer beantworten.

Desgleichen kann es in Fällen geistiger Erkrankung vorkommen, daß der unter einer derartigen Krankheit leidende Testierende in einem lichten Moment (lucida intervalla) eine letztwillige Verfügung trifft, die dann allgemein gültig und wirksam ist.

In den beschriebenen Fällen wird nach dem Tod des Testierenden häufig in Frage stehen, ob dieser im Zeitpunkt der Testamentserrichtung testierfähig gewesen ist. *Im Streitfall gilt dabei der Grundsatz, daß derjenige, der sich auf die Unwirksamkeit des Testaments beruft, die mangelnde Testierfähigkeit zu beweisen hat.*

Ist andererseits ein Dauerzustand geistiger Beeinträchtigung bewiesen und soll der Testierende in einem lichten Moment wirksam testiert haben, so muß derjenige, der sich auf die Testierfähigkeit des Testierenden beruft, diese auch beweisen. Deshalb ist zu empfehlen, in Fällen, in denen die Testierfähigkeit des Testierwilligen in Frage steht, ein fachärztliches Attest über die Testierfähigkeit erstellen zu lassen.

Testierfähigkeit von Betreuten
Allein durch die Anordnung einer Betreuung wird keine bindende Entscheidung darüber getroffen, ob der zu Betreuende geschäftsunfähig, d. h. testierunfähig, ist oder nicht.

Dies beurteilt sich weiterhin allein nach den §§ 104 Nr. 2, 2229 Abs. 4 BGB. Es gilt auch die allgemeine, bereits geschilderte Beweislastverteilung. Der Gesetzgeber hat bewußt davon abgesehen, dies im Betreuungsgesetz bindend feststellen zu lassen. Allerdings werden hier die erstatteten medizinischen Gutachten eine gewisse Indizwirkung haben.

Auch die *Anordnung eines Einwilligungsvorbehalts* im Sinne des § 1903 Abs. 1 BGB ändert nichts an der grundsätzlichen Aussage des Gesetzes, daß die Testierfähigkeit an § 2229 Abs. 4 BGB zu messen ist. Denn § 1903 Abs. 2 BGB ordnet ausdrücklich an, daß sich der Einwilligungsvorbehalt nicht auf Verfügungen von Todes wegen des Betreuten bezieht.

Im Falle seiner Testierfähigkeit kann der Betreute ein sog. *Patiententestament* errichten und so seinen Willen zum Ausdruck bringen, wie die ärztliche Versorgung im Falle seines Sterbens aussehen soll oder ob beispielsweise Organentnahmen gestattet sein sollen.

An diesen Willen ist der Betreuer dann gebunden, bedarf aber unter bestimmten Umständen der Genehmigung des Vormundschaftsgerichts.

5.2 Verfügungen von Todes wegen

Im Rahmen seiner Testierfreiheit kann der Erblasser verschiedene Verfügungen von Todes wegen treffen. Will er durch eine einseitige letztwillige Verfügung bestimmen, wer seine Erben werden sollen, so kann er dies im Rahmen eines *Testaments* im Sinne des § 1937 BGB tun.

Beabsichtigt er hingegen mittels eines Vertrages einen Erben einzusetzen sowie Vermächtnisse und Auflagen anzuordnen, so kann dieses im Rahmen eines *Erbvertrages* gemäß §§ 1941 ff. BGB geschehen. Ehegatten haben zudem die Möglichkeit, ein *gemeinschaftliches Testament* gemäß §§ 2265 f. BGB zu errichten.

5.2.1 Das Testament

Der Testierwillige, der ein Testament im Sinne des § 1937 BGB errichten möchte, hat die bestehenden erbrechtlichen Formvorschriften für Testamente zu beachten. Im Falle der Nichtbeachtung der formalen Anforderungen an Testamente ist die letztwillige Verfügung gemäß § 125 Satz 1 BGB unwirksam.

Ein Testament kann in der Form eines ordentlichen Testaments oder eines außerordentlichen Testaments errichtet werden.

Zu den ordentlichen Testamenten zählen
- das eigenhändige Testament gemäß § 2247 BGB und
- das öffentliche, vor einem Notar zu errichtende Testament gemäß § 2232 BGB.

Als außerordentliche Testamente werden
- Testamente vor dem Bürgermeister gemäß § 2249 BGB,
- Dreizeugentestamente im Sinne des § 2250 BGB und
- Seetestamente gemäß § 2251 BGB bezeichnet.

Die einzelnen Testamentsformen stellen unterschiedliche Anforderungen in formaler Hinsicht auf: Für ein eigenhändiges Testament ist diesbezüglich § 2247 BGB entscheidend.

Um die Echtheit des Testaments sicherzustellen, die Gefahr einer Fälschung oder Verfälschung zu verringern und die Überprüfung der Echtheit zu ermöglichen, ist es in § 2247 Abs. 1 BGB zwingend vorgeschrieben, daß nur eine eigenhändig geschriebene Erklärung ein gültiges Testament darstellt. Ist der Text hingegen mit einer Schreibmaschine geschrieben oder von einer anderen Person niedergeschrieben worden, so ist das Testament wegen Verstoßes gegen § 2247 BGB nach § 125 Satz 1 BGB unwirksam.

Gleiches gilt für die Verwendung eines Computers oder die Aufnahme auf ein Tonband.

Ebenso wichtig: Die Erklärung muß eigenhändig unterschrieben sein. Dies gilt auch für einen Nachtrag. Die Unterschrift soll klarstellen, daß es sich um eine abgeschlossene Erklärung handelt. Steht der Name des Erblassers nur am Anfang des Testaments oder fehlt die Unterschrift, so ist das Testament unwirksam. Gemäß § 2247 Abs. 3 Satz 1 BGB soll die Unterschrift den Vor- und Familiennamen des Erblassers enthalten. Die Unterschrift mit Initialen ist gemäß § 2247 Abs. 3 Satz 2 BGB nur dann ausreichend, wenn keine Zweifel an der Identität des Erblassers bestehen.

Nach § 2247 Abs. 2 BGB soll in einem eigenhändigen Testament die Zeit und der Ort der Errichtung angegeben sein. Die Nichtbeachtung dieser Vorschrift beeinflußt jedoch die Gültigkeit des Testaments nicht.

Hinweis:
Auch das eigenhändige Testament kann zum Schutz vor Vernichtung und Verfälschung gemäß § 2248 BGB in amtliche Verwahrung gegeben werden.

Ein öffentliches Testament ist gemäß § 2232 Abs. 1 Satz 1 BGB zur Niederschrift eines Notars zu errichten. Gemäß § 2231 Abs. 1 Satz 2 BGB kann dies entweder durch eine mündliche Erklärung gegenüber dem Notar oder durch die Übergabe einer offenen oder verschlossenen Schrift erfolgen. Wird dem Notar eine offene oder verschlossene Schrift übergeben, so hat er bei der Übergabe klarzustellen, daß die Schrift wirklich den letzten Willen enthält.

Gemäß § 2233 Abs. 2 BGB ist zu beachten, daß ein Erblasser, der nicht imstande ist, Geschriebenes zu lesen, ein Testament nur durch mündliche Erklärung gegenüber dem Notar errichten kann.

Vermag der Erblasser demgegenüber nach seiner Angabe und nach Überzeugung des Notars nicht hinreichend zu sprechen, so kann er gemäß § 2333 Abs. 3 BGB ein Testament nur durch Übergabe einer offenen oder verschlossenen Schrift errichten.

Die Niederschrift über die Errichtung des öffentlichen Testaments hat der Notar gemäß § 34 Abs. 1 Satz 1 Beurkundungsgesetz in einen Umschlag zu nehmen und mit dem Prägesiegel zu verschließen. Gemäß § 34 Abs. 1 Satz 4 BGB Beurkundungsgesetz hat der Notar dann zu veranlassen, daß das Testament unverzüglich in besondere amtliche Verwahrung gebracht wird. Es wird gemäß § 2258 a Abs. 2 Nr. 1 BGB grundsätzlich bei dem Amtsgericht verwahrt, in dessen Bezirk der Notar seinen Amtssitz hat.

Die amtliche Verwahrung zeigt bereits einen der Vorteile eines öffentlichen Testaments gegenüber einem eigenhändigen Testament:
- Wegen der zwischen dem Standesamt am Geburtsort des Erblassers und dem Amtsgericht als Verwahrungsstelle des öffentlichen Testaments bestehenden Benachrichtigungspflicht über den Tod des Erblassers ist gewährleistet, daß gerichtlich hinterlegte Testamente sofort geortet und demzufolge eröffnet werden können.
- Wegen der gemäß § 17 Abs. 1 und 2 Beurkundungsgesetz bestehenden Prüfungs- und Belehrungspflichten hinsichtlich der Form und des Inhalts des Testaments wird der Unwirksamkeit derartiger letztwilliger Verfügungen vorgebeugt. Zudem leistet ein Notar vor allem unerfahrenen Testierwilligen gegenüber hilfreiche Beratungsarbeit.
- Das von dem Notar gemäß § 34 Abs. 1 Satz 4 Beurkundungsgesetz zu veranlassende unverzügliche Verbringen des Testaments in besondere amtliche Verwahrung schützt die letztwillige Verfügung vor Verfälschung bzw. Vernichtung.
- Da der Notar gemäß § 17 Abs. 2 Beurkundungsgesetz die Wirksamkeit der letztwilligen Verfügung, für die die Geschäftsfähigkeit und damit auch die Testierfähigkeit Voraussetzung ist, zu prüfen hat und er gemäß § 11 Abs. 1 Satz 1 BGB bei nach seiner Auffassung fehlender Testierfähigkeit des Testierwilligen die Beurkundung abzulehnen hat, spricht somit eine erfolgte notarielle Beurkundung eines Testaments für die Testierfähigkeit des Erblassers und damit auch für die Wirksamkeit seiner letztwilligen Verfügung. Diese vom Notar zu treffenden und gemäß § 28 Beurkundungsgesetz in das Testament aufzunehmenden Feststellungen über die Geschäftsfähigkeit des Testierwilligen haben bei im Rahmen einer Erbauseinandersetzung auftretenden Zweifeln an der Testierfähigkeit des Erblassers einen hohen Stellenwert.

Gemäß § 2253 BGB kann der Erblasser jederzeit ohne Begründung sein Testament widerrufen, da keine schutzwürdigen Interessen des testamentarisch Bedachten vorhanden sind. Verpflichtet sich der Erblasser vertraglich, sein Testament nicht zu widerrufen, so ist diese vertragliche Vereinbarung gemäß § 2302 BGB nichtig. Das Widerrufsrecht als Teil der Testierfreiheit ist damit unbeschränkbar.

Folgende Widerrufsmöglichkeiten von Testamenten sind gesetzlich geregelt:
- Der Widerruf kann gemäß § 2254 BGB durch ein sog. Widerrufstestament erfolgen. Enthält das Testament nur die Erklärung, daß das frühere Testament nicht gelten soll, und wird auch später kein neuer Erbe testamentarisch eingesetzt, so tritt die gesetzliche Erbfolge ein.

- Der Widerruf durch Vernichtung oder Veränderungen: Gemäß §2255 BGB kann ein Testament widerrufen werden, wenn der Erblasser in Aufhebungsabsicht die Testamentsurkunde vernichtet oder an ihr Veränderungen vornimmt durch die der Aufhebungswille ausgedrückt wird.
  Ist das Testament auf diese Weise vernichtet oder verändert worden, so besteht gemäß §2255 Satz 2 BGB eine gesetzliche Vermutung dafür, daß die Aufhebung des Testaments beabsichtigt war.
- Der Widerruf durch Rücknahme des Testaments aus amtlicher Verwahrung: Ein vor dem Notar errichtetes öffentliches Testament oder ein Nottestament vor dem Bürgermeister gilt gemäß §2256 Abs. 1 BGB als widerrufen, wenn die in amtlicher Verwahrung genommene Urkunde dem Erblasser zurückgegeben wird. Der Erblasser kann gemäß §2256 Abs. 2 Satz 1 BGB die Rückgabe jederzeit verlangen. Dabei darf die Testamentsurkunde nur persönlich an den Erblasser zurückgegeben werden.
- Der Widerruf durch ein späteres Testament: Wird in einem späteren Testament auf das aufzuhebende Testament insofern bezug genommen, als hiervon abweichende Verfügungen getroffen werden, so wird gemäß §2258 Abs. 1 BGB das alte Testament insoweit aufgehoben, als das spätere Testament mit dem früheren in Widerspruch steht. Demnach bleibt ein Teil des früheren Testaments gültig, wenn der Widerspruch zwischen späterem und früherem Testament nicht alle Verfügungen des letzteren Testaments betrifft.
- Der Widerruf des Widerrufstestaments: Letztlich hat der Erblasser gemäß §2257 BGB auch noch die Möglichkeit, den durch Testament erfolgten Widerruf einer letztwilligen Verfügung zu widerrufen, um auf diese Weise demjenigen Testament, das zwischenzeitlich durch das Widerrufstestament aufgehoben worden war, wieder Geltung zu verschaffen. §2257 BGB begründet insofern eine gesetzliche Zweifelsregelung zugunsten des früheren Testaments.
- Hinweis für den Widerruf durch einen Betreuten im Sinne des Betreuungsgesetzes: Ein Testament kann nur wirksam widerrufen werden, wenn der Widerrufende testierfähig und damit geschäftsfähig ist, da es sich bei einem Widerruf um eine Verfügung von Todes wegen handelt.
  Für eine unter Betreuung stehende Person ist somit entscheidend, daß sie nicht im Sinne der §§104, 2229 Abs. 4 BGB geschäftsunfähig bzw. testierunfähig ist. Sie kann bzgl. Verfügungen von Todes wegen und damit auch bzgl. des Widerrufs gemäß §1903 Abs. 2 BGB nicht unter dem Einwilligungsvorbehalt eines Betreuers stehen.

5.2.2 Das gemeinschaftliche Testament

Diese Form eines Testaments ist von großer praktischer Relevanz, da ein Großteil aller Verfügungen von Todes wegen in dieser Form abgefaßt werden.

Ein gemeinschaftliches Testament ist die Zusammenfassung von zwei gemeinschaftlich getroffenen letztwilligen Verfügungen und kann gemäß §2265 BGB nur von Ehegatten errichtet werden. Errichten Partner einer nichtehelichen Lebensgemeinschaft ein »gemeinschaftliches Testament«, so können hierin unter Umständen im Wege der Auslegung zwei Einzeltestamente gesehen werden.

Die Form eines gemeinschaftlichen Testaments

Das gemeinschaftliche Testament bildet keine vertragliche Vereinbarung zwischen den Ehegatten, sondern besteht aus zwei Verfügungen von Todes wegen, die aufgrund eines gemeinsamen Entschlusses getroffen werden. Das kann sowohl in Form des eigenhändigen Testaments als auch durch ein öffentliches Testament erfolgen.

Wird das gemeinschaftliche Testament in Form eines eigenhändigen Testaments (§2247 BGB) in einer Urkunde abgefaßt, so genügt es gemäß §2267 BGB, wenn ein Ehegatte das Testament eigenhändig schreibt und unterzeichnet und der andere Ehegatte die gemeinschaftliche Erklärung lediglich eigenhändig mitunterzeichnet.

Wird das gemeinschaftliche Testament als öffentliches Testament errichtet und in besondere amtliche Verwahrung gegeben, so ist gemäß §2272 BGB zu beachten, daß das gemeinschaftliche Testament nur von beiden Ehegatten gemeinsam zurückgenommen werden kann.

Auswirkung von Ehenichtigkeit und Eheauflösung auf die Wirksamkeit eines gemeinschaftlichen Testaments

Gemäß §2268 Satz 1 BGB ist ein gemeinschaftliches Testament in den Fällen des §2077 BGB, d.h. bei Nichtigkeit und Auflösung der Ehe, sowie in dem bereits im Rahmen des §1933 BGB angesprochenen Falles, daß zur Zeit des Todes des Erblassers die Voraussetzungen für die Scheidung der Ehe gegeben waren und der Erblasser die Scheidung beantragt oder ihr zugestimmt hatte, grundsätzlich unwirksam.

Die im Wege eines gemeinschaftlichen Testaments getroffenen Verfügungen bleiben jedoch gemäß §2268 Satz 2 BGB in allen diesen Nichtigkeitsgründen wirksam, wenn anzunehmen ist, daß sie auch für diesen Fall getroffen sein würden.

Die inhaltliche Ausgestaltung eines gemeinschaftlichen Testaments
Bei einem gemeinschaftlichen Testament besteht die Besonderheit, daß die von den Ehegatten getroffenen Verfügungen dann inhaltlich voneinander abhängen, wenn sie wechselbezüglich im Sinne des § 2270 BGB sind.

Wechselbezügliche Verfügungen im Sinne des § 2270 Abs. 1 BGB liegen vor, wenn davon auszugehen ist, daß die Verfügung des einen Ehegatten nicht ohne die Verfügungen des anderen getroffen sein würde.

Ob wechselbezügliche Verfügungen der Ehegatten vorliegen, ist zunächst im Wege der Auslegung des gemeinschaftlichen Testaments festzustellen. Kann dies im Wege der Auslegung nicht eindeutig bejaht oder verneint werden, dann enthält § 2270 Abs. 2 BGB eine Zweifelsregelung für bestimmte typische Fälle wechselbezüglicher Verfügungen:
- die Ehegatten bedenken sich gegenseitig
- der eine Ehegatte macht dem anderen eine Zuwendung und letzterer trifft für den Fall seines Überlebens eine Verfügung zugunsten einer Person, die mit dem erstgenannten Ehegatten verwandt ist oder ihm sonst nahesteht.

Beispiel:

Thomas und Silke Stein setzen sich in einem gemeinschaftlichen Testament wechselseitig zu Alleinerben ein. Nach dem Tod des Längerlebenden sollen ihre gemeinsamen drei Kinder Erben sein.

Hinweis:
Gemäß § 2070 Abs. 3 BGB können nur wechselbezügliche Verfügungen in der Form von Erbeinsetzungen, Vermächtnissen oder Auflagen angeordnet werden. Andere Anordnungen wie eine Testamentsvollstreckung können demzufolge nicht wechselbezüglich getroffen werden und sind demnach für die Ehegatten nicht bindend, d. h., sie sind frei widerruflich.

Haben die Ehegatten ein gemeinschaftliches Testament mit wechselbezüglichen Verfügungen errichtet, so führt dies gemäß § 2271 Abs. 1 Satz 2 BGB dazu, daß ein Ehegatte bei Lebzeiten des anderen durch eine neue Verfügung von Todes wegen seine wechselbezügliche Verfügung nicht einseitig aufheben kann.

Insofern wird das Vertrauen des einen Ehegatten in den Bestand der wechselbezüglichen Verfügung des anderen Ehegatten als schutzwürdig erachtet. Solange beide Ehegatten leben hat aber jeder von ihnen die Möglichkeit, seine wechselbezügliche Verfügung gemäß §2271 Abs.1 Satz 1 BGB zu widerrufen. Dies muß gemäß §2271 Abs.1 Satz 1 in Verbindung mit §2296 Abs.2 Satz 2 BGB durch eine notariell beurkundete Widerrufserklärung geschehen.

Gemäß §2270 Abs.1 BGB hat der wirksame Widerruf der einen wechselbezüglichen Verfügung die Unwirksamkeit der anderen zur Folge. Dieses Widerrufsrecht erlischt mit dem Tod des anderen Ehegatten, vgl. §2271 Abs.2 Satz 1 BGB. Dann tritt beim gemeinschaftlichen Testament mit wechselbezüglichen Verfügungen eine *Bindungswirkung* ein. Der überlebende Ehegatte ist dann grundsätzlich an die von ihm getroffene Verfügung von Todes wegen gebunden und kann kein neues, wirksames Testament errichten.

Der Bindungswirkung der von ihm getroffenen wechselbezüglichen Verfügung kann sich der überlebende Ehegatte jedoch in folgenden Fällen entziehen, um sich die Möglichkeit zu eröffnen, neu testieren zu können:

- Der überlebende Ehegatte schlägt gemäß §2271 Abs.2 Satz 1 BGB das ihm von seinem Ehepartner Zugewendete aus.

  Durch die Ausschlagung tritt infolge der Unwirksamkeit der wechselbezüglichen Verfügungen die gesetzliche Erbfolge ein. Nimmt der Ehegatte, der seine testamentarische Erbeinsetzung ausgeschlagen hat, gemäß §1948 Abs.1 BGB als gesetzlicher Erbe die Erbschaft an, so ist zu überlegen und durch ergänzende Testamentsauslegung zu ermitteln, ob die Bindungswirkung entfallen soll oder der erstverstorbene Ehegatte nicht für den Fall der Ausschlagung der testamentarischen Einsetzung den letztversterbenden Ehegatten nicht enterben wollte.

- Der überlebende Ehegatte ficht gemäß §§2078, 2079 BGB seine eigene wechselbezügliche Verfügung, die er im Rahmen des gemeinschaftlichen Testaments getroffen hat, an. Hierbei ist besonders der Anfechtungsgrund des §2079 BGB im Falle der Wiederheirat des überlebenden Ehegatten bedeutsam, da dann ein neuer Pflichtteilsberechtigter in Person des neuen Ehegatten hinzutritt.

  Da die Anfechtung gemäß §142 Abs.1 BGB zur Nichtigkeit der von dem überlebenden Ehegatten getroffenen wechselbezüglichen Verfügung führt, hat dies gemäß §2270 Abs.1 BGB wiederum die Unwirksamkeit der entsprechenden Verfügung des verstorbenen Partners zur Folge.

  Die Ehegatten haben im Rahmen ihres gemeinschaftlichen Testaments eine sog. *Freistellungsklausel* vereinbart. Wird in einer solchen Klausel vereinbart, daß der überlebende Ehegatte in jeder Hinsicht frei sein soll, über den Nachlaß des verstorbenen Partners zu verfügen, so kann diese Klausel bedeuten, daß der überlebende Ehegatte ermächtigt sein soll, seine eigene wechselbezügliche Verfügung aufzuheben oder abzuändern.

Diese Freistellungsklausel kann jedoch auch bedeuten, daß es dem überlebenden Ehegatten lediglich erlaubt ist, unter Lebenden frei verfügen zu können. Diese Verfügungsfreiheit wird dann bei böswilligen Schenkungen des überlebenden Ehegatten in Beeinträchtigungsabsicht gemäß §§ 2287, 2288 BGB und bei kollusivem, sittenwidrigen Zusammenwirken des überlebenden Ehegatten mit einem Dritten eingeschränkt. Inwieweit die Ehegatten eine Freistellung von den getroffenen wechselbezüglichen Verfügungen gewollt haben, ist hier im Wege der Auslegung zu ermitteln.
- Schließlich haben die Ehegatten auch noch die Möglichkeit, in ihrem gemeinschaftlichen Testament zu vereinbaren, daß der überlebende Ehegatte seine eigene wechselbezügliche Verfügung nach dem Tod des anderen Ehegatten widerrufen, aufheben oder ändern kann.

Zwei inhaltliche Gestaltungsmöglichkeiten von gemeinschaftlichen Testamenten werden von Ehepaaren besonders häufig gewählt:
1. Die Ehegatten ordnen eine *Vor- und Nacherbschaft* an.
2. Die Ehegatten errichten ein sog. *Berliner Testament* (§ 2269 BGB), welches im folgenden dargestellt wird.

5.2.3 Das Berliner Testament

Unter einem Berliner Testament ist gemäß § 2269 BGB ein gemeinschaftliches Testament zu verstehen, in dem sich die Ehegatten gegenseitig als Alleinerben und einen Dritten (meist die Kinder) zum Erben des Längerlebenden einsetzen.

Haben die Ehegatten derart letztwillig verfügt, so gilt die Zweifelsregelung des § 2269 BGB, wonach der überlebende Ehegatte alleiniger Erbe des Nachlasses seines verstorbenen Partners wird und der Dritte erst nach dem Tod des zuletzt Versterbenden erbt.

Beispiel:

Klaus und Maren Schröder verfügen innerhalb eines gemeinschaftlichen Testaments, daß im Falle des Todes von Klaus Schröder seine Frau Maren Alleinerbin seines Nachlasses wird und daß im Falle des Vorversterbens von Maren Schröder diese von ihrem Mann beerbt wird. Als Erben des längerlebenden Ehegatten setzen beide ihre Kinder Katja und Thomas als Schlußerben zu je einer Hälfte ein.

> Stirbt Klaus Schröder, so wird demzufolge Maren Schröder Allein- und Vollerbin. Die Kinder erben erst als Schlußerben nach ihrer Mutter. Sie erben das mütterliche Vermögen, in dem auch der väterliche Nachlaß enthalten ist. Die Kinder sind somit im Erbgang nach dem Vater enterbt und gemäß § 2303 BGB pflichtteilsberechtigt.

Wird der als Schlußerbe begünstigte Dritte beim Tod des längerlebenden Ehegatten dessen Erbe und kann er als Pflichtteilsberechtigter nach dem zuerst verstorbenen Ehegatten seinen Pflichtteil fordern, so kommt der Schlußerbe zweimal in den Genuß des Nachlasses des erstverstorbenen Ehegatten, was regelmäßig dem Willen der testierenden Ehegatten zuwiderläuft.

Für diesen Fall können die Ehegatten in ihrem gemeinschaftlichen Testament folgende Vereinbarungen treffen, die dem entgegen wirken:
- Pflichtteilsstrafklausel
- Jastrowsche Klausel
- Wiederverheiratungsklauseln

Pflichtteilsstrafklausel
Eine derartige Bestrafungsklausel besagt, daß derjenige pflichtteilsberechtigte Schlußerbe, der nach dem Tod des erstversterbenden Ehegatten den Pflichtteil verlangt, auch nach dem Tod des zuletzt versterbenden Ehegatten nur den Pflichtteil beanspruchen kann. Die Einsetzung als Schlußerbe ist also als auflösend bedingt anzusehen, je nachdem, ob der Schlußerbe seinen Pflichtteil geltend macht oder nicht.

Trotzdem kann diese Klausel nicht verhindern, daß der Schlußerbe durch seinen Pflichtteilsanspruch sowohl nach dem Tod des erstversterbenden Ehegatten als auch nach dem Tod des Längerlebenden wirtschaftlich gesehen am Vermögen des zuerst versterbenden Ehegatten doppelt partizipiert, da nach dem Tod des Längerlebenden dessen Nachlaß, nach dem sich der zweite Pflichtteilsanspruch des Schlußerben berechnet, auch das Vermögen des erstverstorbenden Ehegatten umfaßt.

Jastrowsche Klausel
Dies kann durch Einfügung der sog. Jastrowschen Klausel in das gemeinschaftliche Testament gemildert werden. Nach dieser Klausel setzen die Ehegatten jeweils für den Fall ihres Vorversterbens zugunsten der Schlußerben Vermächtnisse aus, die erst beim Tod des längerlebenden Ehegatten fällig werden. Diese Vermächtnisse mindern den Nachlaß des Letztversterbenden und

führen somit zu wertmäßig verringerten Pflichtteilsansprüchen nach dem Tod des Längerlebenden.

Eine Verwirkungsklausel nach Jastrow macht den Anfall der Vermächtnisse nun davon abhängig, ob ein Pflichtteilsberechtigter nach dem Tod des erstversterbenden Ehegatten seinen Pflichtteil verlangt oder er wegen dieser Klausel davon absieht. Wird der Pflichtteil bereits zu diesem frühen Zeitpunkt von einem Schlußerben beansprucht, so werden für die anderen pflichtteilsberechtigten Schlußerben die oben angesprochenen Vermächtnisse in Höhe ihres gesetzlichen Erbteils ausgesetzt.

Berliner Testamente enthalten vielfach auch eine Klausel für den Fall, daß der überlebende Ehegatte erneut heiraten sollte. Die Schlußerben, also regelmäßig die gemeinsamen Kinder, sollen in einem solchen Fall das Vermögen des Erstversterbenden erben. Diese Klauseln werden als sog. *Wiederverheiratungsklauseln* bezeichnet.

Wiederverheiratungsklauseln

Diese Klauseln verbinden aus rein rechtlicher Sicht ein Berliner Testament mit einer Vor- und Nacherbschaft, d.h. der längerlebende Ehegatte wird zunächst als Vollerbe des erstversterbenden Ehegatten eingesetzt und ist erst dann Vorerbe, wenn er erneut heiratet. *Der überlebende Ehegatte wird also auflösend bedingt als Vollerbe seines zuerst verstorbenen Partners und aufschiebend bedingt als Vorerbe für den Fall der erneuten Heirat eingesetzt.*

Diese Verbindung ist rechtlich zulässig und wirtschaftlich sinnvoll. Verfügungen des erstversterbenden Ehegatten sind wirksam, wenn dieser nicht erneut heiratet. Sie werden im Falle einer erneuten Heirat unwirksam nach Maßgabe der §§ 2113 ff. BGB (siehe dazu die Ausführungen zur Vor- und Nacherbschaft), weil dann der längerlebende Ehegatte vom Tod seines zuerst verstorbenen Partners an nur Vorerbe war.

Wiederverheiratungsklauseln können entsprechend des von den Ehegatten beabsichtigten Umfangs der Verfügungsfreiheit des überlebenden Ehegatten während des Schwebezustands zwischen dem Tod des Erstversterbenden und der erneuten Heirat des Längerlebenden inhaltlich unterschiedlich ausgestaltet sein:

- Soll die Wiederverheiratungsklausel den Schlußerben einen möglichst ungeschmälerten Nachlaß des Erstversterbenden beim Nacherbfall, d.h. bei erneuter Heirat des Längerlebenden, garantieren, so wird der Längerlebende während des Schwebezustands den Beschränkungen der §§ 2113 ff. BGB vollends unterworfen sein.
- Es kann aber auch vereinbart sein, den überlebenden Ehegatten vom Zeitpunkt des Todes des Erstversterbenden an von allen Beschränkungen zu

befreien, von denen ein *befreiter Vorerbe* im Rahmen des § 2136 BGB entbunden werden kann.

Eine solche Vereinbarung wird regelmäßig dann getroffen, wenn die Wiederverheiratungsklausel vorrangig verhindern soll, daß durch die erneute Heirat der neue Ehegatte und die aus der zweiten Ehe des Längerlebenden hervorgehenden Abkömmlinge wegen ihrer Erbansprüche an dem im Vermögen des Längerlebenden enthaltenen Nachlaß des Erstverstorbenen partizipieren und somit den Erbanspruch der Schlußerben schmälern.

Auch die Wirkungen, die eine Wiederverheiratungsklausel im Falle der erneuten Heirat des Längerlebenden zeitigen, können auf unterschiedlichste Weise ausgestaltet sein:

- Bestimmen die Ehegatten in ihrem gemeinschaftlichen Testament, daß im Falle einer erneuten Heirat des überlebenden Ehegatten die *gesetzliche Erbfolge* eintritt und sich der Längerlebende mit den als Schlußerben eingesetzten gemeinsamen Kindern in diesem Sinne über den Nachlaß des erstverstorbenen Ehegatten auseinanderzusetzen hat, so ist der überlebende Ehegatte hinsichtlich seiner gesetzlichen Erbquote Vollerbe. Hinsichtlich der Erbquote seiner Kinder ist er nur Vorerbe, wobei zugleich auch der Nacherbfall eingetreten ist.
  Erhält der überlebende Ehegatte bei erneuter Heirat nichts aus dem Nachlaß seines verstorbenen Partners, so ist davon auszugehen, daß nach dem Willen beider Ehegatten der Längerlebende nicht mehr an seine gemäß § 2271 Abs. 2 BGB unwiderruflichen Verfügungen gebunden ist und somit neu testieren kann. Um seine früheren letztwilligen Verfügungen außer Kraft zu setzen, ist der überlebende Ehegatte jedoch dazu angehalten, wirksam eine neue Verfügung von Todes wegen zu errichten.
- Vereinbaren die Ehegatten jedoch, daß den Schlußerben für den Fall, daß der überlebende Ehegatte erneut heiratet, ein Vermächtnis in Höhe ihrer gesetzlichen Erbquote zugewendet werden soll, so ist davon auszugehen, daß der Längerlebende vom Tod seines Partners an als Vollerbe gilt.

5.2.4 Nachteile von gemeinschaftlichen Testamenten

Obwohl das gemeinschaftliche Testament von großer praktischer Bedeutung ist und Ehegatten häufig, um nicht einen Rechtsanwalt oder Notar beanspruchen zu müssen, ein privatschriftliches gemeinschaftliches Testament in der

Form des Berliner Testaments errichten, werden die rechtlichen Wirkungen und Nachteile weithin verkannt.

Verfügungsfreiheit des längerlebenden Ehepartners unter Lebenden
So ist trotz der dargestellten Bindungswirkungen, die nach dem Tod eines Ehegatten für den überlebenden Partner in erbrechtlicher Hinsicht eintreten, dieser grundsätzlich nicht gehindert, unter Lebenden frei zu verfügen.

Die Grenze dieser Freiheit, unter Lebenden verfügen zu können, ist durch die §§ 2286 ff. BGB festgelegt. Sie sind angesichts der Tatsache, daß die rechtliche Situation bei bindend gewordenen gemeinschaftlichen Testamenten derjenigen entspricht, welche beim Erbvertrag vorliegt, entsprechend anzuwenden. Demnach schützt das gemeinschaftliche Testament nur vor unentgeltlichen Verfügungen des überlebenden Ehegatten. Und dies auch nur insoweit, als diese Verfügungen nicht durch ein lebzeitiges Eigeninteresse des Längerlebenden gerechtfertigt sind. Hierauf werden wir im Rahmen der Darstellung des Erbvertrages noch detaillierter eingehen.

Wegen § 2286 BGB ist der überlebende Ehegatte hingegen nicht gehindert, entgeltlich unter Lebenden zu verfügen, d. h. beispielsweise, den Familienwohnsitz zu veräußern. Insoweit ist mithin kein Schutz durch das gemeinschaftliche Testament gewährleistet.

Geltendmachen von Pflichtteilsansprüchen nach dem Tod des erstversterbenden Ehegatten
Bereits dargestellt wurde die für die testierenden Ehegatten bestehende Möglichkeit, in ihr gemeinschaftliches Testament eine Pflichtteilsstrafklausel mit aufzunehmen, durch die der oder die Pflichtteilsberechtigten gehindert werden sollen, bereits nach dem Tod des erstversterbenden Ehegatten ihren Pflichtteil hinsichtlich des Nachlasses des Erstversterbenden beanspruchen zu können.

Für den Fall, daß der Pflichtteil gleichwohl verlangt wird, ist vorgesehen, daß derjenige, der den Pflichtteil beansprucht, nach dem Tod des Längerlebenden auch nur den Pflichtteil erhalten soll. Trotz Vereinbarung einer solchen Klausel partizipiert der in diesem Sinne »Bestrafte« dennoch sowohl am Nachlaß des Erst- als auch des Letztversterbenden jeweils in Höhe seines Pflichtteilsanspruchs.

Für diesen Fall können im Sinne der Jastrowschen Klausel Vermächtnisse vom erstversterbenden Ehegatten zugunsten derjenigen Pflichtteilsberechtigten ausgesetzt werden, die ihren Pflichtteil nicht nach dem Tod des Erstversterbenden geltend gemacht haben. Da diese Vermächtnisse, die erst beim Tod des letztversterbenden Ehegatten fällig werden, dessen Nachlaß verringern, kann auf diese Weise – je nach Höhe der ausgesetzten Vermächtnisse – der zweite Pflichtteilsanspruch des zu »Bestrafenden« sehr gering ausfallen.

Waren die Ehegatten im gesetzlichen Güterstand der Zugewinngemeinschaft verheiratet, so wird der *erste Pflichtteilsanspruch des Pflichtteilsberechtigten* bereits dadurch *verringert*, daß der Anteil des überlebenden Ehegatten am Erbe des verstorbenen Partners bei gesetzlicher Erbfolge, die die Grundlage für die Berechnung der Pflichtteilshöhe bildet, gemäß § 1371 Abs. 1 BGB um ein Viertel *erhöht* und damit güterrechtlich korrigiert wird. Unberücksichtigt bleibt dabei, ob überhaupt ein Zugewinn erzielt worden ist.

Hinweis:
Insbesondere Unternehmern wird vielfach geraten, für ihre Ehe den *Güterstand der Gütertrennung* ehevertraglich zu vereinbaren, um so im Falle einer Scheidung einer Zerschlagung des Unternehmens aufgrund der Zugewinnausgleichsforderung bei bestehender Zugewinngemeinschaft vorzubeugen.

Wird Gütertrennung ehevertraglich vereinbart, so ist jedoch zu beachten, daß dadurch nach dem Tod des erstversterbenden Ehegatten § 1931 Abs. 4 BGB gilt und somit die Pflichtteilsansprüche der Abkömmlinge im Vergleich zu dem oben dargestellten Güterstand der Zugewinngemeinschaft nicht verringert, sondern erhöht werden.

Dieses Ergebnis läßt sich vermeiden, indem die Ehegatten eine sog. *modifizierte Zugewinngemeinschaft* vereinbaren. Konkret heißt das: Für den Fall einer Scheidung oder der lebzeitigen Beendigung der Ehe aus einem sonstigen Grund sehen die Ehegatten *ehevertraglich* vor, daß ein Zugewinnausgleich nicht erfolgen soll und somit praktisch Gütertrennung gilt. Eine solche Vereinbarung im Sinne des § 1408 Abs. 1 BGB muß gemäß § 1410 BGB bei gleichzeitiger Anwesenheit beider Ehegatten zur Niederschrift eines Notars geschlossen werden. Für den Fall des Todes eines Ehegatten würden dann wiederum die Rechtsfolgen einer Zugewinngemeinschaftsehe eintreten.

Eine derartige Modifizierung der Zugewinngemeinschaft kann auch beinhalten, daß die Ehegatten zu Lebzeiten über ihr Vermögen verfügen können, ohne dabei gegen die Beschränkungen der §§ 1365 ff. BGB zu verstoßen, um so eine größere wirtschaftliche Disponibilität zu erlangen.

Steuerliche Nachteile des Berliner Testaments
Das im Rahmen der Errichtung eines gemeinschaftlichen Testaments vielfach verwendete Berliner Testament, wonach zunächst der überlebende Ehegatte Alleinerbe des verstorbenen Ehegatten wird und die Kinder als Schlußerben des längerlebenden Ehegatten eingesetzt werden, zieht steuerliche Nachteile

mit sich. So wird der Vermögensübergang vom verstorbenen auf den überlebenden Ehegatten und später auf die Schlußerben *steuerlich gleich zweimal erfaßt*.

Zudem kann die Einsetzung des überlebenden Ehegatten zum Alleinerben dazu führen, daß das anfallende Vermögen die dem Alleinerben von gesetzlicher Seite zugebilligten Freibeträge übersteigt, während bei gesetzlicher Erbfolge infolge der Erbberechtigung mehrerer der Nachlaß des erstverstorbenen Ehegatten auf mehrere Köpfe verteilt worden und somit möglicherweise keine Erbschaftsteuer angefallen wäre.

Darüber hinaus wird der Freibetrag für Kinder (90 000 DM) beim ersten Erbgang nicht ausgenutzt, wenn die Kinder – wie häufig beabsichtigt – keine Pflichtteilsansprüche geltend machen.

Ein Vorteil ergibt sich aber aus dem gesetzlichen Güterrecht. Steuerfrei bleibt gemäß §5 Abs.1 Erbschaftsteuergesetz der güterrechtliche Zugewinn und somit der Betrag, den der überlebende Ehegatte im Falle der Scheidung hätte beanspruchen können. Der potentielle Zugewinn ist allerdings jeweils konkret zu ermitteln.

Durch die mehrfache Vererbung einer Vermögensmasse in kurzer Zeit innerhalb der Verwandtschaft entstehen erbschaftsteuerliche Nachteile. Grund hierfür ist, daß jeder Vermögensübergang gesondert versteuert werden muß. Um dieses Manko auszugleichen, bestimmt §27 Erbschaftsteuergesetz, daß die Steuer sich ermäßigt, wenn bei Personen der Steuerklasse I und II Vermögen von Todes wegen anfällt, das in den letzten zehn Jahren bereits von Personen dieser Steuerklassen erworben und damals versteuert worden ist.

5.2.5 Der Erbvertrag

Im Unterschied zum Testament im Sinne des §1937 BGB als einseitiger Verfügung von Todes wegen, die der Testierende zu Lebzeiten ohne Angabe von Gründen jederzeit ändern oder aufheben kann, und zum gemeinschaftlichen Testament im Sinne des §2265 BGB, das erst mit dem Tode eines Ehegatten eine gewisse Bindungswirkung entfaltet, erzeugt der Erbvertrag im Sinne der §§2274 ff. BGB eine sofortige Bindungswirkung für die Vertragsparteien. Er führt somit zu einer entsprechenden Einschränkung der Testierfreiheit desjenigen, der im Rahmen des Erbvertrages letztwillig verfügt.

Der Erblasser kann seine vertraglich getroffenen Verfügungen nicht mehr einseitig widerrufen. Seine vor oder nach Abschluß des Erbvertrages getroffenen letztwilligen Verfügungen werden insoweit unwirksam, als sie den bindenden Vereinbarungen im Erbvertrag widersprechen (§2289 BGB).

Abschlußberechtigte des Erbvertrages

Ein Erbvertrag wird grundsätzlich zwischen zwei Personen abgeschlossen, von denen mindestens einer letztwillig testieren muß. Gemäß § 2275 Abs. 1 BGB kann einen Erbvertrag nur derjenige schließen, der *unbeschränkt geschäftsfähig*, d. h. volljährig und somit nicht beschränkt geschäftsfähig im Sinne des § 106 BGB oder geschäftunfähig im Sinne des § 104 BGB, ist.

Für einen Ehegatten oder Verlobten als Erblasser besteht gemäß § 2275 Abs. 2 und 3 BGB die Besonderheit, daß dieser auch als beschränkt Geschäftsfähiger einen Erbvertrag schließen kann, wenn sein gesetzlicher Vertreter zustimmt. Ist der gesetzliche Vertreter ein Vormund, so ist auch die Genehmigung des Vormundschaftsgerichts erforderlich. Wollen beide Vertragsparteien im Rahmen des Erbvertrages letztwillige Verfügungen treffen, so müssen beide den Anforderungen des § 2275 BGB gerecht werden.

Derjenige, der im Erbvertrag nicht letztwillig verfügt, muß hingegen nicht unbeschränkt geschäftsfähig sein. Für ihn gelten die allgemeinen Regeln des BGB über einen Vertragsschluß, d. h., auch ein *Minderjähriger* kann dann einen Erbvertrag abschließen, wenn ihm im Rahmen des Erbvertrages etwas von seinem Vertragspartner im Wege einer Verfügung von Todes wegen letztwillig zugewendet wird und er dadurch lediglich einen rechtlichen Vorteil erlangt, § 107 BGB.

Hinweis:

Da es den *Partnern einer nichtehelichen Lebensgemeinschaft* von gesetzlicher Seite nicht erlaubt ist, ein gemeinschaftliches Testament im Sinne des § 2265 BGB zu errichten, bietet ihnen der Erbvertrag die Möglichkeit, letztwillig bindende Verfügungen zu treffen (siehe auch die Ausführungen zur nichtehelichen Lebensgemeinschaft).

Form des Erbvertrages

Der Erbvertrag kann gemäß § 2276 BGB nur als *öffentliches Testament* zur Niederschrift eines Notars bei gleichzeitiger Anwesenheit beider Teile geschlossen werden.

Gemäß § 2274 BGB kann derjenige, der im Rahmen eines Erbvertrages letztwillig verfügen will, nur höchstpersönlich den Erbvertrag schließen. Das bedeutet gleichzeitig, daß derjenige, der im Rahmen des Erbvertrages selbst keine Verfügungen von Todes wegen trifft, nicht persönlich den Vertrag abschließen muß, sondern sich vor dem Notar durch einen Bevollmächtigten vertreten lassen kann.

Der Erbvertrag kann auch laut § 2278 BGB in besondere amtliche Verwahrung gegeben werden, woraufhin jedem der Vertragsschließenden ein Hinterlegungsschein auszuhändigen ist. Eine amtliche Verwahrung ist allerdings nicht Gültigkeitsvoraussetzung. Dementsprechend hat eine Rücknahme des Erbvertrages aus der amtlichen Verwahrung nicht zur Folge, daß der Erbvertrag als widerrufen gilt.

Gestaltungsmöglichkeiten eines Erbvertrages
Der Erbvertrag ist eine *vertragliche Verfügung von Todes wegen*, d.h. er ist gleichsam Vertrag und letztwillige Verfügung.

Folgende Gestaltungsmöglichkeiten kommen im Rahmen eines Erbvertrages in Betracht:
- Verfügt im Rahmen eines Erbvertrages nur einer der Vertragschließenden letztwillig und bedenkt dadurch den Vertragspartner oder einen Dritten, so ist der Erbvertrag *einseitig* ausgestaltet.
- Treffen hingegen beide Vertragschließenden letztwillige Verfügungen, so bildet der Erbvertrag ein *gegenseitiges* Vertragsverhältnis. Die beiderseitigen Verfügungen sind dann – vergleichbar den wechselbezüglichen Verfügungen im Rahmen eines gemeinschaftlichen Testaments – voneinander abhängig (§ 2298 Abs. 1 BGB).
- Verfügt eine Vertragspartei im Rahmen eines Erbvertrages letztwillig und wendet demzufolge einem Dritten oder dem Vertragspartner etwas zu, ohne aber dafür eine Gegenleistung zu erhalten, so ist der Erbvertrag *unentgeltlich* ausgestaltet.
- Der Erbvertrag ist demgegenüber *entgeltlicher* Natur, wenn eine Vertragspartei zugunsten der anderen eine letztwillige Verfügung als Gegenleistung dafür trifft, daß letztere dem Testierenden eine Leistung erbracht hat oder zu erbringen verspricht.

Dies ist beispielsweise der Fall, wenn der Testierende zum Zeitpunkt der Inanspruchnahme der Dienste, die in Pflegeleistungen oder in der Mitarbeit in einem Betrieb bestehen können, nicht in der Lage ist, diese Leistungen zu entgelten, jedoch Vermögen besitzt, das er dem »Vorleistenden« dann im Wege einer letztwilligen Verfügung zuwendet.

Hier gilt es jedoch § 2278 Abs. 2 BGB zu beachten, nach dem andere Verfügungen als Erbeinsetzungen, Vermächtnisse und Auflagen vertragsmäßig nicht getroffen werden können, d.h., nur diese vertragsmäßigen Regelungen sind bindend und können durch spätere letztwillige Verfügungen nicht mehr geändert werden.

Hinweis:
Im Vergleich zum gemeinschaftlichen Testament spricht für den Erbvertrag, daß durch die gemäß § 2276 Abs. 1 BGB zwingende notarielle Beurkundung die Frage, welche vertragliche Regelungen vertragsmäßig bindend im Sinne

des §2278 Abs. 2 BGB sind, zweifelsfrei durch den Notar geklärt und so frühzeitig für Eindeutigkeit gesorgt wird.

Diese entscheidende Frage sollte auch bei einem gemeinschaftlichen Testament geklärt werden, da andernfalls die gesetzlichen Vermutungsregeln der §§2270, 2271 Abs.1 BGB Anlaß für Streitigkeiten im Rahmen der Erbauseinandersetzung geben können. Bei einer notariellen Beurkundung eines gemeinschaftlichen Testaments wird diese Frage abgeklärt werden. Bei privatschriftlichen gemeinschaftlichen Testamenten wird die Frage der Wechselbezüglichkeit regelmäßig jedoch nicht ausdrücklich geklärt, was gerade zu den oben angesprochenen Streitigkeiten führen kann.

Die Beseitigung der erbvertraglichen Bindung durch Aufhebung, Rücktritt oder Anfechtung
Die bereits mit der notariellen Beurkundung eintretende Bindungswirkung des Erbvertrages kann nur durch Aufhebung, Rücktritt, Anfechtung oder einen vertraglich vereinbarten Änderungsvorbehalt beseitigt werden.

Aufhebung
Die Aufhebung erfolgt gemäß §2290 Abs.1 BGB durch Vertrag zwischen den Vertragsparteien und bedarf gemäß §2290 Abs.4 BGB der notariellen Form. Eine Ausnahme ist hier nur für Ehegatten vorgesehen, die einen geschlossenen Erbvertrag gemäß §2292 BGB durch ein gemeinschaftliches Testament im Sinne des §2265 BGB aufheben können.

Eine vertragsmäßig bindende Verfügung desjenigen, der im Rahmen des Erbvertrages testiert hat, kann dieser gemäß §2291 BGB durch ein Testament aufheben, wenn die Verfügung in der Anordnung eines Vermächtnisses oder einer Auflage bestand und der Vertragspartner zustimmt. Diese Zustimmungserklärung bedarf ebenso der notariellen Beurkundung.

Den Aufhebungsvertrag kann derjenige, der innerhalb des Erbvertrages letztwillig verfügt hat, nur persönlich schließen, §2290 Abs. 2 BGB. Nach dem Tod einer der Vertragsparteien kann ein Aufhebungsvertrag gemäß §2290 Abs.1 Satz 2 BGB nicht mehr abgeschlossen werden.

Rücktritt
Außer im Fall eines vertraglich vorbehaltenen Rücktritts im Sinne des §2293 BGB kann derjenige, der im Rahmen des Erbvertrages letztwillig verfügt hat, nur in den gesetzlich vorgesehenen Fällen vom Erbvertrag zurücktreten.

Gemäß §2294 BGB kann der Erblasser von einer vertragsmäßigen Verfügung zurücktreten, wenn sich der Bedachte einer Verfehlung schuldig gemacht hat, die zum Entzug des Pflichtteils berechtigen würde.

Ist die vertragsmäßige Verfügung des Erblassers mit Rücksicht auf eine Gegenleistung beispielsweise in Form einer Unterhaltszahlung oder einer zu erbringenden Pflegeleistung des Bedachten erfolgt und ist diese Verpflichtung vor dem Tod des Erblassers aufgehoben worden, so kann der Erblasser von seiner vertragsmäßigen Verfügung gleichfalls gemäß § 2295 BGB zurücktreten.

Hinweis:
Wird bei vereinbarter Gegenleistung diese nicht ordnungsgemäß erbracht, so berechtigt dies den Erblasser nicht zum Rücktritt. Vielmehr kann er seine im Rahmen des Erbvertrages getroffene letztwillige Verfügung nur gemäß §§ 2281 ff. BGB anfechten, weil er in Kenntnis der Schlechtleistung die vertragsmäßige Verfügung so nicht getroffen hätte und sich somit geirrt hat.

Gemäß § 2296 BGB hat der Erblasser des weiteren bei einem Rücktritt von seinen vertragsmäßigen Verfügungen zu beachten, daß er höchstpersönlich die Rücktrittserklärung gegenüber dem Vertragspartner abzugeben hat. Auch diese Erklärung bedarf der notariellen Beurkundung.

§ 2297 BGB erlaubt es demjenigen Erblasser, der zum Rücktritt berechtigt ist, für den Fall des Vorversterbens des Vertragspartners seine vertragsmäßigen Verfügungen durch Testament aufzuheben, ohne zurücktreten zu müssen.

Einige Besonderheiten hinsichtlich der Folgen des Rücktritts beinhaltet § 2298 BGB:
- Tritt bei einem gegenseitigen Erbvertrag, in dem beide Vertragsparteien letztwillige Verfügungen getroffen haben, eine Partei *zu Lebzeiten beider Vertragschließenden* aufgrund eines vertraglich vorbehaltenen Rücktritts vom Erbvertrag zurück, so wird dadurch gemäß § 2298 Abs. 2 BGB der gesamte Erbvertrag aufgehoben.
- Ist bereits eine der Vertragsparteien verstorben, so kann der Überlebende gemäß § 2298 Abs. 3 BGB nur noch durch Ausschlagung des ihm durch den Erbvertrag Zugewendeten seine letztwillige Verfügung mittels eines Testaments aufheben.

Anfechtung
Eine weitere gesetzlich vorgesehene Möglichkeit, die erbvertraglichen Bindungen zu beseitigen, besteht in dem durch § 2281 BGB eingeräumten Anfechtungsrecht des Erblassers.

Der *Erblasser selbst ist grundsätzlich nicht anfechtungsberechtigt*, da er zu Lebzeiten ein Testament jederzeit widerrufen kann. § 2281 BGB bildet insofern eine Ausnahme, da in diesem Fall die Widerrufsmöglichkeit – soweit nicht besondere Vorbehalte erbvertraglich vereinbart worden sind – für vertragsmäßige Verfügungen ausgeschlossen ist. Einseitige Verfügungen kann der Erblasser hingegen gemäß §2299 Abs. 2 Satz 1 BGB widerrufen, ohne diese gesondert anfechten zu müssen.

Vertragsmäßige Verfügungen kann der Erblasser in folgenden Fällen anfechten:
1. Der Erblasser war über den Inhalt seiner Erklärung im Irrtum oder wollte eine Erklärung dieses Inhalts nicht abgeben, §2078 Abs. 1 BGB.
2. Der Erblasser ist zu der vertragsmäßigen Verfügung widerrechtlich durch Drohung bestimmt worden, §2078 Abs. 2 BGB.
3. Der Erblasser hat die vertragsmäßige Verfügung getroffen und dabei einen Pflichtteilsberechtigten übergangen, der bei Abschluß des Erbvertrages bereits lebte, aber dem Erblasser noch nicht bekannt war oder der erst nach Abschluß des Erbvertrages geboren oder pflichtteilsberechtigt geworden ist, §2079 BGB. In dem Fall, in dem der Pflichtteilsberechtigte erst nach Abschluß des Erbvertrages geboren wurde, fordert §2281 Abs. 1 Halbsatz 2 BGB seine Mitaufnahme in den Erbvertrag – ganz so, als ob er zur Zeit der Anfechtung bereits gelebt hätte.

Gemäß §2282 Abs. 1 BGB muß die Anfechtung durch den Erblasser höchstpersönlich erklärt werden. Die Anfechtungserklärung bedarf zudem der notariellen Beurkundung, §2282 Abs. 3 BGB.

Die Anfechtung ist fristgebunden. Für alle Anfechtungsgründe besteht gemäß §2283 Abs. 1 BGB eine *Frist von einem Jahr*. Die Anfechtungsfrist beginnt mit dem Zeitpunkt, in dem der Erblasser von dem Anfechtungsgrund Kenntnis erlangt, im Falle der Anfechtbarkeit wegen Drohung mit dem Zeitpunkt, in dem die Zwangslage beendet ist. Die Anfechtung durch den Erblasser bewirkt, daß die vertragsmäßige Verfügung von Anfang an nichtig ist. Dies führt dazu, daß dann der Erbvertrag insgesamt unwirksam ist.

Änderungsvorbehalt
Schließlich können die Vertragschließenden in den Erbvertrag einen Änderungsvorbehalt aufnehmen, durch den dem Erblasser die Möglichkeit eingeräumt wird, die von ihm getroffenen letztwilligen Verfügungen zu ändern oder aufzuheben. Dabei ist jedoch zu beachten, daß ein solcher Änderungsvorbehalt nicht den Charakter des Erbvertrages gänzlich aufheben darf, sondern daß vielmehr eine das Wesen eines Erbvertrages ausmachende vertragsmäßige Verfügung des Erblassers verbleiben muß.

Hinweis:
Wenn *Ehegatten oder Verlobte* einen Erbvertrag geschlossen haben, so ist gemäß § 2279 Abs. 2 BGB in Verbindung mit § 2077 BGB zu beachten, daß der Erbvertrag im Falle der Ehenichtigkeit oder Eheauflösung unwirksam wird. Dieselbe Rechtsfolge tritt bei Auflösung eines Verlöbnisses ein.

Hat der Erblasser die Scheidung beantragt oder ihr zugestimmt und sind die Voraussetzungen für die Scheidung der Ehe gegeben, so wird der Erbvertrag gleichsam unwirksam.

Verfügungsfreiheit unter Lebenden und ihre Grenzen
Die Bindungswirkung der vertragsmäßigen Verfügungen im Rahmen des Erbvertrages ist eine rein erbrechtliche. Das Recht des Erblassers, über sein Vermögen durch Rechtsgeschäft unter Lebenden frei zu verfügen, wird gemäß § 2286 BGB grundsätzlich nicht eingeschränkt. Generell kann der Erblasser demnach auch unentgeltliche Verfügungen zu Lasten des durch die vertragsmäßige Verfügung Begünstigten treffen.

Eine Einschränkung enthält allerdings § 2287 BGB. Eine Schenkung, welche in der Absicht, den erbvertraglich Begünstigten zu benachteiligen (sog. *böswillige Schenkung*), gemacht worden ist, löst Bereicherungsansprüche des Begünstigten nach dem Tod des Erblassers gegenüber dem Beschenkten aus.

Geschützt ist aber nicht nur der Begünstigte eines Erbvertrages oder der Schlußerbe eines bindend gewordenen gemeinschaftlichen Testaments analog zu § 2287 BGB, sondern auch der Vermächtnisnehmer gemäß § 2288 BGB, dem ein Gegenstand oder auch Geld ausgesetzt worden ist. Voraussetzung für einen Anspruch nach § 2287 BGB ist zunächst eine Schenkung.

Schenkung
Der Schenkungsbegriff des § 2287 BGB ist derselbe wie in den Schenkungsvorschriften der §§ 516 ff. BGB mit einer Bereicherung der einen Vertragspartei aus dem Vermögen der zuwendenden Partei und einer Einigung der Beteiligten über die Unentgeltlichkeit dieser Bereicherung.

Wird in den Verträgen vereinbart, daß bestimmte Leistungen wie beispielsweise Pflege- oder Dienstleistungen als Gegenleistungen anzusehen sind, so ist für die Annahme einer Schenkung entscheidend, ob die Gegenleistung noch in einem vertretbaren Verhältnis zur Leistung steht oder nicht. Liegt ein noch vertretbares Verhältnis vor, so ist von einem *entgeltlichen Vertrag* auszugehen.

Stehen Leistung und Gegenleistung hingegen in einem offensichtlichen Mißverhältnis zueinander, so besteht eine tatsächliche Vermutung dafür, daß sich die Beteiligten über die teilweise Unentgeltlichkeit auch einig gewesen sind. Es liegt dann eine sog. *gemischte Schenkung* vor, die hinsichtlich des unentgeltlichen Teils dem § 2287 BGB unterliegt.

Beeinträchtigungsabsicht
Der Erblasser müßte zudem die Schenkung mit der Absicht vorgenommen haben, den erbvertraglich Begünstigten zu beeinträchtigen.

Früher wurde die Auffassung vertreten, daß die Beeinträchtigungsabsicht bei den Motiven, die den Erblasser zur Schenkung veranlaßt haben, das beherrschende Motiv gewesen sein muß. Diese Auffassung wurde jedoch zwischenzeitlich aufgegeben. Nunmehr braucht die Beeinträchtigungsabsicht nicht mehr das entscheidende Motiv sein. Es kommt vielmehr entscheidend darauf an, ob für den Erblasser ein *lebzeitiges Eigeninteresse* besteht, das von dem erbvertraglich begünstigten Vertragserben anerkannt werden muß.

Ein solches lebzeitiges Eigeninteresse ist in der Regel dann zu bejahen, wenn belohnende Schenkungen (sog. *remuneratorische Schenkungen*) oder Pflicht- und Anstandsschenkungen im Sinne des § 534 BGB vorliegen. Die Motive des Erblassers müssen dabei billigenswert und gerecht erscheinen. Bejaht wurde dies beispielsweise, wenn die Schenkung zur Sicherung eines friedlichen Lebensabends oder der Sicherstellung von Pflege und Versorgung im Alter diente.

Rechtsfolge des § 2287 BGB: Rückgabe des Geschenks
Der erbvertraglich begünstigte Vertragserbe kann gemäß § 2287 BGB von dem Beschenkten die Herausgabe des Geschenkes nach den Vorschriften über die ungerechtfertigte Bereicherung verlangen. Demnach ist der Beschenkte gemäß § 818 Abs. 3 BGB insoweit von dieser Herausgabepflicht befreit, als er nicht mehr bereichert ist.

Gemäß § 819 BGB kann sich der Beschenkte hingegen nicht auf Entreicherung berufen, sondern haftet vielmehr verschärft, wenn er von Tatsachen Kenntnis erlangt hat, die seine Herausgabepflicht begründen.

Hinweis:
Die Beweissituation ist für denjenigen, der Rechte aus § 2287 BGB geltend macht, ungünstig, denn er muß nicht nur beweisen, daß eine Schenkung des Erblassers vorliegt, sondern auch, daß der Erblasser nicht aus einem lebzeitigen Eigeninteresse die Schenkung vorgenommen, sondern böswillig gehandelt hat. Das bedeutet gleichzeitig, daß er die von Seiten des Beschenkten genannten Motive für eine Schenkung zu widerlegen hat.

5.3 Allgemeine Auslegungsregeln für Verfügungen von Todes wegen

Grundsätzlich sind Willenserklärungen bei mehrseitigen Rechtsgeschäften oder empfangsbedürftigen Willenserklärungen nach den §§ 133, 157 BGB auszulegen, wobei es entscheidend auf den Empfängerhorizont ankommt.

Maßgeblich ist demnach, wie der Empfänger die Willenserklärung verstehen konnte und mußte. Dadurch wird für den Rechtsverkehr ein gewisses Maß an Sicherheit gewährleistet – es kann der verständige Wille zugrunde gelegt werden. Hat der Erklärende etwas anderes aussagen wollen, besteht für ihn die Möglichkeit, seine Willenserklärung anzufechten, wenn nicht der wahre Wille des Erklärenden im Wege der Auslegung zu ermitteln ist. Diese Grundsätze gelten für Erbverträge und gemeinschaftliche Testamente mit wechselbezüglichen Verfügungen, bei denen entweder ein Vertragspartner vorhanden ist oder aber wechselbezüglich verfügt wird. Es ist also auf den Empfängerhorizont abzustellen.

Anders liegen die Probleme bei der Auslegung von Testamenten, bei denen grundsätzlich kein Vertrauensschutz besteht. Hier ist ausschließlich der subjektive Wille des Erblassers gemäß § 133 BGB maßgeblich. Bei der Auslegung von Testamenten ist demnach wie folgt vorzugehen:

- Es ist zunächst mit allen zur Verfügung stehenden Mitteln der *tatsächliche Wille* des Erblassers im Zeitpunkt der Errichtung des Testaments zu ermitteln. Da nur seine subjektive Willensrichtung entscheidend ist, sind die Einstellungen und Wertvorstellungen, Denkweisen und Lebensumstände des Erblassers zu berücksichtigen. Ist der tatsächliche Wille nicht mehr feststellbar, so ist nach dem *mutmaßlichen, hypothetischen Willen* des Erblassers zu forschen.
- Ist der Wille des Erblassers ermittelt worden, so ist festzustellen, ob sich dieser Wille in irgendeiner Form im Testament wiederfindet. Er muß zumindest angedeutet sein (sog. *Andeutungstheorie*).
- Erst wenn eine Auslegung des konkreten Testaments unter Berücksichtigung aller Lebensumstände und unter Würdigung der Persönlichkeit des Erblassers und seiner Wertvorstellungen kein eindeutiges Ergebnis bringt, ist auf die *gesetzlichen Auslegungsregeln* zurückzugreifen.
- Bei vorhandenen Unklarheiten können die Beteiligten einen Auslegungsvertrag schließen, der die erbrechtlichen Folgen der letztwilligen Verfügung verbindlich für alle Seiten festlegt.

Folgende gesetzliche Auslegungsregeln sind zu berücksichtigen, wenn sich der Wille des Erblassers nicht mehr eindeutig ermitteln läßt:

- Läßt der Inhalt letztwilliger Verfügungen verschiedene Auslegungsmöglichkeiten zu, so ist im Zweifel gemäß §2084 BGB diejenige Auslegung vorzuziehen, bei welcher die Verfügungen Erfolg haben können (Grundsatz der wohlwollenden Testamentsauslegung).
- Hat der Erblasser seine gesetzlichen Erben ohne nähere Bestimmung bedacht (z.B. »Als meine Erben bestimme ich meine gesetzlichen Erben«), so sind gemäß §2066 Abs.1 BGB diejenigen, die zur Zeit des Erbfalls seine gesetzlichen Erben sein würden, nach dem Verhältnis ihrer gesetzlichen Erbteile bedacht.

Beispiel:

Helmut Rahn ist mit seiner Frau Maria im gesetzlichen Güterstand der Zugewinngemeinschaft verheiratet. Beide haben zwei gemeinsame Kinder, Sohn Oliver und Tochter Ute. Helmut Rahn bestimmt in seinem Testament, daß er als seine Erben seine gesetzlichen Erben bestimmt.

Verstirbt nun Helmut Rahn, so erben seine Frau und die gemeinsamen Kinder entsprechend ihrer gesetzlichen Erbteile, d.h., Maria Rahn erbt gemäß §§1931 Abs.1, 1371 Abs.1 BGB die Hälfte des Nachlasses, während ihre Kinder jeweils gemäß §1924 Abs.1 und 4 BGB ein Viertel des Nachlasses erben.

- Hat der Erblasser hingegen seine Verwandten ohne nähere Bestimmung als Erben eingesetzt, so sind gemäß §2067 Satz 1 BGB im Zweifel diejenigen Verwandten, die zur Zeit des Erbfalls seine gesetzlichen Erben sein würden, nach dem Verhältnis ihrer gesetzlichen Erbteile als Erben des Nachlasses eingesetzt.
Hier ist jedoch zu beachten, daß der Erblasser bei einer solchen Formulierung seinen Ehegatten praktisch enterbt, da er mit diesem nicht im Sinne des §1589 BGB verwandt ist.
- Hat der Erblasser seine Kinder als Erben ohne nähere Bestimmung eingesetzt und ist ein Kind vor der Errichtung des Testaments mit Hinterlassung von Abkömmlingen gestorben, so ist im Zweifel gemäß §2068 BGB anzunehmen, daß die Abkömmlinge an dessen Stelle treten, soweit sie bei gesetzlicher Erbfolge nachrücken würden.
Eine entsprechende Zweifelsregelung besteht gemäß §2069 BGB für Abkömmlinge des Erblassers, die testamentarisch eingesetzt wurden, aber

nach der Testamentserrichtung verstorben sind. An ihre Stelle rücken ihre Abkömmlinge als Ersatzerben nach, soweit dies auch bei gesetzlicher Erbfolge der Fall wäre.

> **Beispiel:**
>
> Hat Helmut Rahn nur seine Kinder Ute und Oliver testamentarisch als Erben eingesetzt, obwohl Oliver bereits vor Testamentserrichtung infolge eines Verkehrsunfalls verstorben ist, so ist gemäß § 2068 BGB anzunehmen, daß an die Stelle von Oliver seine beiden Kinder Thomas und Katja als Erben gemäß § 1924 Abs. 3 BGB treten.

- Hat der Erblasser die *Abkömmlinge eines Dritten* ohne nähere Bestimmung bedacht, so ist gemäß § 2270 BGB im Zweifel anzunehmen, daß diejenigen Abkömmlinge nicht bedacht sind, die zur Zeit des Erbfalls noch nicht erzeugt sind.
- Hat der Erblasser eine letztwillige Verfügung unter einer *aufschiebenden Bedingung* gemacht, so ist im Zweifel gemäß § 2274 BGB anzunehmen, daß die Zuwendung nur gelten soll, wenn der Bedachte den Eintritt der Bedingung erlebt.

> **Beispiel:**
>
> Thomas Schmidt hat seinen Sohn Matthias testamentarisch unter der Bedingung als Alleinerben eingesetzt, daß er in seinem Metzgereibetrieb mitarbeitet, bis Thomas Schmidt das 65. Lebensjahr erreicht hat und sich zur Ruhe setzen kann. Verstirbt Matthias jedoch vor diesem Zeitpunkt, so ist gemäß § 2274 BGB anzunehmen, daß dessen Kinder nicht an die Stelle ihres Vaters treten und testamentarische Erben werden.

- Hat der Erblasser andererseits eine letztwillige Verfügung unter der Bedingung gemacht, daß der Bedachte während eines Zeitraumes etwas unterläßt oder fortsetzt, so ist im Zweifel gemäß § 2075 BGB anzunehmen, daß die Zuwendung von der auflösenden Bedingung abhängig sein soll und der Bedachte die Handlung vornimmt oder unterläßt.

> **Beispiel:**
>
> Harald und Maria Baumann setzen sich testamentarisch gegenseitig zu Alleinerben des jeweils anderen ein und bestimmen, daß ihre Kinder jeweils Schlußerben des Längerlebenden sein sollen. Sollte nach dem Tod des Erstversterbenden der überlebende Ehegatte erneut heiraten, vereinbaren sie eine Wiederverheiratungsklausel.
>
> Die Wiederverheiratungsklausel ist gemäß §2075 BGB als auflösend bedingte Vollerbschaft des überlebenden Ehegatten auszulegen. Zugleich enthält sie die Anordnung einer aufschiebend bedingten Vor- und Nacherbfolge.

- Hat der Erblasser seinen Ehegatten oder Verlobten im Rahmen einer letztwilligen Verfügung bedacht, so ist gemäß §2077 Abs.1 und 2 BGB im Zweifel davon auszugehen, daß eine derartige Verfügung als unwirksam anzusehen ist, wenn die Ehe nichtig oder wenn die Ehe bzw. das Verlöbnis vor dem Tod des Erblassers aufgelöst wurde.
  Sollte sich jedoch im Wege der Auslegung ermitteln lassen, daß der Erblasser auch für diese Fälle eine solche Verfügung getroffen hätte, so bleibt sie gemäß §2077 Abs.3 BGB wirksam.
- §2088 BGB bestimmt, daß für den Fall, in dem der Erblasser nur einen Erben eingesetzt und diese Einsetzung auf einen Bruchteil der Erbschaft beschränkt hat, hinsichtlich des übrigen Teils der Erbschaft die gesetzliche Erbfolge eintritt.

> **Beispiel:**
>
> Stefan Meier hat testamentarisch seiner Frau Karen, mit der er im gesetzlichen Güterstand der Zugewinngemeinschaft verheiratet ist, die Hälfte seines Nachlasses zugewendet. Seine beiden Kinder hat er im Testament nicht erwähnt. Beide haben gemäß §2088 BGB einen Anspruch auf jeweils ein Viertel der Erbschaft (§1924 Abs.1 und 4 BGB).
>
> Hat der Erblasser hingegen mehrere Erben eingesetzt, teils unter Einsetzung auf einen Bruchteil, teils ohne Einsetzung eines Bruchteils, so erhalten letztere gemäß §2092 BGB den freigebliebenen Teil der Erbschaft.

- Sollten hingegen die eingesetzten Erben nach dem Willen des Erblassers die alleinigen Erben sein, so werden ihre Erbteile, wenn sie jeweils nur einen Bruchteil der Erbschaft ausmachen, gemäß §2089 BGB verhältnismäßig erhöht. Wird demgegenüber den eingesetzten Erben jeweils ein Bruchteil zugeschrieben und übersteigen diese Anteile zusammen die Erbschaft, so ist gemäß §2090 BGB jeder zugewendete Bruchteil verhältnismäßig zu kürzen.
- Legt der Erblasser zwar die Erben, nicht aber ihre Erbquoten fest, so bestimmt §2091 BGB, daß die Erben zu gleichen Teilen eingesetzt werden, soweit sich nicht aus §§2066 bis 2069 BGB etwas anderes ergibt.
- Sind mehrere Erben schließlich vom Erblasser in der Weise eingesetzt, daß sie die gesetzliche Erbfolge ausschließen, und fällt einer dieser Erben vor oder nach Eintritt des Erbfalls weg, so bestimmt §2094 BGB, daß dessen Erbteil den übrigen Erben verhältnismäßig zugerechnet wird.
Eine Ausnahme besteht gemäß §2099 BGB, wenn der Erblasser für diesen Fall einen *Ersatzerben* im Sinne des §2096 BGB berufen hat. Als Ersatzerbe gilt hierbei gemäß §2102 Abs.1 BGB auch der *Nacherbe*.

6 Inhaltliche Gestaltungsmöglichkeiten letztwilliger Verfügungen

Die Privatautonomie hat ihre erbrechtliche Ausgestaltung in der Testierfreiheit des Erblassers gefunden. Neben den Formvorschriften, der Bindung an wechselbezügliche letztwillige Verfügungen im Rahmen eines gemeinschaftlichen Testaments oder den Bindungen des Erbvertrages, dem Pflichtteilsrecht und den Schranken der §§ 134, 138 BGB begrenzt der *erbrechtliche Typenzwang* die Testierfreiheit. Dieser Grundsatz besagt, daß der Erblasser seine letztwillige Verfügung nur durch die ihm gesetzlich vorgegebenen Institute des Erbrechts ausgestalten kann.

Unabhängig davon, welche erbrechtlich bindenden Anordnungen der Erblasser im Rahmen seiner Verfügung von Todes wegen trifft, muß jedoch sichergestellt sein, daß ein solcher Erbe letztwillig berufen wurde, der notfalls auch für die Nachlaßverbindlichkeiten haften kann.

Im folgenden Kapitel werden die wichtigsten erbrechtlichen Anordnungen, die der Erblasser im Rahmen seiner letztwilligen Verfügung treffen kann, dargestellt.

6.1 Das Vermächtnis

Der Erblasser kann gemäß § 1939 BGB durch Testament einem anderen, ohne ihn als Erben einzusetzen, einen Vermögensvorteil in Form eines Vermächtnisses zuwenden.

Durchsetzung des Vermächtnisses
Durch die Anordnung eines Vermächtnisses wird dem Vermächtnisnehmer im Gegensatz zur Erbeinsetzung nicht im Wege der Universalsukzession der zugewendete Vermögensvorteil verschafft. Es wird ihm vielmehr gemäß § 2174 BGB lediglich ein schuldrechtlicher Anspruch gegen den Beschwerten auf Leistung des vermachten Vermögensgegenstandes eingeräumt. Der Beschwerte ist dabei verpflichtet, den vermachten Gegenstand oder die Forderung durch Übereignung oder Abtretung auf den Vermächtnisnehmer zu übertragen.

Beschwerter

Gemäß § 2147 Satz 1 BGB kann der Beschwerte nur ein Erbe oder ein Vermächtnisnehmer sein, wobei gemäß § 2147 Satz 2 BGB im Falle fehlender anderweitiger Bestimmung der Erbe als Beschwerter gilt.

Für den Fall, daß der Erbe mit einem Vermächtnis beschwert worden ist, haftet er gemäß § 1967 Abs. 2 BGB für das Vermächtnis im Rahmen der Erbenhaftung für Nachlaßverbindlichkeiten.

Hierbei ist jedoch § 1992 BGB zu beachten, nach dem der Erbe das Vermächtnis bis zur Erschöpfung des Nachlasses erfüllen muß. Bei Überschuldung des Nachlasses durch Vermächtnisse kann hingegen die *Einrede der Dürftigkeit des Nachlasses* gemäß § 1990 BGB erhoben werden, ohne daß Nachlaßverwaltung oder Nachlaßkonkurs angeordnet werden müßten. Ist hingegen ein Vermächtnisnehmer mit einem Vermächtnis beschwert worden, so wird dieses gemäß § 2186 BGB als *Untervermächtnis* bezeichnet. Davon zu unterscheiden ist wiederum der *Vorvermächtnisnehmer*, der gemäß § 2191 BGB dann als mit einem Vermächtnis beschwert gilt, wenn der Erblasser ihn mit einem Gegenstand bedacht hat, den er ab einem bestimmten Zeitpunkt einem Dritten, dem sog. *Nachvermächtnisnehmer*, zuzuwenden hat.

Beispiel:

Heinz Roth ist Inhaber eines mittelständischen Unternehmens. Er wendet testamentarisch seiner Ehefrau Helga das Unternehmen in Form eines Vermächtnisses zu und ordnet gleichzeitig an, daß sie das Unternehmen dem gemeinsamen Sohn Ralf weitervererben soll.

Hier ist Helga Roth als Vorvermächtnisnehmerin anzusehen, die das Unternehmen als Nachvermächtnis auf ihren Sohn mit ihrem Ableben weiter zu übertragen hat.

Vermächtnisnehmer

Als Vermächtnisnehmer bzw. Bedachter kommt grundsätzlich jede natürliche oder juristische Person in Betracht. Der Bedachte muß jedoch gemäß § 2160 BGB zur Zeit des Erbfalls noch leben, damit das Vermächtnis nicht unwirksam wird. Dem kann jedoch dadurch vorgebeugt werden, daß der Erblasser im Sinne des § 2190 BGB ein *Ersatzvermächtnis* und damit auch einen Ersatzvermächtnisnehmer aussetzt.

Ein Vermächtnis kann auch dann ausgesetzt werden, wenn der Vermächtnisnehmer zugleich Erbe ist.

Dies ist selbst dann möglich, wenn er Alleinerbe ist und insbesondere im Fall einer Vorerbenstellung sachgerecht, da sich das Recht des Nacherben gemäß § 2110 Abs. 2 BGB im Zweifel nicht auf ein dem Vorerben zugewendetes Vorausvermächtnis erstreckt.

Das einem Erben zugewendete Vermächtnis wird gemäß § 2150 BGB als Vorausvermächtnis bezeichnet, welches nicht auf die Erbschaft angerechnet wird und gemäß § 2176 BGB bereits mit dem Erbfall, also noch vor der Erbauseinandersetzung, anfällt. Ein solches gesetzliches Vorausvermächtnis stellt gemäß § 1932 BGB der Voraus des Ehegatten dar.

Abgrenzung zwischen einem Vermächtnis und einer Erbeinsetzung mit Teilungsanordnung

Beabsichtigt der Erblasser, durch letztwillige Verfügung einer Person einen bestimmten Vermögensgegenstand zuzuwenden, so kann er dies im Rahmen der erbrechtlichen Möglichkeiten auf folgende Weise verwirklichen:
1. Er setzt zugunsten der von ihm bedachten Person ein Vermächtnis aus, welches – wie gesehen – dem Vermächtnisnehmer einen schuldrechtlichen Anspruch gegenüber dem Beschwerten einräumt.
2. Der Erblasser kann aber auch die zu bedenkende Person testamentarisch als Miterben einsetzen und im Wege der Teilungsanordnung gemäß § 2048 BGB bestimmen, daß die Miterben bei der Auseinandersetzung diesen Gegenstand auf die betreffende Person übertragen. *Anders als beim Vorausvermächtnis wird der Wert des aufgrund von Teilungsanordnungen Erworbenen auf den Erbteil angerechnet.*

Ob der Erblasser eine Erbeinsetzung oder ein Vermächtnis gewollt hat, ist jeweils im Wege der Testamentsauslegung zu ermitteln. Führt die Auslegung zu keinem eindeutigen Erblasserwillen, so gilt die gesetzliche Auslegungsregel des § 2087 BGB. Nach ihr ist die Zuwendung des Vermögens oder eines Bruchteils davon als Erbeinsetzung anzusehen, die Zuwendung von einzelnen Gegenständen gilt dagegen als Zuwendung eines Vermächtnisses.

Eine Abgrenzung zwischen diesen beiden Auslegungsmöglichkeiten ist deshalb so wichtig, weil
- der Vermächtnisnehmer im Unterschied zum Erbe nicht im *Erbschein* aufgeführt ist.
- die *Ausschlagung* einer Erbschaft gegenüber dem Nachlaßgericht zu erfolgen hat und nicht wie beim Vermächtnisnehmer gegenüber dem Erben.
- der Vermächtnisnehmer nicht für Nachlaßverbindlichkeiten haftet und sein Anspruch gemäß § 226 Nr. 5 Konkursordnung gegenüber den Rechten der Erben vorrangig ist.

Bestimmungsrecht des Beschwerten bei mehreren Bedachten durch einen Dritten

Gemäß § 2065 Abs. 2 BGB kann es der Erblasser nicht einem Dritten überlassen, wer eine Zuwendung erhalten soll und welcher Gegenstand einem anderen zugewendet werden soll.

Von diesem Erfordernis einer persönlichen Bestimmung des Bedachten stellt § 2151 Abs. 1 BGB insofern eine Ausnahme dar, als der Erblasser mehrere Personen mit einem Vermächtnis in der Weise bedenken kann, daß der Beschwerte oder ein Dritter zu bestimmen hat, wer das Vermächtnis erhalten soll. Ist der Beschwerte bestimmungsberechtigt, so hat er gemäß § 2152 Abs. 2 BGB die Erklärung gegenüber demjenigen, der das Vermächtnis erhalten soll, vorzunehmen. Darf ein Dritter die Bestimmung treffen, so erfolgt dies durch Erklärung gegenüber dem Beschwerten. Kann der Beschwerte oder der Dritte die Bestimmung nicht treffen oder hat das Nachlaßgericht dem Beschwerten bzw. dem Dritten eine Frist zur Abgabe der Erklärung bestimmt, die verstrichen ist, so sind die Bedachten gemäß § 2152 Abs. 3 BGB Gesamtgläubiger.

Hat der Erblasser mehrere Personen in der Weise mit einem Vermächtnis bedacht, daß nur der eine oder der andere das Vermächtnis erhalten soll, so steht das Bestimmungsrecht gemäß § 2152 BGB im Zweifel dem Beschwerten zu.

Durch diese gesetzlich eingeräumte Möglichkeit der Drittbestimmung des Vermächtnisnehmers wird vor allem *im Bereich der Unternehmensnachfolge der Gestaltungsspielraum* für den Erblasser, der seinen Betrieb auf den geeignetsten Abkömmling übertragen will und diese Entscheidung zu seinen Lebzeiten aus verschiedenen Gründen nicht selbst treffen kann, *erweitert*. Näheres hierzu erfahren Sie in den Ausführungen auf den Seiten 74 ff.

Vermächtnisarten

Ein *Gattungsvermächtnis* im Sinne des § 2155 BGB liegt vor, wenn der Erblasser die vermachte Sache nur der Gattung nach bestimmt hat. Der Beschwerte hat in diesem Fall eine den Verhältnissen des Bedachten entsprechende Sache zu leisten.

> **Beispiel:**
>
> Hans Seiler vermacht seinem Enkel Martin aus seiner umfangreichen Bibliothek zwei Geschichtsbücher. Er bestimmt zudem, daß sein Sohn Norbert diese Bücher auswählen soll. In den zugewendeten Büchern liegt ein Gattungsvermächtnis im Sinne des § 2155 BGB.

Ein *Verschaffungsvermächtnis* im Sinne des § 2170 BGB ist gegeben, wenn der Erblasser einen Gegenstand, der zur Zeit des Erbfalls nicht zum Nachlaß gehört, vermacht. Dem Beschwerten obliegt es demnach, den Gegenstand dem Bedachten zu verschaffen. Von dieser Verschaffungspflicht wird er jedoch frei, wenn dieses nur unter unverhältnismäßigen Aufwendungen möglich oder gänzlich unmöglich wäre. Dann hat der Beschwerte den Wert als Ersatzleistung für den Gegenstand zu entrichten.

> **Beispiel:**
>
> Hartmut Schwarz vermacht seinem Enkel Arne ein Aquarium, das dieser sich schon immer gewünscht hatte. Da sich ein Aquarium nicht im Nachlaß des Hartmut Schwarz befindet, verpflichtet er testamentarisch seinen Sohn Klaus, ein solches mit den Mitteln der Erbschaft seinem Enkel Arne zu kaufen. Insoweit liegt ein Verschaffungsvermächtnis im Sinne des § 2170 BGB vor.

Der Erblasser kann gemäß § 2156 BGB bei der Anordnung eines Vermächtnisses, dessen Zweck er bestimmt hat, die Bestimmung der Leistung dem Ermessen des Beschwerten oder eines Dritten überlassen (sog. *Zweckvermächtnis*).

> **Beispiel:**
>
> Günther Seibold möchte sicherstellen, daß es seiner Enkelin Claudia auch nach seinem Tod möglich sein wird, ihre kostspieligen Reitstunden wahrzunehmen. Deshalb ordnet er testamentarisch an, daß für einen Zeitraum von fünf Jahren nach seinem Ableben jährlich ein gewisser Betrag aus seinem Nachlaß für Claudias Reitstunden aufgewendet werden muß. Die Höhe der jährlichen Zuwendung überläßt er seiner Tochter Nina. Diese testamentarische Anordnung stellt ein Zweckvermächtnis im Sinne des § 2156 BGB dar.

Gemäß § 2154 BGB kann der Erblasser ein Vermächtnis auch in der Art anordnen, daß der Bedachte von mehreren Gegenständen nur den einen oder anderen erhalten soll (sog. *Wahlvermächtnis*). Das Wahlrecht kann dem Bedachten selbst, einem Dritten oder dem Beschwerten eingeräumt werden.

> **Beispiel:**
>
> Anna Hansen bestimmt testamentarisch, daß sich ihre Nichte Maren aus ihrer wertvollen Vasensammlung zwei Stücke aussuchen darf. Hierin liegt ein Wahlvermächtnis im Sinne des § 2154 BGB.

Wendet der Erblasser schließlich dem Bedachten einen bestimmten Gegenstand zu, der aus seinem Nachlaß entstammt, so liegt in diesem Fall ein *Stückvermächtnis* vor.

6.2 Die Auflage

Begriff
Verpflichtet der Erblasser testamentarisch den Erben oder Vermächtnisnehmer zu einer Leistung, die für einen Dritten zwar einen Vollziehungsanspruch, dem Begünstigten aber kein Recht auf Leistung einräumt, so liegt eine Auflage im Sinne des § 1940 BGB vor.

Der wesentliche Unterschied im Vergleich zum Vermächtnis besteht also darin, daß im Falle eines Vermächtnisses der Begünstigte gemäß § 2174 BGB das Recht hat, vom Beschwerten die Leistung des vermachten Gegenstandes zu fordern, währenddessen ein solches Forderungsrecht für den Begünstigten bei der Auflage nicht besteht.

Inhalt
Gegenstand einer Auflage ist gemäß § 1940 BGB die Verpflichtung zu einer Leistung, die in einem Tun oder Unterlassen bestehen kann.

Der Zweck der Verpflichtung muß sich im Rahmen der geltenden Gesetze bewegen, d.h., der Erblasser kann den Auflagebeschwerten beispielsweise wegen § 2302 BGB nicht dazu verpflichten, in einer bestimmten Weise selbst zu testieren (Grundsatz der unbeschränkbaren Testierfreiheit).

Da die Auflage nicht wie das Vermächtnis die Zuwendung eines vermögenswerten Gegenstands beinhalten muß, können auch auf diesem Weg Anordnungen allgemeiner Art letztwillig getroffen werden, so z.B. die Grabpflege, die Übernahme von Haustieren, die Pflege des Familiengrundstücks oder eine bestimmte Form der Anlage des zugewendeten Geldes.

Eine Auflage kann auch *im unternehmerischen Bereich* insofern Bedeutung erlangen, als mit ihr detaillierte Anordnungen im Hinblick auf die weitere

Zukunft des Unternehmens gegeben werden können und somit dem Willen des verstorbenen Unternehmers auch noch nach seinem Tod Geltung verschafft werden kann. Zur Sicherung dieser unternehmensbezogenen Anordnungen im Wege einer Auflage empfiehlt sich die Anordnung einer Testamentsvollstreckung.

Anspruch auf Vollziehung
Gemäß § 2194 BGB können der Erbe, der Miterbe und diejenigen, die der Wegfall des mit der Auflage zunächst Beschwerten unmittelbar zustatten kommen würde, die Vollziehung der Auflage verlangen.

Daneben ist auch die zuständige Behörde vollzugsberechtigt, wenn die Vollziehung im öffentlichen Interesse liegt. Setzt der Erblasser einen *Testamentsvollstrecker* ein, so hat auch dieser einen Anspruch auf Vollziehung der Auflage.

6.3 Vor- und Nacherbschaft

Soll nach dem Wunsch des Erblassers das Familienvermögen auch nach seinem Tod zusammengehalten werden und der überlebende Ehegatte vor den Abkömmlingen in den Genuß des Nachlasses kommen, so bieten sich folgende Gestaltungsmöglichkeiten an:

- Die Ehegatten setzen sich im Rahmen eines gemeinschaftlichen Testaments gegenseitig zu Alleinerben ein und bestimmen ihre Kinder zu Schlußerben nach dem Längerlebenden (sog. Berliner Testament). Der überlebende Ehegatte kann damit zu seinen Lebzeiten unbeschränkt über das ererbte Vermögen durch Rechtsgeschäft unter Lebenden entgeltlich und in den Grenzen des § 2287 BGB unentgeltlich verfügen.
- Der Erblasser setzt im Rahmen seiner letztwilligen Verfügung seinen Ehegatten zum Alleinerben ein. Die enterbten Abkömmlinge können den Pflichtteil verlangen; die *Testierfreiheit des überlebenden Ehegatten ist unbeschränkt*.
- Der Erblasser bestimmt seine Abkömmlinge zu Alleinerben und setzt zugunsten seines Ehegatten ein *Nießbrauchvermächtnis* bezüglich des gesamten Nachlasses aus. Der überlebende Ehegatte kann das Nießbrauchvermächtnis annehmen oder gemäß § 2307 BGB ausschlagen und dann den güterrechtlichen Ausgleich und den kleinen Pflichtteil verlangen.

Eine weitere erbrechtliche Möglichkeit, den überlebenden Ehegatten testamentarisch bevorzugt einzusetzen, bildet die sog. Vor- und Nacherbschaft im

Sinne der §§ 2100 ff. BGB. Der Erblasser setzt hier zeitlich gestaffelt zwei Erben ein, zunächst den sog. Vorerben und später den sog. Nacherben, der zu einem späteren Zeitpunkt oder Ereignis den Erblasser beerbt.

Die Anordnung einer Vor- und Nacherbschaft bietet folgende Vorteile:
- Das Vermögen des Erblassers wird für einen längeren Zeitraum zusammengehalten. Dies ist vor allem dann für den Erblasser wichtig, wenn er dem Vorerben nicht zutraut, mit dem Nachlaß sachgerecht und weitsichtig umzugehen.
  Die Möglichkeit der Anordnung einer Vor- und Nacherbschaft ist gemäß § 2109 BGB zeitlich begrenzt. Die Einsetzung eines Nacherben wird mit dem Ablauf von 30 Jahren nach dem Erbfall unwirksam, es sei denn die Nacherbfolge soll von Umständen abhängig sein, die in der Person des Vor- oder Nacherben eintreten und die betreffende Person lebt zur Zeit des Erbfalls.
  Eine weitere Ausnahme bildet der Fall, daß der Bruder oder die Schwester eines Vor- oder Nacherben als Nacherbe bestimmt wurden, diese aber noch nicht geboren sind.
- Vor- oder Nacherben zu bestimmten Handlungen oder Unterlassungen veranlassen, z. B. kann der Eintritt der Nacherbfolge abhängig gemacht werden von der Wiederverheiratung des überlebenden Ehegatten, strafbaren Handlungen und Verstößen gegen den letztwillig geäußerten Willen des Erblassers.
- Ein wichtiger Anwendungsbereich der Vor- und Nacherbschaft ist das sog. *Behindertentestament*.
  Wird ein behindertes Kind in einem Heim gepflegt und zahlt der Sozialhilfeträger die Heimkosten, so kann letzterer für den Fall, daß das behinderte Kind von seinen Eltern enterbt wird, um so das Familienvermögen nicht dem Zugriff der öffentlichen Hand auszusetzen, den Pflichtteilsanspruch des behinderten Kindes auf sich überleiten.
  Dies können die Eltern des behinderten Kindes wiederum dadurch umgehen, daß sie erbvertraglich ihr behindertes Kind als Vorerbe mit einer in geringem Maße über dessen Pflichtteil liegenden Erbquote einsetzen und seine Geschwister oder beliebige Dritte als Nacherben mit der restlichen Erbquote zu Nacherben bestimmen. Zudem wird ein Testamentsvollstrecker eingesetzt, der dem Vorerben laufende Vergünstigungen aus dem Nachlaß gewähren soll, soweit sie nicht auf die Sozialhilfe angerechnet werden. Der Nacherbfall tritt grundsätzlich mit dem Tod des Behinderten ein.

> **Beispiel:**
>
> Die geschiedene Erblasserin hat einen Sohn und eine im Heim lebende Tochter. Durch Erbvertrag mit dem Sohn setzte sie diesen zu 72% als Erben, die Tochter zu 28% als Vorerbin und den Sohn zum Nacherben ein – unter der Bestimmung eines Testamentsvollstreckers, welcher der Vorerbin Vergünstigungen gewähren sollte. Ein solches Behindertentestament ist von der Rechtsprechung als zulässig erachtet worden.

- Ein Pflichtteilsanspruch des Vorerben kann durch die Anordnung der Vor- und Nacherbschaft vermieden werden, wobei jedoch hinsichtlich des Nacherben §2306 Abs.2 BGB zu beachten ist.
- Ist das Vermögen des Vorerben überschuldet, so wird vermieden, daß seine Gläubiger auf den Nachlaß zugreifen können, da die Vorerbschaft nicht gegenüber den Eigengläubigern des Vorerben haftet.

In der Ausgestaltung der Vor- und Nacherbschaft hat der Erblasser einen gewissen Spielraum. Es ist ihm jedoch nicht möglich, eine Vor- und Nacherbschaft nur gegenständlich beschränkt anzuordnen, beispielsweise auf das im Nachlaß befindliche Unternehmen des Erblassers. Wird dies bezweckt, so muß der Erblasser in Höhe seines restlichen Vermögens Vorausvermächtnisse aussetzen, so daß nur noch das Unternehmen im Nachlaß verbleibt.

Ob Ehegatten in ihrem gemeinschaftlichen Testament eine Vor- und Nacherbschaft angeordnet haben oder ein Berliner Testament errichten wollten, ist nicht anhand der benutzten Begrifflichkeiten (»Vorerbe«, »Schlußerbe«) zu entscheiden, sondern primär im Wege der Auslegung zu ermitteln. Führt die Auslegung zu keinem eindeutigen Ergebnis, so gelten für die Vor- und Nacherbschaft folgende gesetzliche Auslegungsregeln:

- Hat der Erblasser eine zur Zeit des Erbfalls noch nicht erzeugte Person als »Erben« eingesetzt, so gilt diese Erbeinsetzung gemäß §2101 Abs.1 BGB als Einsetzung eines Nacherben. *Vorerben* sind gemäß §2105 Abs.1 BGB im Zweifel die gesetzlichen Erben, wenn der Erblasser keine anderweitige Bestimmung trifft.
- Stirbt der eingesetzte Nacherbe vor dem Eintritt des Nacherbfalles, aber nach dem Erbfall, so ist gemäß §2108 Abs.2 BGB sein Recht als Nacherbe im Zweifel vererblich, d.h., es geht auf seine Erben über. Verstirbt der Nacherbe bereits vor dem Erblasser, so gilt außer im Falle einer Ersatzerbenbestellung der Vorerbe als Vollerbe.

- Nacherben sind gemäß §2102 Abs.1 BGB im Zweifel auch Ersatzerben, d. h., sie beerben den Vorerben bereits dann, wenn dieser vor dem vom Erblasser als Nacherbfall bestimmten Zeitpunkt oder Ereignis verstirbt, es sei denn, der Erblasser hat für diesen Fall einen Ersatzerben für den Vorerben testamentarisch festgelegt.
- §2107 BGB bestimmt für den Fall, daß der als Vorerbe eingesetzte Abkömmling zum Zeitpunkt der Errichtung der letztwilligen Verfügung kinderlos war oder der Erblasser von vorhandenen Kindern keine Kenntnis hatte und deshalb einen Dritten als Nacherben eingesetzt hat, daß diese Nacherbeneinsetzung wegfällt, wenn Kinder bzw. deren Abkömmlinge zum Zeitpunkt des Nacherbfalls vorhanden sind.

Hat der Erblasser eine Vor- und Nacherbschaft angeordnet, so ist im Erbfall beim Vorerben zwischen zwei verschiedenen Vermögensmassen, d.h. zwischen seinem eigenen Vermögen und dem ihm als Vorerben zugefallenen Nachlaß, zu unterscheiden. Beide Vermögensmassen bleiben getrennt. Der Vorerbe kann über die Vorerbschaft nicht erneut letztwillig verfügen und auch Rechtsgeschäfte unter Lebenden gemäß §2112 BGB nur in gewissem Umfang wahrnehmen. Er ist jedoch bis zum Eintritt des Nacherbfalls Erbe und damit Eigentümer des ihm im Wege der Vorerbschaft zugewandten Nachlasses. Als zeitlich begrenzter Erbe ist er in seiner Verfügungsmacht über die Vorerbschaft beschränkt. Dies stellt sich im einzelnen wie folgt dar:
- Gemäß §2113 Abs.1 BGB ist eine Verfügung des Vorerben über ein zur Erbschaft gehörendes Grundstück oder ein Recht an einem Grundstück unwirksam, soweit sie das Recht des Nacherben beeinträchtigt. Dies gilt unabhängig davon, ob es sich um ein entgeltliches oder unentgeltliches Geschäft handelt. Da die vom Vorerben getroffene Verfügung erst mit dem Eintritt des Nacherbfalls unwirksam wird, kann der Nacherbe nur die Berichtigung des Grundbuchs verlangen.

Hinweis:
Da gemäß §2113 Abs.3 BGB ein Gutglaubenserwerb dritter Personen möglich ist, sollte ein *Nacherbenvermerk* in das Grundbuch eingetragen werden.

- Gemäß §2113 Abs.2 BGB darf der Vorerbe keine unentgeltlichen Verfügungen über die Vorerbschaft treffen, wobei Pflicht- und Anstandsschenkungen ausgenommen sind.
Eine Verfügung ist auch dann im Sinne des §2113 Abs.2 BGB unentgeltlich, wenn eine sog. *gemischte Schenkung* vorliegt, d.h. wenn der Vorerbe aus der Vorerbschaft Leistungen erbringt, denen objektiv keine gleich-

wertige Gegenleistung gegenübersteht und er weiß, daß kein wirtschaftliches Äquivalent der Vorerbschaft hinzugefügt wird.

Hinweis:
Rückt der Vorerbe kraft seiner vorläufigen Erbenstellung in die Position des Erblassers als Gesellschafter eines Gesellschaftsunternehmens ein, und stimmt er inhaltlichen Änderungen des Gesellschaftsvertrages zu, so ist im Hinblick darauf, ob in dieser Zustimmung eine unentgeltliche Verfügung erblickt werden kann, zu unterscheiden, ob der Vorerbe durch die Änderungen einseitig belastet wird (unentgeltliche Verfügung) oder aber alle Gesellschafter gleichermaßen Einbußen hinnehmen müssen (keine unentgeltliche Verfügung).

- Der Vorerbe hat die Vorerbschaft ordnungsgemäß zu verwalten und haftet gegenüber dem Nacherben gemäß §§ 2131 ff. BGB nach Eintritt des Nacherbfalls im Falle eigennütziger oder unsorgfältiger Verwaltung.
- Gemäß § 2116 BGB hat der Vorerbe auf Verlangen des Nacherben die in diesem Fall zur Vorerbschaft gehörenden Inhaberpapiere und Orderpapiere zu hinterlegen.
- Der Vorerbe darf sich zudem dasjenige, was er als Ersatz für die Zerstörung, Beschädigung oder Entziehung eines Gegenstandes aus der Vorerbschaft erwirbt bzw. durch Rechtsgeschäft mit Mitteln der Vorerbschaft erlangt, nicht in sein Vermögen einverleiben. Gemäß § 2111 BGB setzt sich die Rechtslage, die an den Nachlaßgegenständen bestand, an deren Surrogaten fort (*Grundsatz der dinglichen Surrogation*).

Der Erblasser kann den Vorerben jedoch gemäß § 2136 BGB in gewissem Umfang von den gesetzlichen Beschränkungen einer Vorerbschaft befreien. Es liegt dann eine sog. *befreite Vorerbschaft* vor.

Gemäß § 2136 BGB kann der Erblasser beispielsweise bestimmen, daß der Vorerbe von den Beschränkungen des § 2113 Abs. 1 BGB befreit sein soll, d.h., der Vorerbe soll befugt sein, über zur Vorerbschaft gehörende Grundstücke oder Grundstücksrechte frei verfügen zu können.

Eine Befreiung von allen gesetzlichen Beschränkungen ist aber nicht möglich. Gemäß § 2136 BGB ist es dem Vorerben weiterhin verwehrt, unentgeltlich über die Gegenstände der Vorerbschaft zu verfügen. Des weiteren haftet er auch als befreiter Vorerbe für eine böswillige Schädigung der Vorerbschaft.

Der Nacherbe hat demgegenüber bereits vor Eintritt des Nacherbfalles folgende Rechte:
- Er kann gemäß § 2121 BGB vom Vorerben ein Verzeichnis der zur Erbschaft gehörenden Gegenstände verlangen.

- Er kann zudem gemäß §2122 Satz 2 BGB den Zustand der zur Erbschaft gehörenden Gegenstände auf eigene Kosten feststellen lassen.
- Gemäß §2128 BGB kann der Nacherbe vom Vorerben Sicherheitsleistungen verlangen, wenn durch das Verhalten des Vorerben oder durch seine ungünstige Vermögenslage die Besorgnis einer erheblichen Verletzung der Rechte des Nacherben begründet ist.
- Gemäß §2127 BGB kann der Nacherbe vom Vorerben Auskunft über den Bestand der Vorerbschaft verlangen, wenn Grund zur Annahme besteht, daß der Vorerbe durch seine Verwaltung die Rechte des Nacherben erheblich verletzt hat.
- Da eine Zwangsvollstreckung in die Vorerbschaft durch Eigengläubiger des Vorerben gemäß §2115 BGB unzulässig ist, kann der Nacherbe sich dagegen nach Maßgabe der §§771, 773 ZPO wehren.

Fazit:

Der nicht befreite Vorerbe ist grundsätzlich in seiner Verfügungsmacht über die Vorerbschaft in erheblichem Maße beschränkt. Ausnahmen hierzu läßt §2136 BGB zu.

Der Vorerbe ist nur berechtigt, die Gegenstände der Vorerbschaft im Rahmen einer ordnungsgemäßen Verwaltung zu nutzen und die hieraus erwirtschafteten Erträge zu verbrauchen. Demgegenüber hat er gemäß §2124 BGB auch nur die gewöhnlichen Erhaltungskosten aus eigenen Mitteln zu bestreiten, während er außergewöhnliche Aufwendungen mit Mitteln der Vorerbschaft begleichen darf.

6.4 Weitere Anordnungsmöglichkeiten

Um seine Vorstellungen in bezug auf seinen Nachlaß optimal umsetzen zu können, bieten sich dem Erblasser weitere Gestaltungsmöglichkeiten, die im Folgenden dargestellt werden:

Ausschluß der Erbauseinandersetzung
Hinterläßt der Erblasser mehrere Erben, so bilden diese gemäß §2032 BGB eine Erbengemeinschaft, und der Nachlaß wird gemeinschaftliches Vermögen der Erben. Jeder dieser Erben kann gemäß §2042 Abs. 1 BGB jederzeit die Ausein-

andersetzung über den Nachlaß verlangen, soweit sich nicht aus den §§ 2043 bis 2045 BGB etwas anderes ergibt.

Gemäß § 2044 Abs. 1 BGB kann der Erblasser demnach durch letztwillige Verfügung die Auseinandersetzung für den gesamten Nachlaß oder für einzelne Nachlaßgegenstände ausschließen. Nach § 2044 Abs. 2 BGB kann der Erblasser die Auseinandersetzung längstens für 30 Jahre ab dem Eintritt des Erbfalls hinausschieben. Die Auseinandersetzung kann noch länger ausgeschlossen sein, wenn der Erblasser diese vom Eintritt eines bestimmten Ereignisses in der Person eines Miterben, vom Eintritt der Nacherbfolge oder vom Anfall eines Vermächtnisses abhängig macht.

Beabsichtigt der Erblasser einen Ausschluß der Erbauseinandersetzung, so muß er jedoch bedenken, daß sich die Miterben über diese letztwillige Anordnung hinwegsetzen, wenn sie sich hierüber einig sind. Um eine einverständliche Aufhebung seiner letztwilligen Anordnung zu verhindern, muß der Erblasser eine Nachlaßverwaltung durch einen Testamentsvollstrecker anordnen und diesem testamentarisch auftragen, eine Auseinandersetzung in dem von ihm bestimmten Zeitraum nicht zuzulassen.

Teilungsanordnung im Sinne des § 2048 BGB
Hinterläßt der Erblasser mehrere Erben und möchte er durch eine letztwillige Verfügung einer Person einen bestimmten Gegenstand oder eine Forderung zukommen lassen, so kann er dies – wie gesehen – durch die Anordnung eines Vermächtnisses oder durch die Aufnahme einer Teilungsanordnung in seine Verfügung von Todes wegen erreichen. In Abgrenzung zum Vorausvermächtnis im Sinne des § 2150 BGB hat sich der durch eine Teilungsanordnung im Rahmen der Erbeinsetzung Begünstigte den Wert des ihm zugewiesenen Vermögensgegenstands auf seinen Erbteil anrechnen lassen. Hat der Erblasser demgegenüber Gegenstände von unterschiedlichem Wert unter den Erben verteilt, so ist zu beachten, daß diejenigen Erben, die zugleich pflichtteilsberechtigt sind, für den Fall, daß ihnen im Wege der Teilungsanordnung ein Gegenstand zugewendet worden ist, der wertmäßig unterhalb des ihnen zustehenden Pflichtteilsanspruchs liegt, *Pflichtteilsrestansprüche* gemäß § 2305 BGB geltend machen können.

Des weiteren ist die Teilungsanordnung eine *Beschränkung bzw. Beschwerung* im Sinne des § 2306 Abs. 1 BGB, so daß der pflichtteilsberechtigte Erbe, der mit einer solchen Teilungsanordnung belastet ist, je nach Höhe des ihm zugewandten Erbteils die Erbschaft ausschlagen kann oder aber die Teilungsanordnung ihm gegenüber als nicht angeordnet gilt.

Andererseits können die Miterben, von denen jeder aufgrund einer Teilungsanordnung jederzeit die anderen Miterben auf Zustimmung zu einer

Auseinandersetzung entsprechend dem Teilungsplan des Erblassers verklagen kann, diese Teilungsanordnung einvernehmlich aufheben. Dies kann wiederum nur durch die Anordnung einer Testamentsvollstreckung verhindert werden.

Gemäß § 2278 Abs. 2 BGB können Teilungsanordnungen zudem nicht Gegenstand einer erbvertraglichen Vereinbarung sein. Ein Umstand, der leicht zu umgehen ist, indem der Erblasser im Rahmen eines Erbvertrages eine vertragsmäßige Verfügung in Form einer Auflage trifft, die gegenüber dem Vertragspartner oder einem zu benennenden Testamentsvollstrecker anordnet, daß dieser entsprechend des Teilungsplanes des Erblassers die Gegenstände des Nachlasses zu verteilen hat.

Letztlich besteht gemäß § 2048 Satz 2 BGB für den Erblasser noch die Möglichkeit, daß er die gegenständliche Verteilung des Nachlasses einem Dritten nach dessen billigem Ermessen überträgt.

Anordnungen über den Ausgleich lebzeitiger Zuwendungen

Gemäß § 2050 Abs. 1 und 2 BGB sind lebzeitige Zuwendungen des Erblassers an seine Abkömmlinge, die als Ausstattung oder zur Berufsausbildung aufgewendet worden sind, ausgleichspflichtig, d. h., den Wert von derartigen Zuwendungen müssen sich die Begünstigten auf ihren Erb- oder Pflichtteil anrechnen lassen.

Andererseits haben diejenigen Abkömmlinge, die durch Mitarbeit in Haushalt, Beruf oder Geschäft des Erblassers überobligationsmäßige Leistungen erbracht haben, gegenüber den Miterben im Rahmen der Erbauseinandersetzung einen Ausgleichsanspruch in Höhe des Wertes ihrer zu Lebzeiten des Erblassers erbrachten Leistungen (siehe Seite 50 ff.).

§ 2050 Abs. 3 BGB ermöglicht es dem Erblasser aber, über diese gesetzlich festgelegten Ausgleichs- und Anrechnungspflichten hinaus bei der Zuwendung festzulegen, ob diese ausgleichspflichtig sein soll oder nicht. Hat der Erblasser bei der Zuwendung ihre spätere Ausgleichung besonders angeordnet oder in den Fällen, in denen die Ausgleichspflicht gesetzlich festgelegt ist, auf diese ausdrücklich verzichtet, so kann er diese Anordnungen im Rahmen seiner letztwilligen Verfügung noch ändern. Dann kann er zugunsten der übrigen Abkömmlinge – für den Fall, daß die Zuwendung doch ausgleichspflichtig sein soll –, in Höhe der Ausgleichspflicht Vermächtnisse aussetzen. Und umgekehrt – für den Fall, daß keine Ausgleichung stattfinden soll –, kann er dem eigentlich ausgleichspflichtigen Abkömmling ein Vermächtnis in Höhe des ausgleichspflichtigen Betrags aussetzen.

Besondere Regelungsmöglichkeiten für Eltern in bezug auf ihre minderjährigen Kinder

Eltern haben gemäß § 1777 Abs. 3 BGB die Möglichkeit, durch letztwillige Verfügung für ihr minderjähriges Kind einen *Vormund* zu benennen, wenn ihnen im Zeitpunkt ihres Todes die Personen- und Vermögensfürsorge für ihr Kind obliegt, um so einer ihnen geeignet erscheinenden Person diese Aufgaben zu übertragen. Das Vormundschaftsgericht, das gemäß § 1779 BGB ansonsten die Auswahl eines Vormunds vorzunehmen hätte, ist an eine solche Entscheidung gebunden.

Haben die Eltern jeweils unterschiedliche Personen in ihrer letztwilligen Verfügung als Vormund benannt, so gilt gemäß § 1776 Abs. 2 BGB die Benennung durch den zuletzt verstorbenen Elternteil. Die Eltern können gemäß § 1782 BGB auch letztwillig bestimmen, welche Person nicht als Vormund bestellt werden soll.

Der Erblasser, der ein minderjähriges Kind als Erben einsetzt, kann im Rahmen seiner letztwilligen Verfügung im Sinne des § 1909 Abs. 1 BGB zusätzlich bestimmen, daß die Eltern oder der Vormund dieses Kindes das zugewendete Vermögen nicht verwalten, sondern ein Ergänzungspfleger diese Aufgabe übernimmt. Gemäß § 1638 Abs. 1 BGB erstreckt sich die Vermögenssorge der Eltern bzw. des Vormunds demzufolge nicht auf diesen Teil des Vermögens des Kindes.

7 Lebzeitige Verfügungen des Erblassers

7.1 Maßnahmen der vorweggenommenen Erbfolge

Um eine möglichst optimale Vermögensnachfolge zu realisieren, sollte sich der Erblasser vor Augen führen, daß er bereits durch lebzeitige Vermögensdispositionen wichtige und weitreichende Entscheidungen treffen kann, die im Vorgriff auf eine spätere Erbschaft erfolgen. So kann im Bereich der Unternehmensnachfolge die lebzeitige Übertragung von Unternehmensbeteiligungen zu folgenden Vorteilen führen:

- Rechtzeitig erfolgte Schenkungen unterstützen die Abkömmlinge des Unternehmers beim Aufbau einer eigenen beruflichen Existenz, die nicht unbedingt im familieneigenen Unternehmen liegen muß.
- Durch geschickt verteilte Schenkungen (mindestens 10 Jahre vor dem Erbfall) besteht die Möglichkeit, der besonders im Bereich der Unternehmensnachfolge bestehenden Gefahr zu begegnen, daß durch Pflichtteilsansprüche derjenigen Abkömmlinge, die nicht dem Unternehmer in seine Unternehmensposition nachfolgen sollen, ein Liquiditätsverlust und damit ein wirtschaftlicher Niedergang droht.
- Die frühzeitige Einbindung des vorgesehenen Unternehmensnachfolgers im Wege der Einräumung einer Gesellschafterposition bringt psychologische Vorteile mit sich, da sich der auf diese Weise privilegierte Abkömmling ganz anders mit dem Unternehmen identifiziert und die Belegschaft eines Unternehmens sich zugleich mit dem neuen Kopf anfreunden kann.
- Durch vertraglich zu vereinbarende Eingriffsmöglichkeiten (z.B. Widerrufsmöglichkeiten bei einer schenkungsweisen Einräumung einer Gesellschafterstellung) kann dem Unternehmer eine weitere Einflußnahme auf die Unternehmenspolitik gesichert werden. Damit verringert er auch die Befürchtungen, daß durch die Unerfahrenheit seines Nachfolgers sein Lebenswerk zerstört werden könnte.
- In steuerlicher Hinsicht können durch die schenkungsweise Übertragung von Unternehmensbeteiligungen die Freibeträge der Abkömmlinge des Unternehmers voll ausgeschöpft und sogar mehrfach in Anspruch genommen werden, wenn der Unternehmer mehrere Schenkungen jeweils im Abstand von zehn Jahren vornimmt.

Zudem kommt der Unternehmensnachfolger unmittelbar, d.h. erbschaftsteuerfrei, in den Genuß der Beteiligungserträge und Wertzuwächse des geschenkten Unternehmensanteils.

Hinweis:
Um sich einen gewissen Einfluß auf die Unternehmensführung weiterhin vorzubehalten, ist es für den Unternehmer besonders empfehlenswert, bestimmte Klauseln in den Schenkungsvertrag mit aufzunehmen. Diese können beispielsweise vorsehen, daß die unentgeltliche Zuwendung des Unternehmensanteils an einen Abkömmling mit der Auflage im Sinne des § 525 BGB verbunden wird, dem scheidenden Unternehmer einen *Nießbrauch am Unternehmen* einzuräumen.

Des weiteren sollten die gesetzlich zur Verfügung stehenden Widerrufsmöglichkeiten einer Schenkung vertraglich mit aufgenommen werden.

Einkommensteuerrechtliche Behandlung
Im Hinblick auf die einkommensteuerrechtliche Behandlung von Maßnahmen im Rahmen der vorweggenommenen Erbfolge ist auf die geänderte Rechtsprechung des Großen Senats des Bundesfinanzgerichtshofs hinzuweisen. In seinem Beschluß vom 5. 7. 1990 hat der Große Senat zu der Frage Stellung genommen, in welchem Umfang einkommensteuerrechtlich relevante *Anschaffungskosten* vorliegen, wenn derjenige, der das ihm zugewendete Vermögen übernimmt, hierfür Gegenleistungen zu erbringen hat.[2]

Dementsprechend wurden für den Fall, daß der Erwerber Gleichstellungsgelder an seine Geschwister oder Abstandszahlungen an den übertragenden Elternteil zu leisten bzw. für bestehende Schulden einzutreten hat, Anschaffungskosten bejaht, da diese Gegenleistungen aus dem eigenen Vermögen des Erwerbers erfolgen.

Demgegenüber stellen Versorgungsleistungen an den Übergeber und eingegangene Leibrentenverpflichtungen, die in bezug auf übernommene Vermögensgegenstände erfolgen, unentgeltliche Geschäfte und damit keine Anschaffungskosten dar. Dies deshalb, weil der Vermögensübergeber in Gestalt der Versorgungsleistungen typischerweise Erträge seines Vermögens vorbehält, die nicht an den Abkömmling übergeben werden, sondern Bestandteil des eigenen Vermögens bleiben.

---

2 BFH Großer Senat, Beschluß vom 5. 7. 1990 GrS 4–6/89, BStBl. 1990 II, 847 = DB 1990, 2196 ff. = NJW 91, 254.

7.2 Schenkungen zu Lebzeiten

Der Erblasser überträgt im Rahmen der vorweggenommenen Erbfolge hauptsächlich Vermögenswerte unentgeltlich an die von ihm Begünstigten.

Wirksamkeitsvoraussetzungen
Gemäß §516 BGB ist für einen Schenkungsvertrag erforderlich, daß der Schenker den Beschenkten objektiv bereichert und beide sich subjektiv darüber einig sind, daß die Zuwendung unentgeltlich erfolgt.

Gemäß §518 Abs.1 BGB bedarf der Vertrag, durch den eine Leistung schenkungsweise versprochen wird, für seine Gültigkeit der notariellen Beurkundung. Wird ein Schenkungsvertrag nicht in dieser Form abgeschlossen, so wird dieser Formmangel dadurch beseitigt, daß das Versprochene tatsächlich dem Begünstigten zugewendet wird (§518 Abs.2 BGB). Dazu gehört bei der unentgeltlichen Übertragung von *Grundstücken*, daß der Begünstigte in das Grundbuch eingetragen wird.

Wird der geschenkte Gegenstand dem Begünstigten zugewendet, so geht er in dessen Eigentum über.

Rückforderungsmöglichkeiten einer Schenkung
Der Vermögenserwerb des Begünstigten ist zunächst einmal endgültig. Hat sich der Schenker nicht im Rahmen des Schenkungsvertrags ein Rücktrittsrecht vorbehalten, so verbleiben ihm nur noch die gesetzlich vorgesehenen Rückforderungs- und Widerrufsmöglichkeiten:

- Gemäß §528 BGB kann der Schenker die Herausgabe des Geschenks vom Beschenkten verlangen, soweit er außerstande ist, einen angemessenen Unterhalt zu bestreiten oder gesetzlich obliegende Unterhaltsverpflichtungen gegenüber seinem Ehegatten oder Verwandten zu erfüllen. Dieser *Rückforderungsanspruch* ist gemäß §529 BGB jedoch ausgeschlossen, wenn der Schenker seine Bedürftigkeit vorsätzlich oder grob fahrlässig herbeigeführt hat oder wenn zur Zeit des Eintritts seiner Bedürftigkeit seit der Leistung des geschenkten Gegenstands zehn Jahre verstrichen sind. Ebenso ausgeschlossen ist er, wenn der Beschenkte wegen seiner eigenen Bedürftigkeit außerstande ist, das Geschenk herauszugeben.

Hinweis:
Bestreitet der Sozialhilfeträger den Unterhalt des Schenkers oder der nahestehenden Personen, so kann er den zivilrechtlichen Rückforderungsanspruch im Sinne von §528 Abs.1 Satz 1 BGB gemäß §90 Abs.1 Satz 1 *Bundessozialhilfegesetz* (BSHG) auf sich überleiten.

Diese Überleitung durch den Sozialhilfeträger wird im wesentlichen bei Heimunterbringungen bedeutsam. Da der sofortigen Überleitung des Rückforderungsanspruchs häufig praktische Hindernisse entgegenstehen, ist es durchaus möglich, daß der Hilfeempfänger stirbt, bevor dem Beschenkten die Überleitung des Anspruchs nach §90 Abs.1 Satz 1 BSHG angezeigt wurde.

Bisher war bereits in der Rechtsprechung des Bundesgerichtshofs anerkannt, daß der Rückforderungsanspruch nach §528 BGB nicht mit dem Tod des bedürftigen Schenkers untergeht, wenn der Anspruch vor dem Ableben auf den Sozialhilfeträger übergeleitet wurde. Nunmehr hat der Bundesgerichtshof in seinem Urteil vom 14. 6. 1995 klargestellt, daß ein Anspruch aus §528 BGB auch nach dem Tod des Schenkers auf den Sozialhilfeträger übergeleitet werden kann. Dies gilt jedenfalls in der Höhe, für die der Schenker Sozialhilfe in Anspruch genommen hat.

- Gemäß §530 BGB kann der Schenker eine Schenkung widerrufen, wenn sich der Beschenkte durch eine schwere Verfehlung gegen den Schenker oder einen nahen Angehörigen des Schenkers wegen groben Undanks schuldig gemacht hat. Der Widerruf ist gemäß §532 BGB ausgeschlossen, wenn der Schenker dem Beschenkten verziehen hat, wenn ein Jahr seit der Kenntnis des Widerrufsrechts verstrichen ist oder der Beschenkte verstorben ist.

7.3 Zuwendungen unter Lebenden auf den Todesfall

Verpflichtet sich der Erblasser rechtsgeschäftlich bereits zu seinen Lebzeiten, einer von ihm bestimmten Person etwas zukommen zu lassen, sollen aber die Rechtsfolgen dieses Rechtsgeschäfts erst nach seinem Tod eintreten, so spricht man von lebzeitigen Zuwendungen auf den Todesfall.

Erfolgt die Zuwendung im Rahmen eines zu Lebzeiten des Erblassers abgeschlossenen entgeltlichen Vertrags, so beurteilt sich diese Vereinbarung allein nach den Regeln über Rechtsgeschäfte unter Lebenden, wenn der Vertrag bereits vollständig abgewickelt wurde.

Durch die Aufnahme von Bedingungen und Befristungen kann von den Vertragsparteien vereinbart werden, daß die zu erbringenden Leistungen erst nach dem Ableben eines Vertragspartners zu erbringen sind, was den Charakter des Vertrags als Rechtsgeschäft unter Lebenden nicht ändert.

Handelt es sich dagegen um lebzeitige Rechtsgeschäfte des Erblassers, in denen er unentgeltliche Zuwendungen vornimmt, so hängt es vom Grad der Abwicklung dieser Rechtsgeschäfte zu Lebzeiten des Erblassers ab, ob hierauf erbrechtliche Regeln zur Anwendung gelangen oder es bei den Regeln über Rechtsgeschäfte unter Lebenden bleibt.

Hier ist zwischen folgenden Konstellationen zu unterscheiden:

- Hat der Erblasser diejenige Person, der er etwas unentgeltlich zuwenden will, bereits zu seinen Lebzeiten objektiv bereichert und ist er sich mit dem Beschenkten darüber einig, daß diese Zuwendung unentgeltlich erfolgt ist, so liegt eine *Schenkung* im Sinne des § 516 BGB vor, die ein Rechtsgeschäft unter Lebenden darstellt, auf das keine erbrechtlichen Regeln Anwendung finden.

  In diesem Fall können jedoch Pflichtteilsberechtigte unter Umständen Ansprüche aus § 2325 BGB geltend machen. Daneben können bei Erbverträgen und gemeinschaftlichen, wechselbezüglichen Testamenten, die bereits bindend geworden sind, Vertragserben oder Schlußerben Ansprüche aus § 2287 BGB zustehen. Auch Gläubiger des Erblassers können gegebenenfalls nach dem Anfechtungsgesetz oder nach § 419 BGB vorgehen.

- Liegt hingegen nur ein *vertragliches Schenkungsversprechen* des Erblassers im Sinne des § 518 Abs. 1 BGB vor, so ist für die Anwendung von erbrechtlichen Vorschriften auf diesen Vertrag entscheidend, ob dieses Schenkungsversprechen zu Lebzeiten des Erblassers bereits vollzogen worden ist oder nicht. Vollzieht der Erblasser die Schenkung durch Leistung des versprochenen Gegenstandes, so finden gemäß § 2301 Abs. 2 BGB die Vorschriften über Schenkungen unter Lebenden Anwendung.

  Auf ein vertragliches Schenkungsversprechen, welches unter der Bedingung erteilt wird, daß der Beschenkte den Schenker überlebt, finden hingegen gemäß § 2301 Abs. 1 BGB die Vorschriften über Verfügungen von Todes wegen Anwendung, wenn die Schenkung zu Lebzeiten des Erblassers noch nicht vollzogen ist. Ein solches Versprechen ist demnach nur wirksam, wenn es den Formerfordernissen eines Erbvertrags oder eines Testaments genügt.

Zur Verdeutlichung der schwer zu verstehenden Regelung des § 2301 BGB sollen folgende Beispiele dienen:

Beispiel A):

Erblasser E verspricht seinem Freund F mündlich, daß er ihm fünf wertvolle Bücher aus seiner Bibliothek schenken wird. Verstirbt nun E vor Einlösung dieses Schenkungsversprechens, so kommt hier nicht § 2301

Abs.1 BGB zur Anwendung, da das Versprechen nicht von der Bedingung abhängig gewesen ist, daß F den E überlebt. In diesem Fall ist vielmehr §518 BGB anzuwenden. Da das Schenkungsversprechen des E nicht notariell beurkundet wurde und auch der Formmangel nicht durch Bewirken der Leistung ausgeräumt wurde, hat F keinen Anspruch auf die Bücher. Anders wäre es hingegen, wenn ein formwirksames Schenkungsversprechen des E vorgelegen hätte. Dann wären mit dem Tod des E die Bücher direkt auf den F übergegangen und nicht in den Nachlaß gefallen.

Beispiel B):

Erblasser E macht gegenüber seinem Freund F ein formwirksames Schenkungsversprechen, in dem er ihm auf seinen Tod befristet fünf wertvolle Bücher zukommen lassen möchte. Er macht dieses Schenkungsversprechen *nicht* von der Bedingung abhängig, daß sein Freund F ihn überlebt. Auch hier regeln sich die Rechtsfolgen des Schenkungsversprechens nach §518 BGB, da keine Überlebensbedingung vereinbart wurden.

Beispiel C):

Erblasser E gibt gegenüber seinem Freund F ein mündliches Schenkungsversprechen des Inhalts ab, daß er ihm fünf Bücher zukommen lassen möchte. Diese Bücher übergibt er ihm dann nach einiger Zeit. Er knüpft die Schenkung aber an die Bedingung, daß F ihn überlebt. F verstirbt aber vor E. Hier ist grundsätzlich §2301 BGB einschlägig. Gemäß §2301 Abs.2 BGB war die Schenkung zwar wirksam, die Bücher fallen aber trotzdem nach dem Tod des F an den E zurück, weil die Überlebensbedingung nicht erfüllt wurde.

7.4 Schenkungen durch Vertrag zugunsten Dritter auf den Todesfall

Will der Erblasser die angesprochenen erbrechtlichen Probleme umgehen, so kann er auch noch auf andere Weise eine unentgeltliche Zuwendung vornehmen. Dies kann gemäß §§328, 331 BGB durch Verträge zugunsten Dritter auf den Tod geschehen.

Beispielsweise kann im Rahmen von Bausparverträgen, Bankverträgen und Lebensversicherungsverträgen festgelegt werden, wer im Falle eines Todes des Vertragspartners Inhaber der Forderungen werden bzw. Bezugsberechtigter der Versicherungssumme sein soll. Dieses Recht erwirbt der auf diese Weise Begünstigte unmittelbar von dem Versprechenden und nicht aus dem Nachlaß, so daß derartige Verträge in vollem Umfang den schuldrechtlichen Regeln des BGB unterstellt sind und keinerlei Bezug zu § 2301 BGB aufweisen.

Bei einem Vertrag zugunsten Dritter ist grundsätzlich zwischen zwei Rechtsverhältnissen zu differenzieren:

1. Innerhalb eines bestehenden Vertragsverhältnisses, beispielsweise zu einer Bank, einer Versicherung oder Bausparkasse, vereinbaren die Vertragsparteien, daß derjenige, der eine gewisse Summe schuldet, diese zu einem vertraglich festgelegten Zeitpunkt an einen Dritten zu zahlen hat. Dieses Vertragsverhältnis wird als sog. *Deckungsverhältnis* bezeichnet.

   Ist als Auszahlungszeitpunkt der Tod des Gläubigers vereinbart, so verspricht die schuldende Bank oder Versicherung, die von ihr zu leistende Summe zu diesem Zeitpunkt an den vertraglich benannten Berechtigten zu leisten. Der Berechtigte erwirbt somit die Forderung, ohne von ihr möglicherweise gewußt zu haben.

2. Das Verhältnis zwischen demjenigen, der als Gläubiger einem Dritten die Forderung gegen die oben genannten Schuldner zuwendet, nennt man *Valutaverhältnis*. Diesem Verhältnis wird meistens ein Schenkungsvertrag zugrunde liegen. Ein Vertragsabschluß kann zu Lebzeiten des Zuwendenden sowohl ausdrücklich mit dem Begünstigten erfolgen als auch stillschweigend dadurch geschehen, daß der Begünstigte lediglich davon in Kenntnis gesetzt wird, Bezugsberechtigter zu sein.

   Ein zunächst formunwirksamer Vertrag wird dadurch geheilt, daß die Forderung mit dem als Zeitpunkt des Forderungsübergangs vereinbarten Termin – zumeist dem Vorversterben des Gläubigers – automatisch auf den Begünstigten übergeht.

   Auch wenn der Zuwendende bis zu seinem Tod keinen Schenkungsvertrag mit dem Begünstigten geschlossen hat, so kann ein solcher Vertrag zwischen beiden auch noch nach dem Ableben des Zuwendenden zustande kommen. Die schuldende Bank oder Versicherung übermittelt dann ein vorliegendes Schenkungsversprechen. Dieses in der Regel im Rahmen eines Schreibens der Bank oder Versicherung mitgeteilte Angebot des Erblassers auf Abschluß eines Schenkungsvertrags ist gemäß § 130 Abs. 2 BGB wirksam und kann vom Begünstigten gemäß §§ 151, 153 BGB auch noch nach dem Tod des Zuwendenden zumindest stillschweigend angenommen werden.

   Neben der Möglichkeit, die Bank oder die Versicherung innerhalb des Geschäftsbesorgungsvertrags zu beauftragen, als Bote tätig zu werden und das Schenkungsversprechen zu übermitteln, können diese dazu auch im Rahmen einer *postmortalen Vollmacht* angewiesen werden. Im Rahmen einer solchen Vollmacht, die der Zuwendende von vornherein für seinen Todesfall erteilt, handelt der Vertreter nur für die Erben – die Rechtsfolgen des Geschäfts treffen den Nachlaß.

Hinweis:
Die Bank oder die Versicherung kann nur solange als Bote oder Vertreter des Zuwendenden auftreten, als der Auftrag noch existiert bzw. die Vollmacht nicht widerrufen ist. Die Erben des Zuwendenden, die gemäß § 1922 BGB Rechtsnachfolger in dessen gesamtes Vermögen werden, können den Auftrag bzw. die Vollmacht widerrufen und damit den Zugang des Schenkungsangebots verhindern, wenn sie zuvor einer Auszahlung widersprochen haben. Dies ist besonders dann nachteilig für den Begünstigten, wenn er von der Schenkung erst nach dem Tod des Zuwendenden erfahren soll.

Andererseits trifft die als Bote bzw. Vertreter tätig werdende Bank oder Versicherung keine Warte- und Rückfragepflicht zum Schutz der Erben. Zwar werden die Erben ein Interesse daran haben, daß die genannten Stellen nur ihnen oder nur auf ihre Weisung die Vermögenswerte des Erblassers auszahlen. Dies wäre allein dadurch gewährleistet, daß die Aufträge oder Vertretererklärungen erst nach Rückfrage bei den Erben ausgeführt werden dürften. Derartige Prüfungs- und Benachrichtungspflichten sind jedoch nach Auffassung des Bundesgerichtshofs dogmatisch nicht zu begründen.[3]

Um in diesem Wettlauf zwischen dem Begünstigten und dem Erben um den Abschluß des Schenkungsvertrags bzw. den Widerruf des darauf bezogenen Angebots nicht davon abhängig zu machen, wer von beiden zufällig schneller ist, kann der Erblasser zwei Wege gehen:
1. Er gestaltet die von ihm erteilte postmortale Vollmacht unwiderruflich aus oder
2. er verzichtet hinsichtlich seines erteilten Auftrags auf den *Widerruf*.

Als weitere Möglichkeit wird vielfach noch vorgeschlagen, daß der Schenker sein eigenes Schenkungsangebot dadurch annehmen könne, daß er für den von ihm Begünstigten als Vertreter ohne Vertretungsmacht handelt. Gemäß § 177 Abs. 1 BGB kann der Begünstigte diesen zu Lebzeiten des Erblassers abgeschlossenen Vertrag nachträglich genehmigen. Bis zu dieser Genehmigung können die Erben gemäß § 178 Satz 1 BGB aber widerrufen, falls der Widerruf nicht durch den Erblasser ausgeschlossen wurde.

---

3 BGH NJW 1995, 250 ff.

> **Fazit:**
>
> Verträge zugunsten Dritter auf den Todesfall sind für die jeweils Begünstigten insofern vorteilhaft, da das durch Rechtsgeschäft unter Lebenden Zugewendete nicht in den Nachlaß fällt und sie somit auch nicht für Nachlaßverbindlichkeiten haften. Den Nachlaßgläubigern eröffnet sich eine Einbeziehung in das Haftungssubstrat nur über § 419 BGB oder die Vorschriften des Anfechtungsgesetzes.
>
> Bindungen, wie sie erbrechtlich für den Erbvertrag oder das bindend gewordene gemeinschaftliche Testament bestehen, gelten wegen des lebzeitigen Charakters dieses Rechtsgeschäfts nicht. Vertrags- und Schlußerben können jedoch Ansprüche aus § 2287 BGB geltend machen.
>
> Für den Erblasser ist ein Vertrag zugunsten Dritter grundsätzlich nicht bindend, so daß er jederzeit eine andere Person als Bezugsberechtigten einsetzen kann, was gemäß § 332 BGB auch im Rahmen einer letztwilligen Verfügung geschehen kann.

7.5 Sonstige lebzeitige Regelungsmöglichkeiten des Erblassers

Altersvorsorgevollmacht

Kann ein Volljähriger aufgrund einer psychischen Krankheit oder einer körperlichen, geistigen oder seelischen Behinderung seine Angelegenheiten ganz oder teilweise nicht mehr besorgen, so bestellt das Vormundschaftsgericht gemäß § 1896 Abs. 1 BGB einen Betreuer, soweit es erforderlich ist. Gemäß § 1896 Abs. 2 Satz 2 BGB ist die gerichtliche Einsetzung eines Betreuers dann nicht erforderlich, wenn der Betroffene in dem Zeitpunkt, in dem das Betreuungsverfahren eingeleitet werden soll, Vollmachten für die Erledigung seiner Angelegenheiten erteilen kann.

Daran fehlt es aber, wenn der Betroffene geschäftsunfähig ist oder er keine geeignete Person zur Wahrnehmung seiner Interessen finden kann. Um dem vorzubeugen, empfiehlt sich bereits frühzeitig eine sog. *Altersvorsorgevollmacht* einer Vertrauensperson zu erteilen, die nach dem Willen des Betroffenen gerade für den Fall einer altersbedingten Geschäftsunfähigkeit gedacht ist. Dadurch wird dem Selbstbestimmungsrecht des Betreuten weitestgehend Rechnung getragen. Zudem unterliegt der auf diese Weise rechtsgeschäftlich Bevollmächtigte nicht den vormundschaftsgerichtlichen Beschränkungen, denen ein Betreuer unterliegt.

Transmortale oder postmortale Vollmachten

Da beispielsweise die Erbscheinerteilung durch das Nachlaßgericht einige Zeit in Anspruch nehmen kann und die Erben trotzdem gehalten sein können, möglichst kurzfristig nach dem Tod des Erblassers Erhaltungs- bzw. Sicherungsmaßnahmen hinsichtlich des Nachlasses treffen zu müssen, empfiehlt sich zudem, eine transmortale, d.h. eine bereits vor dem Tod des Erblassers wirksame und darüber hinaus wirkende Vollmacht zu erteilen. Hierfür sollte der Erblasser ihm geeignet erscheinende Personen auswählen. Will der Erblasser diese Vertrauenspersonen hingegen erst mit seinem Tod bevollmächtigen, so kann er eine postmortale Vollmacht ausstellen.

8 Letztwillige Verfügungsmöglichkeiten für nichteheliche Lebenspartner

Wird eine nichteheliche Lebensgemeinschaft durch den Tod eines Partners aufgelöst, so steht dem überlebenden Partner kein gesetzliches Erbrecht zu, da die §§ 1371, 1931 BGB zwingend eine Ehe voraussetzen. Mangels gesetzlichen Erbrechts hat der überlebende Partner demzufolge auch keinen Pflichtteilsanspruch, so daß er seinen verstorbenen Lebensgefährten nur aufgrund einer Verfügung von Todes wegen beerben kann.

Von gerichtlicher Seite werden den überlebenden Partnern einer nichtehelichen Lebensgemeinschaft folgende Rechte zugebilligt:

Unterhaltsanspruch für die ersten dreißig Tage nach dem Tod des Partners
Gemäß § 1969 BGB ist der Erbe verpflichtet, Familienangehörigen des Erblassers, die zur Zeit des Todes des Erblassers zu dessen Hausstand gehört und von ihm Unterhalt bezogen haben, in den ersten dreißig Tagen nach dem Erbfall in dem bisherigen Umfang Unterhalt zu gewähren und die Benutzung der Wohnung und der Haushaltsgegenstände zu gestatten.

Da der Zweck des § 1969 BGB also darin zu sehen ist, die dem Erblasser nahestehenden Personen zumindest für die erste Zeit nach dem Erbfall abzusichern, ist der Begriff »Familienangehöriger« nach Auffassung der Gerichte weit zu verstehen, so daß darunter auch die überlebenden Partner einer nichtehelichen Lebensgemeinschaft zu subsumieren sind.

Eintrittsrecht in das Mietverhältnis einer gemeinsamen Wohnung
Gemäß § 569 a Abs. 2 Satz 1 BGB tritt der Familienangehörige eines Mieters mit dessen Tod in das Mietverhältnis mit dem Vermieter ein, wenn in dem Wohnraum ein gemeinsamer Hausstand geführt wurde.

Nach dem Urteil des Bundesgerichtshofs vom 13. 1. 1993 gehören nichteheliche Lebenspartner mangels verwandtschaftlicher Bande zwar nicht zu den Familienangehörigen, doch werden sie zum Kreis der in den Mietvertrag Eintrittsberechtigten gezählt, da § 569 a Abs. 2 BGB auch auf sie anwendbar sei. Dies folge aus der engen Bindung der Partner und der sich aus ihr entwickelnden Verantwortungs- und Einstehensgemeinschaft.

Der langjährige Partner einer nichtehelichen Lebensgemeinschaft sei hier in seinem Vertrauen in die Aufrechterhaltung seines Lebensmittelpunkts schutzwürdig. Diese entsprechende Anwendung des §569 a Abs. 2 BGB auf nichteheliche Lebensgemeinschaften macht deutlich, daß angesichts der Vielfalt nichtehelicher Lebensgemeinschaften eine nähere Umschreibung erforderlich ist.

Nach Auffassung des Bundesverfassungsgerichts muß *eine Partnerschaft mit so enger Bindung zwischen zwei verschiedengeschlechtlichen Partnern vorliegen, daß von ihnen ein gegenseitiges Einstehen in den Not- und Wechselfällen des Lebens erwartet werden kann.*[4] Indiz hierfür können die Dauer des Zusammenlebens, die Versorgung von Kindern und Angehörigen im gemeinsam geführten Haushalt und die Befugnis sein, über Einkommen und Vermögen des jeweils anderen zu verfügen.

8.1 Zulässige letztwillige Verfügungsmöglichkeiten

Da bei der Beendigung einer nichtehelichen Lebensgemeinschaft durch den Tod eines Partners grundsätzlich keine Ausgleichsansprüche bestehen, kann dies vor allem zu sozialen Ungerechtigkeiten in den Fällen führen, in denen der überlebende Partner im Betrieb des verstorbenen Lebensgefährten mitgearbeitet und dadurch maßgeblich zum wirtschaftlichen Erfolg dieses Unternehmens beigetragen hat.

Da in diesen Fällen das Unternehmen ohne eine zugunsten des überlebenden Partners getroffene letztwillige Verfügung des verstorbenen Lebensgefährten dessen gesetzlichen Erben zufallen würde, erscheint eine Erbeinsetzung des überlebenden Partners im Wege einer Verfügung von Todes wegen geboten.

Testament
Die Partner einer nichtehelichen Lebensgemeinschaft können grundsätzlich jeweils ein Testament im Sinne des § 1937 BGB errichten, in dem sie den Partner als Alleinerben einsetzen.

Vor allem mit Rücksicht auf die unzumutbare Zurücksetzung naher Angehöriger des Erblassers darf die Erbeinsetzung nicht gegen die guten Sitten verstoßen. Im Hinblick auf eine derartige Benachteiligung von Ehegatten und Angehörigen gab es bis in das Jahr 1970 eine höchstrichterliche Rechtsprechung zum sog. *Mätressen- oder Geliebtentestament*. Nach dieser Rechtsprechung bestand eine tatsächliche Vermutung dafür, daß das tragende Motiv für eine Zuwendung die Belohnung für die Fortsetzung geschlechtlicher Beziehungen sei, wenn ein verheirateter Erblasser mit ehelichen Kindern einer Per-

---

4 BVerfG NJW 1993, 643 ff.

son, mit der er geschlechtliche Beziehungen unterhalten hat, im Rahmen seiner letztwilligen Verfügung etwas zuwendet.

Solche Zuwendungen wurden wegen ihres entlohnenden Charakters für die geschlechtliche Hingabe im Sinne des §138 Abs.1 BGB als sittenwidrig angesehen und waren demzufolge nichtig.

Entgegen dem beweisrechtlichen Grundsatz, daß derjenige, der sich auf die Nichtigkeit eines Rechtsgeschäfts beruft, die tatsächlichen Voraussetzungen für das Vorliegen etwaiger Nichtigkeitsgründe darzulegen hat, oblag es dem Bedachten, nachzuweisen, daß der Erblasser ihm gegenüber aus achtenswerten Motiven gehandelt hatte.

Diese Rechtsprechung wurde zu Beginn der siebziger Jahre aufgegeben. Nunmehr wird eine testamentarische Einsetzung eines nichtehelichen Lebenspartners unter Umständen nur dann noch als sittenwidrig im Sinne des §138 BGB angesehen, wenn dadurch der Ehegatte und nahe Angehörige des Testierenden zurückgesetzt werden und sich hierin eine familienfeindliche Gesinnung des letztwillig Verfügenden zeigt. Dies soll insbesondere dann der Fall sein, wenn der Testierende seine Familie nicht ausreichend wirtschaftlich absichert. Andererseits ist aber heutzutage anerkannt, daß aus einer langjährigen nichtehelichen Lebensgemeinschaft auch die moralische Pflicht erwächst, den Lebensgefährten für den Fall des Todes wirtschaftlich abzusichern.

Die Beurteilung einer im Rahmen einer letztwilligen Verfügung erfolgten Zuwendung an den nichtehelichen Lebenspartner als sittenwidrig oder sittenkonform hängt somit von einer Gesamtbetrachtung aller Umstände ab, die zu der Zuwendung geführt haben. Hierbei sind u.a. Art und Dauer der Beziehung der Bedachten zum Testierenden, Pflegeleistungen und sonstige Opfer, die dem Erblasser erbracht worden sind, der durch die testamentarische Zuwendung zurückgesetzte Personenkreis und die wirtschaftliche Situation der zurückgesetzten Familien zu berücksichtigen.

Erbvertrag
Da die Partner einer nichtehelichen Lebensgemeinschaft kein gemeinschaftliches Testament im Sinne des §2265 BGB errichten können – diese Form einer letztwilligen Verfügung ist ausdrücklich nur Ehegatten vorbehalten –, und auch aus denselben Gründen die Errichtung eines Berliner Testaments im Sinne des §2269 BGB ausscheidet, verbleibt für sie die Möglichkeit, einen Erbvertrag im Sinne des §2274ff. BGB zu schließen.

Zweckmäßigerweise sollte ein solcher Erbvertrag mit einem *Partnerschaftsvertrag* verbunden werden, der für den Fall der Beendigung der nichtehelichen Partnerschaft zu Lebzeiten beider Partner die erforderlichen Abwicklungsregeln enthalten sollte.

Angesichts der Tatsache, daß der Erbvertrag mit seinem Abschluß eine sofortige Bindungswirkung für die Vertragsparteien erzeugt und sie damit in ihrer Testierfreiheit einschränkt, und daß im Falle einer Trennung nicht wie im Sinne des nur für Ehegatten und Verlobte geltenden §2077 BGB der Erbvertrag automatisch gegenstandslos wird, ist den nichtehelichen Lebenspartnern dringend zu raten, sich für diesen Fall ein vertragliches *Rücktrittsrecht* im Sinne des §2293 BGB vorzubehalten.

Haben die nichtehelichen Lebenspartner einen Erbvertrag abgeschlossen, so steht ihnen von gesetzlicher Seite in zwei Fällen ein Rücktrittsrecht zu, ohne daß sie es sich ausdrücklich vertraglich vorbehalten müssen:

1. Gemäß §2294 BGB steht demjenigen Partner, der innerhalb des Erbvertrags letztwillig verfügt hat, ein Rücktrittsrecht dann zu, wenn sich der von ihm bedachte Partner einer Verfehlung schuldig gemacht hat, die ihn zur Entziehung des Pflichtteils berechtigen würde, falls der bedachte Lebensgefährte pflichtteilsberechtigt sein würde.

Beispiel:

Helmut Seiler lebt mit Sabine Thomsen in einer nichtehelichen Lebensgemeinschaft zusammen. Sie schließen beide einen Erbvertrag ab, in dem sie sich gegenseitig zu Alleinerben einsetzen. Kommt es danach immer wieder zu tätlichen Auseinandersetzungen zwischen beiden, in deren Verlauf Sabine Thomsen von ihrem Lebensgefährten Helmut Seiler mehrfach geschlagen wird, so kann sie gemäß §2294 BGB vom Erbvertrag zurücktreten.

2. Gemäß §2295 BGB kann der im Rahmen eines Erbvertrages letztwillig verfügende Partner einer nichtehelichen Lebensgemeinschaft von seiner Verfügung zurücktreten, wenn diese als Gegenleistung dafür erfolgt ist, daß der bedachte Partner dem letztwillig Verfügenden wiederkehrende Leistungen, insbesondere Unterhaltsleistungen, zu erbringen hat und diese Verpflichtung zur Gegenleistung zu Lebzeiten des Testierenden aufgehoben wurde.

Beispiel:

Thomas Müller und Anja Roland leben in einer nichtehelichen Lebensgemeinschaft. Gemäß dem zwischen beiden geschlossenen Erbvertrag verpflichtet sich Anja Roland als Gegenleistung dafür, daß Thomas Müller sie als Alleinerbin einsetzt, den bereits schwer erkrankten Testator zu pflegen.

Da sie nach einiger Zeit einen jüngeren Mann kennenlernt und mit diesem zusammenleben möchte, will sie die von ihr zugesagten Pflegeleistungen nicht mehr erbringen. Daraufhin heben Thomas Müller und Anja Roland einverständlich ihre Pflegeverpflichtung auf. Thomas Müller ist dann nicht mehr an seine letztwillige Verfügung gebunden und kann vom Erbvertrag gemäß § 2295 BGB zurücktreten.

8.2 Das Erbrecht gemeinsamer Kinder

Nach der bisherigen Gesetzeslage haben die Kinder, die einer nichtehelichen Lebensgemeinschaft entstammen, als Erben nach ihrer Mutter eine den ehelichen Kindern entsprechende volle Erbberechtigung.

Als Erben nach ihrem Vater haben sie dieselbe Stellung nur inne, wenn keine ehelichen Abkömmlinge des Vaters vorhanden sind. Sind jedoch eheliche Abkömmlinge vorhanden, so haben die nichtehelichen Kinder lediglich einen Erbersatzanspruch im Sinne des § 1934 a BGB. Sie können ferner gemäß § 1934 d BGB den vorzeitigen Erbausgleich verlangen (siehe auch Kapitel 3.2).

Erbrechtsgleichstellungsgesetz
Der am 24. 2. 1994 vom Bundeskabinett beschlossene Entwurf eines Gesetzes zur erbrechtlichen Gleichstellung nichtehelicher Kinder (ErbGleichG) sieht eine Streichung sowohl der Regelungen über den Erbersatzanspruch als auch der Vorschriften über den vorzeitigen Erbausgleich des nichtehelichen Kindes vor. Mit der beabsichtigten Beseitigung des Erbersatzanspruchs durch Streichung der §§ 1934 a, b, 2338 a BGB würden nichteheliche Kinder künftig auch neben dem überlebenden Ehegatten und den ehelichen Abkömmlingen des Erblassers kraft Gesetzes gesamthänderisch berechtigte Erben.

Der Erblasser ist jedoch auch künftig nicht gehindert, ein nichteheliches Kind etwa von vornherein mit einem bloßen Geldvermächtnis zu bedenken oder es testamentarisch als Erben einzusetzen.

Die Rechtslage der vor dem 1. 7. 1949 geborenen nichtehelichen Kinder soll nach dem Entwurf nicht verändert werden. Wesentlicher Inhalt des Gesetzes wird damit die inhaltliche Angleichung bereits bestehender Erbberechtigungen nichtehelicher Kinder an die ehelicher Kinder. Der Entwurf steht als sog. vorgezogenes Vorhaben im Kontext des vom Bundesministerium der Justiz verfolgten Ziels einer umfassenden Reform des Kindschaftsrechts.

Das Erbrechtsgleichstellungsgesetz soll, nachdem es am 25. September 1997 im Bundestag verabschiedet wurde, zum 1. Juli 1998 in Kraft treten.

9 Der Ausschluß von der Erbfolge

Bisher wurde dargestellt, wie sich der Erwerb einer Erbberechtigung infolge gesetzlicher Erbfolge vollzieht und welche Gestaltungsmöglichkeiten es im Rahmen von Verfügungen von Todes wegen gibt, um im Wege der gewillkürten Erbfolge eine beliebige Person zum Erben zu berufen. Im folgenden soll nun erläutert werden, auf welche Weise eine erfolgte Erbeinsetzung wieder aufgehoben werden kann.

9.1 Enterbung

Wird im Rahmen der gewillkürten Erbfolge mittels einer Verfügung von Todes wegen (Testament oder Erbvertrag) von der gesetzlichen Erbfolge abgewichen, so sind die hiervon betroffenen gesetzlichen Erben enterbt und müssen sich mit ihrem Pflichtteilsrecht als dem ihnen garantierten gesetzlichen Mindesterbrecht begnügen.

Gemäß § 1938 BGB kann der Erblasser einen Verwandten oder den Ehegatten durch Testament von der gesetzlichen Erbfolge auch dadurch ausschließen, daß er nur diese Enterbung testamentarisch ausspricht und ansonsten keinen anderen Erben einsetzt. In diesem Fall treten dann die nicht ausgeschlossenen gesetzlichen Erben an die Stelle der Enterbten. Wie bereits gesehen, kann der Pflichtteil nur unter den besonderen Voraussetzungen des § 2333 ff. BGB entzogen werden (siehe Seite 64 ff.).

Diejenigen Personen, die mittels einer letztwilligen Verfügung zu Erben berufen worden sind, können vom Erblasser dadurch enterbt werden, daß er im Rahmen einer neuen Verfügung von Todes wegen eine anders lautende Erbeinsetzung vornimmt.

Ausnahmen bestehen in diesen Fällen dann, wenn sich der Erblasser bereits mit seiner ersten letztwilligen Verfügung gebunden hat, sei es im Rahmen eines Erbvertrages oder eines bindend gewordenen gemeinschaftlichen Testaments.

9.2 Erbunwürdigkeit

Stellt sich nach Anfall der Erbschaft heraus, daß sich ein Erbe der in § 2339 BGB bezeichneten Verfehlungen gegenüber dem Erblasser schuldig gemacht hat, so kann nachträglich im Wege der Anfechtungsklage sein Erbschaftserwerb angefochten werden. Die Folge: Der Erbe wird für erbunwürdig erklärt und der Anfall der Erbschaft ihm gegenüber gilt als nicht erfolgt.

Erbunwürdigkeitsgründe
Im Sinne des § 2339 BGB ist derjenige erbunwürdig,
- der den Erblasser getötet oder zu töten versucht hat.
- der den Erblasser bis zu dessen Tode testierunfähig gemacht hat.
- der den Erblasser daran gehindert hat, eine Verfügung von Todes wegen zu errichten oder aufzuheben.
- wer den Erblasser durch Täuschung oder Drohung dazu bestimmt hat, eine Verfügung von Todes wegen zu errichten oder aufzuheben.
- wer eine Verfügung von Todes wegen gemäß §§ 267, 271 bis 274 StGB fälscht, verfälscht oder vernichtet.

Geltendmachung der Erbunwürdigkeit
Gemäß § 2340 Abs. 1 BGB wird die Erbunwürdigkeit durch Anfechtung des Erbschaftserwerbs geltend gemacht. Sie erfolgt gemäß § 2342 BGB im Wege der Anfechtungsklage. Diese muß innerhalb eines Jahres ab Kenntnis des Anfechtungsgrundes erhoben werden. Anfechtungsberechtigt ist gemäß § 2341 BGB jeder, dem der Wegfall des Erbunwürdigen zustatten kommt. Ist der Erbe infolge der Anfechtungsklage für erbunwürdig erklärt worden, so gilt der Anfall der Erbschaft an ihn als nicht erfolgt. Die Erbschaft fällt dann – rückwirkend auf den Erbfall bezogen – demjenigen an, welcher berufen sein würde, wenn der Erbunwürdige zur Zeit des Erbfalls nicht gelebt hätte.

Verzeihung
Die Anfechtung ist gemäß § 2343 BGB ausgeschlossen, wenn der Erblasser dem Erbunwürdigen verziehen hat.

9.3 Erbverzicht

Der Erbverzicht stellt für den Erblasser ein wichtiges Rechtsinstitut dar, um für den Fall seines Todes Familienstreitigkeiten zu vermeiden und die Vermögensnachfolge nach seinen Vorstellungen zu beeinflussen.

Da ein Erbverzicht regelmäßig gegen eine entsprechende Abfindung erfolgt, kann der Erhalt eines Unternehmens dadurch gesichert werden, daß durch eine entsprechende Ratenvereinbarung bei der Abfindungssumme die jeweilige Liquidität eines Unternehmens berücksichtigt wird.

Zudem braucht der Erblasser dann nicht zu befürchten, daß bei einer von ihm gewählten Verteilung der Erbmasse der zuvor verzichtende Erbe eventuell Pflichtteilsansprüche geltend macht, da der Verzichtende gemäß § 2346 BGB kein Pflichtteilsrecht mehr hat.

So kann also beispielsweise der Inhaber eines Unternehmens, der mehrere Abkömmlinge hat, dadurch, daß er mit allen Abkömmlingen, die er nicht als Unternehmensnachfolger einsetzen möchte, Erbverzichtsverträge gegen eine entsprechende Abfindung abschließt, sein Unternehmen auf den ihm geeignet erscheinenden Abkömmling übertragen und so seine Zielsetzungen in Form einer optimalen Unternehmensnachfolge bestmöglichst verfolgen.

Dieses umfassende Regelungswerk mit mehreren Vertragspartnern kann jedoch dann in eklatanter Weise den Interessen des Erblassers zuwiderlaufen, wenn einer der abgeschlossenen Erbverzichtsverträge unwirksam ist oder ein Pflichtteilsberechtigter sich überraschend weigert, auf seinen Erbteil zu verzichten. Derjenige Pflichtteilsberechtigte, der dann nicht durch einen wirksamen Erbverzichtsvertrag gebunden ist, kann wegen der Regelung des § 2310 Satz 2 BGB einen zumeist weit über seinem gesetzlichen Erbteil liegenden Pflichtteilsanspruch geltend machen.

Bezüglich der Lösungsmöglichkeiten für dieses Problem – Aufnahme einer Bedingung mit zweifacher Zielsetzung in das Vertragswerk – wird auf die Ausführungen zum Pflichtteilsverzicht (siehe Seite 67 ff.) verwiesen.

Formale Anforderungen an den Erbverzichtsvertrag
Gemäß § 2348 BGB bedarf der Erbverzichtsvertrag der notariellen Beurkundung. Die gleichzeitige Anwesenheit der Vertragsparteien vor dem Notar ist nicht erforderlich.

Rechtliche Wirkungen des Erbverzichts
Der Verzichtende ist gemäß § 2346 Abs. 1 Satz 2 BGB von der gesetzlichen Erbfolge ausgeschlossen, wie wenn er zur Zeit des Erbfalls nicht mehr leben würde. Er verliert zudem sein Pflichtteilsrecht. Im Zweifel erstreckt sich der Verzicht eines Abkömmlings des Erblassers gemäß § 2349 BGB auch auf dessen Abkömmlinge.

Beispiel:

Der Unternehmer Heinz Rotenburg schließt mit seinen beiden Kindern Ralf und Anke jeweils einen Erbverzichtsvertrag, um seinem ältesten Sohn Udo sein Unternehmen als Alleinerben übertragen zu können und keine Pflichtteilsansprüche der beiden abgefundenen Kinder fürchten zu müssen. Als Abfindung erhalten Ralf und Anke jeweils wertvolle Immobilien.

Wenn keine abweichende Regelung getroffen wird, sind damit auch die Kinder von Ralf und Anke von der Erbfolge nach Heinz Rotenburg ausgeschlossen, so daß das Unternehmen innerhalb der Familie des Udo Rotenburg weitervererbt wird.

Gemäß § 2350 BGB kann der Erbverzicht auch ausdrücklich zugunsten einer anderen Person erklärt werden. In diesem Fall ist jedoch im Zweifel davon auszugehen, daß der Verzicht nur für den Fall gelten soll, daß derjenige, zu dessen Gunsten verzichtet wird, auch tatsächlich Erbe wird.

Beispiel:

Heinz Rotenburg will nun doch nicht mehr seinen Sohn Udo als Alleinerben und Unternehmensnachfolger einsetzen, sondern sieht plötzlich seinen Geschäftsführer Harald Baumann als geeigneter an. Er setzt diesen in einer neuen letztwilligen Verfügung als Alleinerben ein. Gemäß § 2350 Abs. 2 BGB ist davon auszugehen, daß der von Ralf und Anke erklärte Erbverzicht nur für den Fall wirksam sein sollte, daß ihr Bruder Udo als Unternehmensnachfolger eingesetzt wird. Ihre Verzichtserklärungen sind demnach unwirksam.

Hinweis:
Beim Erbverzicht eines Ehegatten ist zu beachten, daß sich ein derartiger Verzicht nur auf die gesetzliche Erbquote des Ehegatten gemäß § 1931 BGB und den erbrechtlichen Zugewinn bezieht. Der güterrechtliche Zugewinn im Sinne des § 1371 Abs. 2 BGB kann weiterhin vom Ehegatten beansprucht werden.

Um auch diesen Zugewinnanspruch auszuschließen, ist eine zusätzliche ehevertragliche Vereinbarung erforderlich, die gemäß § 1410 BGB bei gleichzeitiger Anwesenheit beider Vertragsparteien zur Niederschrift eines Notars geschlossen werden muß.

9.4 Die Ausschlagung der Erbschaft

Für den Erben besteht die Möglichkeit, die ihm angefallene Erbschaft auszuschlagen und damit seine Erbenstellung rückwirkend zu beseitigen.

Nur der Staat kann gemäß §1942 Abs.2 BGB die ihm als gesetzlichen Erben angefallene Erbschaft nicht ausschlagen, um die Nachlaßabwicklung in jedem Fall zu gewährleisten.

Das Erbrecht des BGB geht davon aus, daß mit dem Erbfall die Erbschaft von selbst bei dem oder den Erben anfällt, ohne daß es dazu einer Mitwirkung von ihrer Seite bedarf. Sie werden zunächst *vorläufige Erben*, bis entweder die Erbschaft angenommen oder ausgeschlagen wird.

Maßgebliche Motive der Erben für eine Ausschlagung der Erbschaft sind insbesondere die Überschuldung des Nachlasses oder aber die Absicht, den eigenen Gläubigern keine Zugriffsmöglichkeit auf den Nachlaß zu eröffnen, da die Ausschlagung der Erbschaft nicht von den Gläubigern des Erben im Sinne des Anfechtungsgesetzes angefochten werden kann.

Die Rechtsstellung des vorläufigen Erben
Solange der Erbe die ihm automatisch anfallende Erbschaft weder angenommen noch ausgeschlagen hat, ist er nur vorläufiger Erbe.

Sein Verhältnis zu dem oder den endgültigen Erben regelt sich für diesen Zeitraum in bezug auf die von ihm vorgenommenen erbschaftlichen Geschäfte nach §1959 BGB. Demnach ist der vorläufige Erbe dem oder den Erben gegenüber wie ein Geschäftsführer ohne Auftrag berechtigt und verpflichtet.

Daraus folgt, daß die Übernahme eines erbschaftlichen Geschäfts durch den vorläufigen Erben dem Interesse, den Plänen und dem Willen des Erben entsprechen muß.

Da der wirkliche Wille des Erben dem vorläufigen Erben in den seltensten Fällen bekannt sein dürfte, ist dessen mutmaßlicher Wille ausschlaggebend. Maßgebend ist dann, ob der Erbe bei objektiver Berücksichtigung aller Umstände im Zeitpunkt der Geschäftsübernahme zugestimmt hätte.

Entsprach das von dem vorläufigen Erben vorgenommene erbschaftliche Geschäft dem Interesse und dem mutmaßlichen Willen des Erben, so kann er wie ein Beauftragter einen Ersatz für seine Aufwendungen verlangen. Demnach kann beispielsweise Ersatz für aufgewendetes Porto oder ausgelegte Telefonkosten verlangt werden.

Da der Geschäftsführer wie ein Beauftragter Aufwendungsersatz erhält und der Auftrag ein unentgeltlicher Vertrag ist, sind dem Geschäftsführer seine Dienstleistungen grundsätzlich nicht zu vergüten und auch seine aufgeopferte Arbeitskraft nicht zu ersetzen.

Der vorläufige Erbe ist gegenüber dem endgültigen Erben zur Herausgabe des aus der Geschäftsbesorgung Erlangten rechtlich verpflichtet. Das aus der Geschäftsbesorgung Erlangte umfaßt dabei auch den eventuell erzielten Gewinn des Unternehmens.

Verfügt der vorläufige Erbe über einen Nachlaßgegenstand, so ist die Verfügung auch dem endgültigen Erben gegenüber wirksam, wenn sie im Sinne des § 1959 Abs. 2 BGB unaufschiebbar war. Das ist zum Beispiel der Fall, wenn Termingeschäfte des Erblassers vorzunehmen waren.

§ 1959 Abs. 3 BGB schützt schließlich die berechtigten Interessen Dritter, die Rechtsgeschäfte gegenüber dem Erben vorzunehmen haben, indem es auf die Wirksamkeit des Rechtsgeschäft ohne Auswirkungen bleibt, wenn sie die dafür notwendigen Erklärungen auch gegenüber dem vorläufigen Erben vornehmen.

So können zum Beispiel Kündigungserklärungen, die ein Mietverhältnis über einen Wohnraum betreffen, der Gegenstand des Nachlasses ist, vom Mieter auch wirksam gegenüber dem vorläufigen Erben abgegeben werden.

Die Annahme der Erbschaft

Der geschilderte Schwebezustand kann durch die Annahme der Erbschaft beseitigt werden. Mit der Annahme der Erbschaft verliert der Erbe gemäß § 1943 BGB vorbehaltlich einer möglichen Anfechtung der Annahmeerklärung sein Ausschlagungsrecht.

Die Annahme der Erbschaft kann *durch ausdrückliche Erklärung* erfolgen. Dabei handelt es sich dann um eine Willenserklärung mit dem Inhalt, daß der Erklärende endgültiger Erbe sein will. Bei einer ausdrücklich erklärten Annahme ist zu beachten, daß eine Anfechtung dieser Erklärung mit der Begründung, daß der Annehmende keine Kenntnis von der Möglichkeit einer Ausschlagung gehabt habe, nicht möglich ist.

Die Annahme der Erbschaft kann sich auch konkludent aus dem Verhalten des vorläufigen Erben ergeben. Dies kann beispielsweise dadurch geschehen, daß der vorläufige Erbe über einen einzelnen Nachlaßgegenstand verfügt, Nachlaßverbindlichkeiten begleicht oder einen Antrag auf Erteilung eines Erbscheins stellt.

Hingegen sind die oben beschriebenen unaufschiebbaren Verfügungen über einzelne Nachlaßgegenstände im Sinne des § 1959 Abs. 2 BGB nicht als konkludente Annahmeerklärungen des vorläufigen Erben zu werten, da ansonsten keine im Sinne des Erhalts des Nachlasses notwendigen Maßnahmen möglich wären, ohne daß der vorläufige Erbe Gefahr liefe, sein Ausschlagungsrecht zu verlieren.

Schließlich wird die Annahme der Erbschaft gemäß § 1943 BGB auch dadurch fingiert, daß die für die Ausschlagung vorgeschriebene Frist von sechs Wochen ab Kenntnis vom Anfall der Erbschaft und dem Grund der Berufung verstrichen ist, ohne daß es darauf ankommt, ob der vorläufige Erbe die Erbschaft überhaupt annehmen wollte.

Die Ausschlagung der Erbschaft
Der Erbe kann die ihm angefallene Erbschaft auch ausschlagen und so seine vorläufige Erbenstellung rückwirkend auf den Zeitpunkt des Erbfalls aufheben.

Wenn der vorläufige Erbe ausschlagen will, muß er folgende Fristen und Formvorschriften beachten:

Die Ausschlagungsfrist
Die Ausschlagungsfrist beträgt gemäß § 1944 Abs. 1 BGB sechs Wochen. Frühester Zeitpunkt für den Fristbeginn ist gemäß § 1946 BGB der Erbfall. Hinzukommen muß jedoch gemäß § 1944 Abs. 2 Satz 1 BGB die Kenntnis des Erben von dem Anfall der Erbschaft und dem Grund der Berufung.

Ist ein gesetzlicher Erbe durch eine Verfügung von Todes wegen im Rahmen der gewillkürten Erbfolge als Erbe eingesetzt worden, so gilt es, für den Fristbeginn gemäß § 1944 Abs. 2 Satz 2 BGB die Besonderheit zu beachten, daß die Frist erst ab der Verkündung der letztwilligen Verfügung zu laufen beginnt.

Hat der Erblasser seinen letzten Wohnsitz im Ausland gehabt oder hält sich der Erbe bei Fristbeginn im Ausland auf, so beträgt gemäß § 1944 Abs. 3 BGB die Ausschlagungsfrist sechs Monate.

Die Form der Ausschlagung
Gemäß § 1945 Abs. 1 BGB muß die Ausschlagung zur Niederschrift des Nachlaßgerichts oder in öffentlich beglaubigter Form abgegeben werden, und zwar gegenüber dem Nachlaßgericht.

Gemäß § 1643 Abs. 2 in Verbindung mit § 1822 Nr. 2 BGB bedarf eine Ausschlagung, die die Eltern eines minderjährigen Kindes für dieses vornehmen wollen, der vormundschaftsgerichtlichen Genehmigung.

Tritt gemäß § 1643 Abs. 2 Satz 2 BGB der Anfall der Erbschaft beim minderjährigen Kind erst infolge der Ausschlagung eines Elternteils ein, so ist eine solche Genehmigung nicht erforderlich.

Umfang und Rechtsfolgen der Ausschlagung
Die Ausschlagung der Erbschaft kann grundsätzlich gemäß § 1950 BGB nicht auf einen Teil der Erbschaft beschränkt werden. Doch kann der gesetzliche Erbe, der vom Erblasser im Rahmen der gewillkürten Erbfolge als Erbe eingesetzt wurde, die Berufung als gewillkürter Erbe ausschlagen und seinen ihm gesetzlich zustehenden Erbteil beanspruchen.

Beruht eine Erbeinsetzung auf mehrere Erbteile, so kann gemäß § 1951 Abs. 1 BGB der eine Erbteil angenommen und der andere ohne weiteres auch ausgeschlagen werden.

Eine Ausschlagung ist gemäß § 1947 BGB unwirksam, wenn sie unter einer Bedingung oder einer Zeitbestimmung erfolgte.

Die Ausschlagung erstreckt sich gemäß § 1949 Abs. 2 BGB im Zweifel auf alle Berufungsgründe, also sowohl auf die Berufung als gewillkürter oder als gesetzlicher Erbe. Will der Erbe die Ausschlagung auf einen Berufungsgrund beschränken, so muß er dies ausdrücklich erklären.

Gemäß § 1953 BGB wird im Fall der Ausschlagung fingiert, daß der Ausschlagende beim Erbfall bereits verstorben war. *Schlägt ein Alleinerbe die Erbschaft aus*, so treten an seine Stelle die Ersatzerben oder – wenn keine benannt worden sind – die nach der gesetzlichen Erbfolge nächstberufenen Erben.

Schlägt ein Miterbe die Erbschaft aus, so ist für die dann eintretende Erbfolge entscheidend, ob der Erblasser im Wege der gewillkürten Erbfolge letztwillig verfügt hat oder die gesetzliche Erbfolge gilt: Im Rahmen der gesetzlichen Erbfolge fällt der Erbteil des Ausschlagenden primär an seine Abkömmlinge. Sind solche nicht vorhanden, erhöht sich der Erbteil der Miterben, die der Ordnung des Ausschlagenden entstammen.

Sind die Miterben im Rahmen der gewillkürten Erbfolge eingesetzt worden, so muß im Wege der Auslegung ermittelt werden, ob gemäß § 2069 BGB die Abkömmlinge des Ausschlagenden an dessen Stelle treten sollen oder ob gemäß § 2094 BGB eine Anwachsung der übrigen Miterbenanteile vom Erblasser für diesen Fall gewollt war.

Die Anfechtung von Annahme und Ausschlagung
Da die Annahme und die Ausschlagung der Erbschaft Willenserklärungen darstellen, können sie nach Maßgabe des §§ 119 ff. BGB angefochten werden. Dafür muß zunächst ein Anfechtungsgrund vorliegen.

Anfechtungsgrund
Im Sinne des § 119 Abs. 1 BGB kann derjenige vorläufige Erbe, der sich bei der Abgabe seiner Annahme- bzw. Ausschlagungserklärung in einem Erklärungs- oder Inhaltsirrtum befand, seine Erklärung anfechten.

Dieselbe Möglichkeit besteht für den Fall, daß der vorläufige Erbe im Sinne des § 123 Abs. 1 BGB durch arglistige Täuschung oder widerrechtliche Drohung zu der Erklärung bestimmt wurde.

Die schwer zu vollziehende Abgrenzung zwischen einem im Sinne des § 119 Abs. 1 BGB beachtlichen Inhaltsirrtum und einem unbeachtlichen Motivirrtum soll beispielhaft an einem Fall verdeutlicht werden, den die deutsche Wiedervereinigung mit sich gebracht hat.

Viele Erben sind zu Zeiten der ehemaligen DDR davon ausgegangen, daß sich die politisch-wirtschaftlichen Verhältnisse in Deutschland nicht ändern würden. Demzufolge haben sie eine hauptsächlich aus Immobilien in der damaligen DDR bestehende Erbschaft ausgeschlagen, weil dieses unbewegliche Vermögen weder wirtschaftlich nutzbar noch zu verkaufen oder aber überschuldet war. Deshalb wurde die Erbschaft für wertlos befunden und ausgeschlagen. Nach der Wiedervereinigung hat dieses Grundvermögen häufig enorm an Wert gewonnen, so daß die Erben ihre damals erklärte Ausschlagung vielfach rückgängig machen wollen.

Fraglich ist, auf welchen Anfechtungsgrund die Erben ihre Anfechtung der Ausschlagungserklärung stützen könnten:

Ging der ausschlagende Erbe davon aus, daß in der DDR liegender Grundbesitz wertlos war und blieb, so hatte er eine falsche Vorstellung über die zukünftige Entwicklung des Nachlaßwertes.

Ein solcher *Motivirrtum* ist im Rahmen des §§ 119 ff. BGB grundsätzlich unbeachtlich und berechtigt nicht zur Anfechtung.

Wußte der Erbe bei Ausschlagung hingegen nicht, daß Grundbesitz in der DDR vorhanden war, so irrte er über die Zugehörigkeit dieser Vermögenswerte zum Nachlaß. Da die Zusammensetzung des Nachlasses als eine Eigenschaft desselben anzusehen ist, bezog sich die *Fehlvorstellung* des Erben also auf eine verkehrswesentliche Eigenschaft des Nachlasses. Ein solcher Irrtum ist gemäß § 119 Abs. 2 BGB beachtlich.

In diesem Sinne liegt auch ein zur Anfechtung berechtigender Irrtum über eine verkehrswesentliche Eigenschaft im Sinne des § 119 Abs. 2 BGB vor, wenn der Erbe zwar Kenntnis davon hatte, daß im Gebiet der ehemaligen DDR liegende Immobilien zum Nachlaß gehörten, er jedoch über dessen Zusammensetzung irrte.

Kausalität zwischen Irrtum und Ausschlagung: Eine Anfechtung ist in diesen Fällen nur möglich, wenn der Erbe die Erbschaft in Kenntnis der wahren Zusammensetzung des Nachlasses nicht ausgeschlagen hätte. Da er aber die Erbschaft seinerzeit wegen der fehlenden wirtschaftlichen Verwertungsmöglichkeit ausgeschlagen hat, wäre auch für den Fall der Kenntnis vom genauen Umfang des Nachlasses nicht anzunehmen, daß die Erbschaft angenommen worden wäre. Es wird den Erben in diesen Fällen mithin nur selten gelingen, den Nachweis der Kausalität zu führen.

Form der Anfechtung
Gemäß § 1955 BGB erfolgt die Anfechtung der Annahme oder Ausschlagung der Erbschaft durch formlose Erklärung gegenüber dem Nachlaßgericht.

Anfechtungsfrist
Die Anfechtung muß gemäß § 1954 BGB innerhalb von sechs Wochen ab Kenntnis des Anfechtungsgrunds erfolgen. Bei einer möglichen Anfechtung wegen widerrechtlicher Drohung beginnt die Frist mit dem Zeitpunkt, in dem die Zwangslage aufhört.

Wirkung der Anfechtung
Gemäß § 1957 Abs. 1 BGB gilt die Anfechtung der Annahme als Ausschlagung und die Anfechtung der Ausschlagung als Annahme der Erbschaft.

9.5 Die Anfechtung letztwilliger Verfügungen

Schließlich kann eine im Wege der gewillkürten Erbfolge erfolgte Berufung eines Erben dadurch beseitigt werden, daß diese Erbeinsetzung wirksam angefochten wird.

Eine Verfügung von Todes wegen ist wie jede andere Willenserklärung auch anfechtbar. Die Anfechtungsgründe sind jedoch im Vergleich zu § 119 ff. BGB insofern erweitert, als gemäß §§ 2078 und 2079 BGB ein Motivirrtum des Erblassers zur Anfechtung berechtigt.

Dies erklärt sich aus der im Vergleich zu den Regelungen des § 119 ff. BGB grundsätzlich anderen Interessenlage bei der Anfechtung von letztwilligen Verfügungen, da in diesem Fall das Interesse des Bedachten an der Aufrechterhaltung der letztwilligen Verfügung nicht schutzwürdig ist.

Die Regelungen der §§ 2078 und 2079 BGB dienen damit einzig dem Ziel, den wirklichen Willen des Erblassers durchzusetzen, wenn dieser Wille nicht bereits in der vorrangig vorzunehmenden Auslegung der letztwilligen Verfügung ermittelt werden konnte.

Anfechtungsgründe
Die Anfechtungsgründe sind in den §§ 2078, 2079 BGB geregelt. Demnach kann eine letztwillige Verfügung zum einen wegen eines Erklärungs- oder Inhaltsirrtums des Erblassers angefochten werden.

Zum anderen ist eine Anfechtung dann möglich, wenn der Erblasser zu der letztwilligen Verfügung durch eine widerrechtliche Drohung bestimmt wurde. Insoweit gleichen die Anfechtungsgründe dem §119 ff. BGB.

Darüber hinaus besteht gemäß §2079 BGB dann eine erbrechtsspezifische Anfechtungsmöglichkeit, wenn der Erblasser in seiner letztwilligen Verfügung irrtümlicherweise einen Pflichtteilsberechtigten übergangen hat. Beispielsweise ist das dann der Fall, wenn der Erblasser ein zweites Mal geheiratet hat, nachdem seine erste Ehefrau verstorben ist, und er wegen eines bindend gewordenen gemeinschaftlichen Testaments, das er mit seiner verstorbenen Ehefrau gemeinsam errichtet hatte, grundsätzlich nicht neu testieren kann.

Mit seiner neuen Ehefrau ist aber eine Pflichtteilsberechtigte hinzugekommen, von der der Erblasser zum Zeitpunkt der Errichtung des gemeinschaftlichen Testaments verständlicherweise keine Kenntnis hatte und die zudem erst nach der Errichtung pflichtteilsberechtigt geworden ist. Gemäß §2079 BGB kann er damit die von ihm im Rahmen des gemeinschaftlichen Testaments getroffenen letztwilligen Verfügungen anfechten.

Einen weiteren Anfechtungsgrund beinhaltet §2078 Abs. 2, 1. Fall BGB, nach dem jeder Motivirrtum des Erblassers zur Anfechtung berechtigt, also jede Fehlvorstellung, die einen Beweggrund für die letztwillige Verfügung betrifft.

Ein solcher Irrtum kann in Anlehnung an das oben gebrauchte Beispiel auch darin bestehen, daß der Erblasser bei der Testamentserrichtung von der Unveränderlichkeit der politischen und wirtschaftlichen Verhältnisse in Deutschland ausging.

Vielfach wird sich der Erblasser im Zeitpunkt der Testamentserrichtung gar keine Gedanken darüber gemacht haben, ob es zu politischen Umwälzungen und damit eventuell zu einer Wiedervereinigung kommen würde, so daß eine Vorstellung beim Erblasser über derartige Veränderungen fehlte und demzufolge keine falsche Vorstellung vorlag.

Da aber davon auszugehen ist, daß der Erblasser wie selbstverständlich im Zeitpunkt der Testamentserrichtung davon ausgegangen ist, daß sich die Verhältnisse in der damaligen DDR in nächster Zeit nicht ändern würden, so daß er sich darüber gar keine Gedanken gemacht hat, ist diese in der Vorstellungswelt des Erblassers als Selbstverständlichkeit vorhandene, aber nicht aktuelle Vorstellung nach einheitlicher Auffassung einer positiven Fehlvorstellung gleichzusetzen.

Damit ist auch die fehlende Vorstellung über die zukünftige Veränderung im innerdeutschen Verhältnis als Motivirrtum im Sinne des §2078 Abs. 2, 1. Fall BGB zu bewerten. Die fehlende Vorstellung über die nahenden Umwälzungen in der DDR muß aber zudem für die letztwillige Verfügung des Erblassers *kausal* gewesen sein.

Daran wird es bei den Erbfällen, die erst nach der Wiedervereinigung eingetreten sind, regelmäßig fehlen, da der Erblasser zuvor in der Lage gewesen ist, auf diese Veränderungen zu reagieren, indem er seine letztwillige Verfügung widerruft oder ändert.

Anfechtungsberechtigung

Gemäß § 2080 BGB ist derjenige zur Anfechtung berechtigt, dem die Aufhebung der letztwilligen Verfügung unmittelbar zustatten kommen würde.

Dies ist in der Regel nicht der Erblasser, da er zu Lebzeiten sein Testament jederzeit widerrufen kann. Eine Ausnahme besteht für den Erbvertrag wegen dessen Bindungswirkung gemäß § 2281 BGB, der auf bindend gewordene gemeinschaftliche Testamente entsprechend anzuwenden ist.

Anfechtungserklärung

Die Anfechtungserklärung erfolgt gemäß § 2081 Abs. 1 BGB gegenüber dem Nachlaßgericht. Diese Formvorschrift soll der Rechtssicherheit dienen. Das Nachlaßgericht hat die Erklärung demjenigen mitzuteilen, dem die angefochtene Verfügung unmittelbar zustatten kommt.

Anfechtungsfrist

Die Anfechtung hat gemäß § 2082 BGB binnen eines Jahres ab dem Zeitpunkt zu erfolgen, in dem der Anfechtungsberechtigte vom Anfechtungsgrund Kenntnis erlangt. Gemäß § 2082 Abs. 3 BGB ist die Anfechtung ganz ausgeschlossen, wenn seit dem Erbfall dreißig Jahre verstrichen sind.

Wirkung der Anfechtung

Die Anfechtung einer Verfügung bewirkt gemäß § 142 BGB, daß sie als von Anfang an nichtig ist. War das angefochtene Testament ein Widerrufstestament oder stand es im Widerspruch zu einem früheren Testament des Erblassers, so behalten diese früheren Testamente ihre Wirksamkeit.

Wird ein Erbvertrag oder gemeinschaftliches Testament angefochten, so werden spätere letztwillige Verfügungen, die ansonsten unwirksam sind, wirksam. Sind neben der angefochtenen Verfügung keine weiteren vorhanden, so tritt die gesetzliche Erbfolge ein.

Im Rahmen des § 2078 BGB ist jedoch zu beachten, daß nicht die gesamte letztwillige Verfügung angefochten werden kann, sondern daß der Anfechtungsberechtigte die letztwillige Verfügung nur soweit anfechten kann, wie der Irrtum des Erblassers gereicht hat. Es tritt somit nur eine *Teilnichtigkeit* ein, die letztwillige Verfügung bleibt im übrigen wirksam.

10 Die Haftung des Erben für Nachlaßverbindlichkeiten

Gemäß § 1967 Abs. 1 BGB haftet der Erbe für die Nachlaßverbindlichkeiten, die sich gemäß § 1967 Abs. 2 BGB folgendermaßen zusammensetzen:

Erblasserschulden

Unter den Erblasserschulden sind diejenigen Verbindlichkeiten zu verstehen, die der Erblasser zu seinen Lebzeiten begründet hat, beispielsweise Verbindlichkeiten aus von ihm geschlossenen, aber nicht erfüllten Verträgen. Diese Verbindlichkeiten müssen jedoch vererblich sein, d. h. überhaupt auf die Erben übergehen können.

Unvererblich sind insbesondere gemäß § 613 BGB die höchstpersönliche Pflicht zur Dienstleistung, gemäß § 673 BGB die Pflicht des Beauftragten zur unentgeltlichen Besorgung eines übertragenen Geschäfts und gemäß § 1615 Abs. 1 die Pflicht zur Unterhaltsleistung gegenüber Verwandten.

Ausnahmsweise geht gemäß § 1586 b BGB die Unterhaltspflicht eines geschiedenen Ehegatten auf dessen Erben als Nachlaßverbindlichkeit über. Die Erben haften jedoch nicht über den Wert des Pflichtteils hinaus, der dem geschiedenen Ehegatten fiktiv bei bestehender Ehe zustehen würde.

Erbfallschulden

Als Erbfallschulden werden diejenigen Verbindlichkeiten des Erben bezeichnet, die in seiner Person mit dem Erbfall entstehen. Dies sind insbesondere die Pflichtteilsansprüche der Pflichtteilsberechtigten, die Ansprüche der Vermächtnisnehmer und Auflagenbegünstigten, die Erbersatzansprüche der nichtehelichen Kinder, die zugunsten des überlebenden Ehegatten bestehenden Ansprüche auf den Voraus und den Dreißigsten, die Beerdigungskosten sowie die Erbschaftsteuern.

Nachlaßschulden oder Nachlaßverwaltungsschulden

Unter die Nachlaßschulden fallen die Kosten, die im Rahmen der Verwaltung des Nachlasses und der Berichtigung der Nachlaßverbindlichkeiten entstehen. Hierzu gehören die Kosten der Inventarerrichtung, der Nachlaßverwaltung und des Nachlaßkonkurses.

Nachlaßerbenschulden
Nachlaßerbenschulden resultieren aus Rechtshandlungen, die der Erbe selbst vornimmt und die im Rahmen der Nachlaßabwicklung erfolgen. Für derartige Schulden haftet der Erbe sowohl mit dem Nachlaß als auch mit seinem eigenen Vermögen.

Er haftet grundsätzlich unbeschränkt mit seinem ganzen Vermögen, d. h. mit dem im Wege der Universalsukzession auf ihn übergegangenen Nachlaß und mit dem eigenen Vermögen. Diese Haftung ist aber unter bestimmten Voraussetzungen beschränkbar.

Vor der Annahme der Erbschaft haftet der Erbe gegenüber den Nachlaßgläubigern nur mit dem Nachlaß.

Gemäß § 1958 BGB scheidet eine Haftung des Erben mit seinem Eigenvermögen aus, da ein Anspruch eines Gläubigers, der sich gegen den Nachlaß richtet, nicht gegen den Erben gerichtlich geltend gemacht werden kann. Sollen trotzdem Ansprüche gegen den Nachlaß geltend gemacht werden, so kann der Nachlaßgläubiger gemäß §§ 1960, 1961 BGB beantragen, daß eine *Nachlaßpflegschaft* vom Nachlaßgericht angeordnet und letztendlich ein Nachlaßpfleger bestellt wird.

Da vielfach der Erbe zu diesem Zeitpunkt noch unbekannt ist oder unsicher ist, ob er die Erbschaft annehmen wird, werden also das Eigenvermögen des Erben und der Nachlaß als *getrennte Vermögensmassen* behandelt.

Haftpflichtrechtliche Interessenlagen der Parteien
Ansonsten ist im Bereich der erbrechtlichen Haftungsproblematik zwischen den einzelnen unterschiedlichen Interessenlagen der beteiligten Parteien zu unterscheiden:
1. Die Gläubiger des Erblassers sind bemüht, den Umfang des Nachlasses in Erfahrung zu bringen und die vorhandenen Verbindlichkeiten zu ermitteln. Zudem möchten sie verhindern, daß sich die Miterben den Nachlaß frühzeitig im Wege der Erbauseinandersetzung untereinander aufteilen oder daß andere Gläubiger Zugriff darauf nehmen, ohne daß sie berücksichtigt werden.

    Andererseits sind sie selbst bestrebt, auch das Eigenvermögen der Erben zur Tilgung ihrer Forderungen heranziehen zu können.
2. Der Erbe, der die Erbschaft angenommen hat, wird daran interessiert sein, zunächst den Umfang der vorhandenen Verbindlichkeiten des Erblassers in Erfahrung zu bringen. Er wird zudem bei bestehenden Schulden seine Haftung auf den Nachlaß beschränken wollen. Ihm wird es nicht immer möglich sein, sich in kurzer Zeit einen Überblick über die Aktiva und Passiva des Nachlasses zu verschaffen.

Um sich trotzdem einen Überblick über den Nachlaß verschaffen zu können, bestehen für den Erben zunächst folgende Schonfristen:
- Der Erbe kann gemäß § 2014 BGB die *Dreimonatseinrede* gegenüber den Gläubigern des Nachlasses erheben. Demnach ist der Erbe berechtigt, die Berichtigung einer Nachlaßverbindlichkeit bis zum Ablauf der ersten drei Monate nach der Annahme der Erbschaft zu verweigern. Die Errichtung eines Inventars vor Ablauf der drei Monate führt jedoch dazu, daß diese Frist schon mit der Inventarerrichtung endet.
- Gemäß § 2015 BGB kann der Erbe zudem die *Einrede des Aufgebotsverfahrens* gegenüber den Nachlaßgläubigern geltend machen, wenn der Erbe den Antrag auf Durchführung des Aufgebotsverfahrens innerhalb eines Jahres nach der Annahme der Erbschaft gestellt hat und der Antrag zugelassen worden ist. Der Erbe ist dann berechtigt, die Berichtigung einer Nachlaßverbindlichkeit bis zum Abschluß des Aufgebotsverfahrens zu verweigern.
- Gemäß § 783 ZPO kann der Erbe in Ansehung der Nachlaßgegenstände auch gegenüber seinen persönlichen Gläubigern im Wege der *Vollstreckungsabwehrklage* gemäß §§ 785, 767 ZPO verlangen, daß eine Zwangsvollstreckung gemäß §§ 2014, 2015 BGB für die dort angegebenen Fristen beschränkt wird.

Nach Ablauf dieser Schonfristen hat der Erbe folgende Möglichkeiten, um feststellen zu lassen, welche Nachlaßverbindlichkeiten vorhanden sind:
- Der Erbe kann gemäß §§ 1970 ff. BGB das gerichtliche *Aufgebotsverfahren* einleiten, um sich auf diese Weise über die Zahl der Nachlaßgläubiger einen Überblick zu verschaffen und sich über die Zusammensetzung der Nachlaßverbindlichkeiten zu informieren.

Ablauf des Aufgebotsverfahrens
Die Zuständigkeit für den Ablauf des Aufgebotsverfahrens liegt gemäß § 990 ZPO beim Amtsgericht als Nachlaßgericht. Es ist dasjenige Amtsgericht gemäß § 73 FGG örtlich zuständig, in dessen Bezirk der Erblasser zur Zeit des Erbfalls wohnte.

Antragsberechtigt ist gemäß § 991 ZPO jeder Erbe mit Annahme der Erbschaft sowie der Testamentsvollstrecker und der Nachlaßpfleger, soweit ihnen die Verwaltung des Nachlasses obliegt.

Gemäß §§ 947, 992 ZPO ist dem Antrag auf Durchführung eines Aufgebotsverfahrens, der schriftlich oder zum Protokoll der Geschäftsstelle gestellt werden kann, ein Verzeichnis der bekannten Nachlaßgläubiger mit Angabe ihres Wohnortes beizufügen.

Das Nachlaßgericht fordert dann gemäß §§ 946, 948, 994 ZPO durch öffentliche Bekanntmachung die Nachlaßgläubiger auf, ihre Ansprüche und Rechte innerhalb einer gerichtlich festgesetzten Frist, die höchstens sechs Monate betragen soll, geltend zu machen.

Nach Ablauf der Aufgebotsfrist ergeht gemäß § 952 ZPO ein Ausschlußurteil, das gemäß § 1973 BGB bewirkt, daß der Erbe die Befriedigung eines im Aufgebotsverfahren ausgeschlossenen Nachlaßgläubigers insoweit verweigern kann, als der Nachlaß durch die nicht ausgeschlossenen Gläubiger erschöpft wird.

Er kann sich dann auf die *Einrede der Erschöpfung des Nachlasses* berufen, muß aber zugleich die Eröffnung des *Nachlaßkonkursverfahrens* beantragen. Gemäß § 1972 BGB ist jedoch zu beachten, daß Pflichtteilsrechte, Vermächtnisse und Auflagen nicht durch das Aufgebot betroffen werden, also auch nicht in dessen Rahmen anzumelden sind.

Hinweis:
Gemäß § 991 ZPO ist nur derjenige Erbe, der nicht unbeschränkt für die Nachlaßverbindlichkeiten haftet, antragsberechtigt.

- Nach § 1993 BGB hat der Erbe zudem das *Recht der Inventarerrichtung*, d. h. er ist berechtigt, zur Feststellung des Bestands des Nachlasses ein Verzeichnis (Inventar) aufstellen zu lassen.
  Gemäß § 2002 BGB hat der Erbe bei der Aufstellung des Inventars zwingend eine zuständige Behörde oder einen zuständigen Beamten oder Notar hinzuzuziehen. Auf Antrag des Erben hat das Nachlaßgericht gemäß § 2003 BGB das Inventar auch selbst aufzunehmen oder die Aufnahme an die zuständige Behörde oder einen zuständigen Beamten oder einen Notar zu übertragen.

Gemäß § 1994 BGB ist ein Inventar auch auf Veranlassung eines Nachlaßgläubigers zu errichten, wenn er ein solches beim Nachlaßgericht beantragt und seine Forderung glaubhaft macht. Das Gericht setzt dann dem Erben eine Frist, in der er das Verzeichnis aufzustellen hat. Nach Ablauf der Frist haftet der Erbe dann für die Nachlaßverbindlichkeiten unbeschränkt, d. h. neben dem Nachlaß auch mit seinem eigenen Vermögen.

Inhalt des Inventars
Im Inventar sind gemäß § 2001 BGB die beim Eintritt des Erbfalls vorhandenen Nachlaßgegenstände und -verbindlichkeiten vollständig anzugeben.

Auf Verlangen des Nachlaßgläubigers hat der Erbe gemäß § 2006 BGB zu Protokoll des Nachlaßgerichts an Eides statt zu versichern, daß er nach bestem Wissen und Gewissen die Nachlaßgegenstände vollständig angegeben hat.

Wirkung der Inventarerrichtung
Ist das Verzeichnis rechtzeitig, d. h. innerhalb der gerichtlich festgesetzten Inventarfrist, errichtet worden, so wird gemäß § 2009 BGB gesetzlich vermutet, daß zur Zeit des Erbfalls keine weiteren als die angegebenen Nachlaßgegenstände vorhanden gewesen sind.

Gemäß §§ 1994 Abs. 1 Satz 2, 2005 BGB erhält sich der Erbe zudem die Möglichkeit, nach Errichtung eines vollständig und rechtzeitig erstellten Verzeichnisses, seine Haftung für die Nachlaßverbindlichkeiten auf den Nachlaß zu beschränken. Zwar hat das Inventar allein noch keine Wirkung im Hinblick auf eine Beschränkung der Erbenhaftung auf den Nachlaß. Es ist jedoch maßgebliche Voraussetzung dafür, daß der Erbe im Wege des Nachlaßkonkurses oder der Nachlaßverwaltung seine Haftung beschränken kann.

Bei der sog. *Inventaruntreue* im Sinne des § 2005 BGB, d. h. bei absichtlicher Unvollständigkeit, absichtlicher Aufnahme nichtbestehender Nachlaßverbindlichkeiten oder einer Auskunftsverzögerung oder -verweigerung, bei nicht rechtzeitiger Inventarerrichtung oder bei Verweigerung der Abgabe einer eidesstattlichen Versicherung gemäß § 2006 Abs. 3 BGB entfällt jedoch für den Erben die Möglichkeit der Haftungsbeschränkung.

10.1 Endgültige Beschränkung der Erbenhaftung auf den Nachlaß

Wie bereits dargestellt, kann der Erbe nach einer ordnungsgemäßen Inventarerrichtung eine Beschränkung seiner Haftung für die Nachlaßverbindlichkeiten auf den Nachlaß durch die Beantragung von *Nachlaßverwaltung* oder *Nachlaßkonkurs* herbeiführen. Dadurch kommt es dann zu einer Trennung von Nachlaß und Eigenvermögen des Erben.

Zudem kann die Haftung des Erben auch durch die Durchführung des *Nachlaßvergleichsverfahrens* beschränkt werden.

10.1.1 Die Nachlaßverwaltung

Die Nachlaßverwaltung wird gemäß § 1975 BGB als Nachlaßpflegschaft zum Zweck der Befriedigung der Nachlaßgläubiger vom Nachlaßgericht angeordnet. Die Anordnung der Nachlaßverwaltung kann von gerichtlicher Seite aus gemäß § 1982 BGB abgelehnt werden, wenn eine den Kosten entsprechende Masse nicht vorhanden ist.

Antragsberechtigung

Die Nachlaßverwaltung ist gemäß § 1981 Abs. 1 BGB vom Nachlaßgericht anzuordnen, wenn der Erbe die Anordnung beantragt.

Gemäß § 1981 Abs. 2 BGB kann die Nachlaßverwaltung auch auf Antrag eines Nachlaßgläubigers erfolgen, wenn die Befriedigung der Nachlaßgläubiger durch das Verhalten oder die Vermögenslage des Erben gefährdet erscheint und zudem seit Annahme der Erbschaft noch nicht zwei Jahre vergangen sind.

Wirkungen der Nachlaßverwaltung

Mit der Anordnung der Nachlaßverwaltung verliert der Erbe gemäß § 1984 Abs. 1 BGB die Befugnis, den Nachlaß zu verwalten und über ihn zu verfügen. Der Erbe bleibt zwar Inhaber des Nachlasses, dem Nachlaßverwalter obliegt dann aber als Partei kraft Amtes die Verwaltung desselben. Es tritt mithin eine Trennung des Nachlasses und des Eigenvermögens des Erben ein.

Haftung des Erben für die bisherige Verwaltung

Gemäß § 1978 BGB ist der Erbe gegenüber den Nachlaßgläubigern für die bisherige Verwaltung des Nachlasses verantwortlich. Für die Verwaltung des Nachlasses vor Annahme der Erbschaft haftet der Erbe wie ein Geschäftsführer ohne Auftrag, d. h. er hat dem Interesse und Willen der Nachlaßgläubiger entsprechend vorzugehen.

Nach Annahme der Erbschaft ist das Verhältnis zwischen Erben und Nachlaßgläubiger für die Zeit bis Ernennung eines Nachlaßverwalters wie das eines Auftraggebers und eines Beauftragten zueinander.

Es besteht also u. a. für den Erben gemäß § 667 BGB eine Herausgabepflicht hinsichtlich der Nachlaßgegenstände sowie gemäß § 666 BGB eine Rechenschaftspflicht über die Geschäfte, die er bezüglich des Nachlasses geführt hat. Demgegenüber hat er gemäß § 1978 Abs. 3 BGB in Verbindung mit § 667 BGB einen Anspruch auf Ersatz seiner Aufwendungen.

Pflichten und Haftung des Nachlaßverwalters

Der Nachlaßverwalter hat gemäß § 1985 Abs. 1 BGB den Nachlaß zu verwalten und die Nachlaßverbindlichkeiten aus dem Nachlaß zu berichtigen. Seine Aufgabe ist es, die Nachlaßgläubiger zu befriedigen. Er ist gemäß § 1985 Abs. 2 BGB für die Verwaltung des Nachlasses den Nachlaßgläubigern gegenüber verantwortlich.

Für die Führung seines Amtes kann der Nachlaßverwalter gemäß §1987 BGB eine angemessene *Vergütung* verlangen.

Ende der Nachlaßverwaltung
Sind die bekannten Nachlaßverbindlichkeiten durch den Nachlaßverwalter berichtigt worden, so kann dieser gemäß §1986 Abs.1 BGB den restlichen Nachlaß an den Erben herausgeben. Damit wird die Nachlaßverwaltung dann aufgehoben.

Ist der Nachlaß überschuldet, so daß nicht alle bekannten Nachlaßgläubiger befriedigt werden können, so hat der Nachlaßverwalter das Nachlaßkonkursverfahren zu beantragen. Mit dessen Eröffnung endet gemäß §1988 Abs.1 BGB die Nachlaßverwaltung.

Die Nachlaßverwaltung kann schließlich auch dann aufgehoben werden, wenn sich während der Nachlaßverwaltung herausstellt, daß eine den Kosten entsprechende Masse nicht vorhanden ist. Würde dies bereits zu Beginn der Nachlaßverwaltung der Fall sein, so wäre die Anordnung der Nachlaßverwaltung von gerichtlicher Seite aus gemäß §1982 BGB abgelehnt worden.

10.1.2 Der Nachlaßkonkurs

Ist der Nachlaß derart überschuldet, daß nicht mehr alle bekannten Nachlaßgläubiger befriedigt werden können, so ist gemäß §215 KO das Nachlaßkonkursverfahren zu eröffnen.

Zuständiges Gericht
Gemäß §214 KO ist für das Konkursverfahren über einen Nachlaß ausschließlich das Amtsgericht zuständig, bei dem der Erblasser zum Zeitpunkt seines Todes seinen allgemeinen Gerichtsstand gehabt hat.

Antragsberechtigung
Gemäß §1980 Abs.1 BGB hat zunächst der Erbe unverzüglich die Eröffnung des Konkursverfahrens zu beantragen, wenn er von der Überschuldung des Nachlasses Kenntnis erlangt.

Auch wenn der Erbe nur Anhaltspunkte hat, daß eine Überschuldung vorliegen könnte, muß er diesen nachgehen, um sich im nachhinein nicht möglicherweise schadensersatzpflichtig zu machen.

Neben dem Erben sind gemäß §217 KO auch der *Nachlaßverwalter* oder ein anderer Nachlaßpfleger, ein *Testamentsvollstrecker*, dem die Verwaltung des Nachlasses zusteht, und jeder *Nachlaßgläubiger* berechtigt, das Konkursverfahren zu beantragen. Letztere sind jedoch nach Ablauf von zwei Jahren nach Annahme der Erbschaft gemäß § 220 KO nicht mehr antragsberechtigt.

Abweisung des Eröffnungsantrags mangels Masse
Trotz Überschuldung des Nachlasses muß eine den Kosten des Verfahrens entsprechende Konkursmasse vorhanden sein. Reichen die Nachlaßmittel nicht aus, um zumindest diese Kosten zu decken, so wird in der Regel der Antrag auf Eröffnung des Konkursverfahrens gemäß § 107 KO abgewiesen.

Eröffnung und Wirkungen des Konkursverfahrens
Sind trotz Überschuldung des Nachlasses für die Abwicklung des Konkursverfahrens noch ausreichend Mittel im Nachlaß vorhanden, so wird das Konkursverfahren auf den Antrag hin eröffnet.

Das Konkursgericht ernennt dann gemäß §§ 78, 110 Abs. 1 KO einen Konkursverwalter, der gemäß § 117 Abs. 1 KO das gesamte zur Konkursmasse gehörende Vermögen sofort in Besitz und Verwaltung zu nehmen hat, um es zu verwerten und es nach Möglichkeit unter den Gläubigern zu verteilen.

Der Erbe ist dann wie bei der Nachlaßverwaltung hinsichtlich des Nachlasses nicht mehr verfügungsbefugt.

10.1.3 Das Nachlaßvergleichsverfahren

Um einen Nachlaßkonkurs abzuwenden, kann auch ein Vergleichsverfahren über den Nachlaß gemäß § 113 Vergleichsordnung eingeleitet werden. Dies ist insbesondere dann sinnvoll, wenn der Nachlaß nur geringfügig überschuldet ist. Gemäß § 113 Abs. 1 Nr. 4 Vergleichsordnung wirkt ein Nachlaßvergleichsverfahren für den Erben haftungsbeschränkend.

Antragsberechtigung
Gemäß § 113 Abs. 1 Nr. 2 Vergleichsordnung können den Antrag auf Eröffnung eines Vergleichsverfahrens mit Ausnahme der Nachlaßgläubiger dieselben Personen stellen, die auch die Eröffnung des Konkurses beantragen können. Demnach sind die Erben, der Nachlaßverwalter, der Nachlaßpfleger und der mit der Verwaltung des Nachlasses betraute Testamentsvollstrecker antragsberechtigt.

Zuständiges Gericht
Vergleichsgericht ist gemäß § 2 Abs. 1 Vergleichsordnung das für die Konkurseröffnung zuständige Gericht, also das Amtsgericht, in dessen Bezirk der Erblasser zum Zeitpunkt seines Todes wohnte.

Antragsgrund
Gemäß §2 Abs.1 Satz 3 Vergleichsordnung ist der Antrag unter den gleichen Voraussetzungen zulässig, unter denen das Konkursverfahren beantragt werden kann. Demzufolge ist im Sinne des §215 KO die Überschuldung des Nachlasses Voraussetzung für die Eröffnung des Vergleichsverfahrens.

Hinweis:
Gemäß §113 Abs.1 Nr. 3 Vergleichsordnung kann der Antrag nicht mehr gestellt werden, wenn der Erbe für die Nachlaßverbindlichkeiten gegenüber den Nachlaßgläubigern unbeschränkt haftet.

Vergleichsvorschlag
Der Antrag auf Eröffnung des Vergleichsverfahrens muß gemäß §3 Abs.1 Vergleichsordnung einen Vergleichsvorschlag enthalten und ergeben, ob und wie die Erfüllung des Vergleichs sichergestellt werden soll.

Dem Antrag sind gemäß §4 Abs.1 Vergleichsordnung folgende Anlagen beizufügen:
- eine Übersicht über den Vermögensstand des Nachlasses,
- je ein Verzeichnis der Gläubiger und Schuldner des Nachlasses unter Angabe der einzelnen Forderungen und Schulden und
- eine Erklärung vom Schuldner des Nachlasses, daß er bereit sei, eine gemäß §69 Vergleichsordnung vorgesehene eidesstattliche Versicherung zu leisten.
- aufgrund des Vergleichsvorschlags müssen den Vergleichsgläubigern gemäß §7 Abs.1 Vergleichsordnung mindestens 35% ihrer Forderungen gewährt werden. Die Mindestsätze müssen gemäß §7 Abs.2 Vergleichsordnung bar geboten werden.

Rechtliche Folgen des Vergleichsverfahrens
Da gemäß §39 Vergleichsordnung der vom Vergleichsgericht bestellte Vergleichsverwalter lediglich die wirtschaftliche Lage des Schuldners zu prüfen und dessen Geschäftsführung zu überwachen hat, verbleibt dem Erben die Möglichkeit, über den Nachlaß zu verfügen.

Gemäß §§58, 59 Vergleichsordnung kann er jedoch *Verfügungsbeschränkungen* unterworfen werden, die in einem allgemeinen Veräußerungsverbot münden können.

Gemäß §113 Abs.1 Nr. 4 Vergleichsordnung wirkt das Vergleichsverfahren und ein das Verfahren beendender Vergleich im haftungsrechtlichen Sinn wie der Nachlaßkonkurs und ein im Konkursverfahren geschlossener Zwangsvergleich. Demzufolge kommt es gemäß §§1989, 1973 BGB zu einer

Haftungsbeschränkung des Erben für die Nachlaßverbindlichkeiten auf den Nachlaß.

10.1.4 Die Einrede der Dürftigkeit des Nachlasses

Wenn die Anordnung der Nachlaßverwaltung oder die Eröffnung des Nachlaßkonkurses mangels ausreichender Nachlaßmasse entweder unterblieben ist oder aber aus diesem Grund nach Eröffnung der Verfahren aufgehoben wurde, dann kann der Erbe gemäß § 1990 Abs. 1 BGB seine Haftung für Nachlaßverbindlichkeiten auf den Nachlaß beschränken. Dies wird möglich, indem er die Befriedigung der Nachlaßgläubiger insoweit verweigert, als der Nachlaß nicht ausreicht.

Der Erbe hat in einem solchen Fall dann nur den Nachlaß zum Zweck der Befriedigung der Gläubiger im Weg der Zwangsvollstreckung herauszugeben.

Hinweis:
Gemäß § 1992 BGB kann der Erbe seine Haftung auch gegenüber Vermächtnisnehmern und Auflagenbegünstigten im Sinne des § 1990 BGB auf den Nachlaß beschränken. Voraussetzung ist dafür eine Überschuldung des Nachlasses allein durch die Vermächtnisse und Auflagen, d.h. der Nachlaß müßte ansonsten zur Berichtigung der Nachlaßverbindlichkeiten ausreichen.

Fazit:

Der Erbe haftet also zunächst unbeschränkt, d.h. auch mit seinem eigenen Vermögen, für die Nachlaßverbindlichkeiten. Er hat aber die Möglichkeit, seine Haftung auf den Nachlaß zu beschränken und so eine Trennung der Vermögensmassen herbeizuführen, indem er entweder ein ordnungsgemäßes Inventar errichtet, die Nachlaßverwaltung oder die Eröffnung des Nachlaßkonkursverfahrens beantragt oder die Dürftigkeitseinrede erhebt.

10.2 Die Erbenhaftung für Schulden aus einem Handelsgeschäft

Der *Erbe eines einzelkaufmännischen Handelsgeschäfts* haftet für die Geschäftsschulden des Erblassers einerseits nach erbrechtlichen und andererseits nach handelsrechtlichen Grundsätzen.

Schuldenhaftung nach erbrechtlichen Grundsätzen

Die Geschäftsschulden des Erblassers gehen als Erblasserschulden im Wege der Universalsukzession gemäß §§ 1922 Abs. 1, 1967 Abs. 2 BGB auf den Erben über, so daß er für diese haftet. Der Erbe hat jedoch gemäß §§ 1942 ff. BGB die Möglichkeit, bei drohender Überschuldung des Nachlasses die Erbschaft auszuschlagen. Mangels Erbenstellung haftet er dann auch nicht mehr für die Geschäftsschulden des Erblassers.

Schlägt er die Erbschaft nicht aus, so kann er gemäß §§ 1973, 1975 ff. BGB seine Haftung auf den Nachlaß beschränken (siehe Seite 153).

Schuldenhaftung nach handelsrechtlichen Grundsätzen

Für die vom Erblasser begründeten Geschäftsverbindlichkeiten haftet der Erbe nach handelsrechtlichen Regeln verschärft gemäß § 27 Abs. 1 in Verbindung mit § 25 Abs. 1 Satz 1 HGB mit dem Nachlaß und seinem Eigenvermögen, wenn er das Geschäft unter der bisherigen Firma fortführt.

Gemäß § 27 Abs. 2 HGB kann der Erbe der unbeschränkten handelsrechtlichen Haftung nur ausweichen, wenn

- die Fortführung des Geschäfts *innerhalb von drei Monaten* nach dem Zeitpunkt, in dem er von dem Anfall der Erbschaft Kenntnis erlangt hat, eingestellt wird. Diese Frist endet aber nicht vor Ablauf der dem Erben zustehenden Ausschlagungsfrist.
- er durch eine einseitige – entsprechend § 25 Abs. 2 HGB – kundgemachte Erklärung die unbeschränkte handelsrechtliche Haftung für die vom Erblasser begründeten Geschäftsschulden ablehnt und dies durch unverzügliche Herbeiführung der Eintragung ins Handelsregister und öffentliche Bekanntmachung der Haftungsablehnung ausschließt.

Hinweis:

Für diejenigen Geschäftsverbindlichkeiten, die der Erbe im Rahmen der ordnungsgemäßen Nachlaßverwaltung selbst verursacht hat, haftet er auch mit seinem eigenen Vermögen. Wird beispielsweise das Handelsgeschäft vom Erben geschlossen, so haftet er für die in diesem Zusammenhang entstandenen Kosten auch mit seinem Eigenvermögen.

Führt der Erbe das Handelsgeschäft unter einer neuen Firma fort, so haftet er für die neuen Verbindlichkeiten persönlich.

Für die Geschäftsschulden eines verstorbenen Gesellschafters einer Offenen Handelsgesellschaft haftet der Erbe nur nach erbrechtlichen Grundsätzen als Mitglied der Liquidationsgesellschaft, wenn die Gesellschaft gemäß § 131 Nr. 4 HGB aufgelöst wird (vgl. § 139 Abs. 4 HGB).

Wird die Gesellschaft mit dem Erben als Gesellschafter fortgeführt, so richtet sich seine Haftung für eventuelle Geschäftsverbindlichkeiten nach den §§ 128, 130 HGB.

- Für diejenigen Geschäftsverbindlichkeiten, die bereits vor seinem Eintritt in die Gesellschaft begründet worden sind, haftet der Erbe nach Maßgabe der §§ 130, 128 HGB unbeschränkt.
- Die persönliche Haftung des eingetretenen Gesellschafters für die nach seinem Eintritt begründeten Schulden richtet sich nach § 128 HGB.

Hinweis:
Verlangt der Erbe gemäß § 139 Abs. 1 HGB, die Stellung eines Kommanditisten eingeräumt zu erhalten, oder macht er gemäß § 139 Abs. 2 HGB von seinem Recht Gebrauch, aus der Gesellschaft auszuscheiden, so haftet er gemäß § 139 Abs. 4 HGB für die bis dahin entstandenen Geschäftsschulden nur nach Maßgabe der erbrechtlichen Haftungsregeln.

Ist der Erblasser *Kommanditist einer Kommanditgesellschaft* gewesen, so beurteilt sich die Haftung des Erben für vorhandene Gesellschaftsschulden nach den §§ 171, 173 HGB.

Rückt der Erbe in die Kommanditistenstellung des Erblassers ein, so haftet er nach Maßgabe der §§ 171, 172 HGB für die vor seinem Eintritt begründeten Verbindlichkeiten der Gesellschaft, d. h. er haftet nur mit der Kommanditeinlage, soweit die geleistet worden ist.

Ist die Einlage weder vom Erblasser noch vom Erben in vollem Umfang geleistet worden, so haftet der Erbe gemäß § 171 Abs. 1 HGB unmittelbar, d. h. persönlich, bis zur Höhe der Einlage.

11 Die Erbengemeinschaft

Hinterläßt der Erblasser mehrere Erben, so bilden diese als seine Gesamtrechtsnachfolger eine Miterbengemeinschaft. Da der Nachlaß gemeinschaftliches Vermögen der Erben wird, entsteht eine *Gesamthandsgemeinschaft*. Diese Rechtsform ist mit der BGB-Gesellschaft vergleichbar, verfolgt aber nicht wie diese vorwiegend wirtschaftliche Zwecke, sondern ist als eine gesetzlich oder letztwillig begründete Zwangsgemeinschaft ausgestaltet, die auf eine Auseinandersetzung über den Nachlaß gerichtet ist.

Charakteristisch für die Erbengemeinschaft als Gesamthandsgemeinschaft ist, daß vergleichbar einer Bruchteilsgemeinschaft nicht jedem Miterben ein wertmäßiger Bruchteil an den einzelnen Nachlaßgegenständen zukommt, sondern daß ihm nur ein Anteil am Nachlaß des Gesamten entsprechend seiner Erbquote zusteht. Jeder Miterbe ist somit nicht Eigentümer eines Anteils an den einzelnen Nachlaßgegenständen, sondern jeder Einzelstand gehört allen Miterben ganz, aber jeweils beschränkt durch die anderen Miterben. Dies wird gesetzlich dadurch verdeutlicht, daß gemäß § 2033 Abs. 2 BGB jeder Miterbe über seinen Anteil an den einzelnen Nachlaßgegenständen nicht verfügen kann und gemäß § 2040 Abs. 1 BGB die Miterben über einen Nachlaßgegenstand nur gemeinsam verfügen können.

Hinweis:
Gehören Ansprüche zum Nachlaß, so befreit § 2039 BGB die Miterben insofern von ihrer gesamthänderischen Bindung, als es jedem Miterben selbst erlaubt ist, aus eigenem Recht – auch gegen den Widerspruch von anderen Miterben – zum Nachlaß gehörende Ansprüche geltend zu machen.

Es liegt ein Fall der *gesetzlichen Prozeßstandschaft* vor, da an die Erbengemeinschaft zu leisten bzw. die geforderte Sache zu hinterlegen ist.

Zwar kann jeder Miterbe nicht über seinen Anteil an den einzelnen Nachlaßgegenständen verfügen. Doch hat ein Miterbe vielfach ein Interesse daran, über das ihm zugewandte Vermögen schnellstmöglichst verfügen zu können. Gemäß § 2033 Abs. 1 BGB hat er demgemäß die Möglichkeit, über seinen Anteil am Nachlaß zu verfügen. Danach kann er seinen *Miterbenanteil* an einen anderen Miterben oder einen beliebigen Dritten übertragen.

Dieser Vertrag, durch den ein Miterbe über seinen Anteil am Nachlaß verfügt, bedarf allerdings gemäß § 2033 Abs. 1 Satz 2 BGB der notariellen Beurkundung.

Um die anderen Miterben davor zu schützen, daß durch derartige Verfügungen und das damit häufig verbundene Eindringen unbekannter Dritter in die Erbengemeinschaft letztlich die Auseinandersetzung erschwert wird, haben die Miterben gemäß §§ 2034 ff. BGB ein gesetzlich eingeräumtes *Vorkaufsrecht* hinsichtlich des Miterbenanteils, der an einen Dritten verkauft werden soll. Dieses Vorkaufsrecht besteht – wie es der Wortlaut bereits ausdrückt – nur im Fall eines Verkaufs an einen Dritten, also nicht bei einer unentgeltlichen Übertragung, einer Sicherungsübereignung oder der Einräumung eines Nießbrauchs. Es ist gemäß § 2034 Abs. 2 BGB innerhalb von zwei Monaten nach Benachrichtigung der Miterben über den Verkauf, die gemäß § 2035 Abs. 2 BGB dem Verkäufer obliegt, anzuwenden.

Die Erklärung darüber, daß das Vorkaufsrecht ausgeübt wird, hat grundsätzlich gegenüber dem verkaufswilligen Miterben und für den Fall, daß der Miterbenanteil bereits übertragen wurde, gemäß § 2035 Abs. 1 BGB gegenüber dem Käufer zu erfolgen.

11.1 Die Nachlaßverwaltung durch die Erbengemeinschaft

Die Verwaltung des Nachlasses steht den Miterben gemäß § 2038 Abs. 1 Satz 1 BGB grundsätzlich gemeinsam zu, d. h. sie haben bis zur Erbauseinandersetzung Maßnahmen zur Erhaltung, Nutzung und Vergrößerung des Nachlasses zu treffen. Dabei sind sie, je nachdem, welche Art von Verwaltungsmaßnahme beabsichtigt ist, und ob diese Maßnahme nur intern oder auch im Verhältnis zu Dritten wirkt, auf wechselseitige Unterstützung angewiesen oder können selbständig vorgehen:

Maßnahmen der ordnungsgemäßen Verwaltung

Gemäß § 2038 Abs. 1 Satz 2 BGB ist jeder Miterbe den anderen gegenüber verpflichtet, bei Maßnahmen mitzuwirken, die zur ordnungsgemäßen Verwaltung des Nachlasses erforderlich sind.

Für die Durchführung einer Maßnahme der ordnungsgemäßen Verwaltung ist gemäß § 2038 Abs. 2 in Verbindung mit § 745 BGB eine einfache Stimmenmehrheit unter den Miterben ausreichend, wobei sich die Stimmen gemäß § 745 Abs. 1 Satz 2 BGB nach der Höhe der Erbquote berechnen.

Unter derartige Maßnahmen fallen beispielsweise die Verpachtung und Vermietung von Nachlaßgegenständen, die jährlich fällige Bezahlung von Versicherungsbeiträgen, die auf einzelne Nachlaßgegenstände zu entrichten sind oder die Angelegenheiten, die im Rahmen einer ordnungsgemäßen Führung eines Kontos des Erblassers zu treffen sind.

Weigern sich die Miterben trotz ihrer Mitwirkungspflicht, den Maßnahmen einer ordnungsgemäßen Verwaltung zuzustimmen und kommt kein Mehrheitsbeschluß zustande, so müssen die sich weigernden Erben auf Zustimmung verklagt werden.

Maßnahmen, die über die ordnungsgemäße Verwaltung hinausgehen

Maßnahmen der nicht mehr ordnungsgemäßen Verwaltung sind von den Miterben im Sinne des §2038 Abs.1 Satz 1 BGB gemeinschaftlich, d.h. einstimmig zu treffen. Hierunter fallen beispielsweise Maßnahmen, die den Nachlaß wesentlich verändern und somit angesichts der wirtschaftlichen Relevanz eines solchen Vorhabens alle Miterben gleichermaßen betreffen.

Notwendige Maßnahmen

Die zur Erhaltung des Nachlasses notwendigen Maßnahmen kann jeder Miterbe gemäß §2038 Abs.1 Satz 2 BGB ohne Mitwirkung der anderen treffen. Sind beispielsweise dringende Reparaturarbeiten oder Instandsetzungen an Nachlaßgegenständen wie bei Häusern oder auf Grundstücken zu erledigen, die keinen Aufschub dulden, und können nicht alle Miterben in kurzer Zeit an der Entscheidung über die Durchführung einer derartigen Sicherungsmaßnahme zugunsten des Nachlasses beteiligt werden, so kann auch ein Miterbe allein eine derartige Maßnahme treffen. Diese ist dann gegenüber allen anderen Miterben als verbindlich anzusehen.

Gebrauch der Nachlaßgegenstände

Gemäß §2038 Abs.2 Satz 1 in Verbindung mit §743 Abs.2 BGB ist jeder Miterbe zum Gebrauch der Nachlaßgegenstände insoweit befugt, als nicht der Mitgebrauch der anderen Miterben beeinträchtigt ist. Beispielsweise hat der Gebrauch eines Motorrads, das zum Nachlaß gehört, von jedem einzelnen Miterben dergestalt zu erfolgen, daß auch die anderen Miterben die Möglichkeit erhalten, dieses zu nutzen.

Früchteanteil

Jedem Miterben gebührt zudem gemäß §2038 Abs.2 Satz 1 in Verbindung mit §743 Abs.1 BGB ein seiner Erbquote entsprechender Anteil an den Früchten, die die Nachlaßgegenstände hervorbringen. Hierunter fallen beispielsweise laufende Miet-, Zins- oder Pachteinnahmen aus den Forderungen und Gegenständen, die zum Nachlaß gehören.

Die *Teilung der Früchte* erfolgt gemäß § 2038 Abs. 2 Satz 2 BGB erst bei der Auseinandersetzung der Erbengemeinschaft. Jedoch kann jeder Miterbe am Schluß eines Jahres die Teilung des Reinertrags verlangen, wenn die Auseinandersetzung über mehr als ein Jahr ausgeschlossen ist.

Hinweis:
Hinsichtlich der zum Nachlaß gehörenden Forderungen ist zu beachten, daß gemäß § 2039 Abs. 1 Satz 1 BGB der Verpflichtete nur an alle Erben gemeinschaftlich leisten und jeder Miterbe nur die Leistung an alle Miterben fordern kann.

Verfügung über Nachlaßgegenstände
Wollen die Miterben über einzelne Nachlaßgegenstände gegenüber Dritten in der Art verfügen, daß sie das Eigentum daran übertragen oder den Gegenstand mit dinglichen Rechten belasten möchten, so ist – für dieses *das Außenverhältnis der Erbengemeinschaft betreffende Rechtsgeschäft* – gemäß § 2040 Abs. 1 BGB das gemeinschaftliche Vorgehen aller Miterben erforderlich. Damit werden zugleich die Interessen aller Beteiligten gewahrt.

Surogation
Zur Sicherung des Nachlaßwertes für die Miterben und Nachlaßgläubiger bis zur Auseinandersetzung bestimmt zudem § 2041 BGB, daß alle aus einer Schädigung von Nachlaßgegenständen entstandenen Ersatzansprüche sowie das durch die rechtsgeschäftliche Veräußerung einzelner Nachlaßgegenstände Erworbene in den Nachlaß fallen (Grundsatz der dinglichen Surrogation).

11.2 Die Haftung für Nachlaßverbindlichkeiten

Die Haftung der Miterbengemeinschaft für die Nachlaßverbindlichkeiten, die der Erblasser hinterlassen hat, unterscheidet sich insofern von der Haftung eines Alleinerben, als bis zur Auseinandersetzung der Erbengemeinschaft der Nachlaß einer gesamthänderischen Bindung mit allen daraus folgenden Konsequenzen unterliegt. Nach der erfolgten Erbauseinandersetzung löst sich dann aber die Gesamthandsgemeinschaft auf, so daß dem Nachlaßgläubiger der Nachlaß als Sondervermögen nicht mehr als Zugriffsmöglichkeit zur Verfügung steht.

Es ist daher sowohl für die Vorgehensmöglichkeiten der Nachlaßgläubiger als auch für die Haftung der Miterben ausschlaggebend, ob eine Inanspruchnahme der Erben vor oder nach der Teilung des Nachlasses erfolgt. Für die Haftung der Miterben vor der Teilung des Nachlasses gilt folgendes:

- Macht der Nachlaßgläubiger eine sog. *Gesamtschuldklage* geltend, so haften die Miterben gemäß §2058 BGB für gemeinschaftliche Nachlaßverbindlichkeiten als Gesamtschuldner.

  Sie haben aber gemäß §2059 Abs.1 BGB die Möglichkeit, bis zur Teilung des Nachlasses ihre Haftung mit dem eigenen Vermögen vorübergehend auszuschließen und auf ihren Miterbenanteil zu beschränken. Dieses Leistungsverweigerungsrecht ist im Fall einer Gesamtschuldklage des Nachlaßgläubigers im Prozeß gemäß §§780ff. ZPO ausdrücklich geltend zu machen.

  Haftet der Miterbe allerdings bereits unbeschränkt, weil er beispielsweise sein Recht zur Haftungsbeschränkung wegen Inventaruntreue verloren hat, dann haftet er gemäß §2059 Abs.1 Satz 2 BGB auch persönlich mit seinem Eigenvermögen in Höhe der seines Erbteils entsprechenden Quote.

- Die Miterben haften daneben *gesamthänderisch*, wenn der Nachlaßgläubiger die sog. Gesamthandsklage gemäß §2059 Abs.2 BGB erhebt und damit die Befriedigung aus dem ungeteilten Nachlaß verlangt. Ein Vollstreckungszugriff ist dann aber auch nur in den gesamthänderisch gebundenen Nachlaß möglich – die Miterben haften mithin nicht mit ihrem Eigenvermögen.

- Die Miterben können *gemeinschaftlich* gemäß §2062 BGB die Nachlaßverwaltung beantragen, die gemäß §1975 BGB zur Beschränkung ihrer Haftung auf den Nachlaß führt. Die Nachlaßverwaltung kann nur bis zur Teilung des Nachlasses beantragt werden.

- Schließlich kann jeder Miterbe gemäß §2063 BGB die *Errichtung eines Inventars* veranlassen. Ein ordnungsgemäß und fristgerecht errichtetes Inventar kommt dann allen Miterben zustatten, es sei denn, ein Miterbe haftet bereits unbeschränkt.

- Daneben besteht für jeden Miterben noch die Möglichkeit, ein *öffentliches Aufgebotsverfahren* gemäß §§1970ff. BGB einzuleiten, so daß er bei Inanspruchnahme durch den Nachlaßgläubiger gemäß §2015 BGB die Einrede des Aufgebotsverfahrens erheben kann.

Mit der Aufteilung des Nachlasses im Rahmen der Erbauseinandersetzung endet die Erbengemeinschaft, so daß ihre gesamthänderische Haftung entfällt und auch eine Haftungsbeschränkung im Sinne des §2059 Abs.1 BGB zugunsten des einzelnen Miterben auf seinen Erbteil nicht mehr möglich ist.

Nach der Teilung des Nachlasses haften die ehemaligen Miterben demzufolge als Gesamtschuldner auf den vollen Betrag der verbliebenen Nachlaßverbindlichkeiten, es sei denn, der Erblasser hat testamentarisch bestimmt, daß ein Miterbe ein Vermächtnis oder eine Auflage allein zu erfüllen hat.

Eine Beschränkung der gesamtschuldnerischen Haftung auf eine Teilschuld entsprechend der jeweiligen Erbquote ist gemäß §§ 2060, 2061 BGB möglich:
- Gemäß § 2061 Abs. 1 BGB kann jeder Miterbe ein *privates Aufgebotsverfahren* dergestalt durchführen, daß er die Nachlaßgläubiger öffentlich auffordert, ihre Forderungen binnen sechs Monaten bei ihm oder dem Nachlaßgericht anzumelden.

  Die Aufforderung ist durch den Bundesanzeiger oder durch das für die Bekanntmachungen des Nachlaßgerichts bestimmte Blatt zu veröffentlichen. Die Kosten der Veröffentlichung fallen dem Erben, der die Aufforderung erläßt, zur Last.

  Kommt der Nachlaßgläubiger dieser Aufforderung nicht innerhalb der vorgegebenen Frist nach, so haftet jeder ehemalige Miterbe nach der Teilung des Nachlasses nur noch anteilig bis zur Höhe seiner Erbquote für die Schuld.
- Gemäß § 2060 BGB erfolgt eine nur anteilige Haftung entsprechend der Erbquote dann, wenn
    - der Nachlaßgläubiger im Aufgebotsverfahren ausgeschlossen worden ist (§ 2060 Nr. 1 BGB). Dieser Ausschluß erstreckt sich auch auf diejenigen Erben, die unbeschränkt haften.
    - der Nachlaßgläubiger seine Forderung erst fünf Jahre nach dem Erbfall geltend macht und dem Miterben diese auch nicht vorher bekannt gewesen ist (§ 2060 Nr. 2 BGB).
    - der Nachlaßkonkurs eröffnet und durch Verteilung der Masse oder durch Zwangsvergleich beendet wurde (§ 2060 Nr. 3 BGB).

Hinweis:
Liegt eine dieser Voraussetzungen vor und haftet demzufolge der ehemalige Miterbe nur für eine Teilschuld, so kann dieser seine Haftung auf den seinen Teil am Nachlaß beschränken, wenn vor der Teilung die Nachlaßverwaltung gemäß § 2062 BGB beantragt oder ein Nachlaßkonkursverfahren eröffnet wurde. Andernfalls haftet der in Anspruch genommene Erbe für seine Teilschuld auch mit seinem Eigenvermögen.

Hat der in Anspruch genommene Erbe den Nachlaßgläubiger befriedigt, so kann er von seinen ehemaligen Miterben einen Ausgleich verlangen. Wie hoch diese Ausgleichsforderung ist, hängt davon ab, wie die anderen Erben jeweils haften würden.

11.3 Die Auseinandersetzung der Erbengemeinschaft

Da die Erbengemeinschaft auf Liquidation ausgerichtet ist, kann von jedem Miterben gemäß § 2042 Abs. 1 BGB jederzeit das Verlangen nach Auseinandersetzung vorgebracht werden.

Gemäß §§ 2043 bis 2045 BGB ist die Auseinandersetzung in folgenden Fällen für einen gewissen Zeitraum ausgeschlossen:

- Soweit die Erbteile wegen der zu erwartenden Geburt eines Miterben noch unbestimmt sind, ist die Auseinandersetzung bis zur Geburt des Miterben gemäß § 2043 BGB aufgeschoben.

  Das gleiche gilt, wenn eine vom Erblasser errichtete Stiftung noch nicht genehmigt worden ist oder die Entscheidung darüber, ob ein Kind erbberechtigt sein soll oder nicht, noch nicht von amtlicher Seite verbindlich getroffen worden ist.

- Der Erblasser kann gemäß § 2044 BGB durch eine letztwillige Verfügung anordnen, daß die Auseinandersetzung bezüglich des gesamten Nachlasses oder auch nur hinsichtlich einzelner Nachlaßgegenstände ausgeschlossen sein soll.

  Eine solche Verfügung ist grundsätzlich nur *bis zu dreißig Jahren nach dem Erbfall* wirksam. Ausnahmsweise kann die Auseinandersetzung zeitlich darüber hinaus bis zum Eintritt eines vom Erblasser festzulegenden Ereignisses in der Person eines Miterben – beispielsweise der erfolgreiche Abschluß eines Hochschulstudiums – oder dem Eintritt des Nacherbfalls ausgeschlossen werden.

- Jeder Miterbe kann gemäß § 2045 BGB verlangen, daß die Auseinandersetzung bis zum Abschluß des öffentlichen oder privaten Aufgebotsverfahrens aufgeschoben wird. Des weiteren kann jeder Miterbe gemäß § 2046 Abs. 1 BGB fordern, daß vor der Auseinandersetzung zunächst die Nachlaßverbindlichkeiten berichtigt werden.

- Die Miterben können schließlich einvernehmlich aufgrund einer vertraglichen Vereinbarung beschließen, daß die Auseinandersetzung für einen gewissen Zeitraum ausgeschlossen sein soll und sich dadurch auch den letztwilligen Anordnungen des Erblassers widersetzen.

Hinweis:
Will der Erblasser einen derartigen Auseinandersetzungsvertrag zwischen den Miterben verhindern, dann muß er einen *Testamentsvollstrecker* gemäß §§ 2197, 2204 BGB einsetzen, der die Auseinandersetzung vornehmen soll.

11.3.1 Das Auseinandersetzungsverfahren

Grundsätzlich wird nach der Berichtigung der Nachlaßverbindlichkeiten gemäß §2047 Abs.1 BGB der verbleibende Überschuß unter den Erben im Verhältnis ihrer Erbanteile untereinander aufgeteilt.

Von dieser Verteilung kann der Erblasser dadurch abweichen, daß er im Sinne des §2048 BGB *Teilungsanordnungen* für den Fall der Auseinandersetzung trifft. Aufgrund einer Teilungsanordnung kann jeder Miterbe die anderen auf Zustimmung zu einer Auseinandersetzung nach einem den Anordnungen des Erblassers entsprechenden Teilungsplan verklagen. Liegt eine solche Teilungsanordnung von Seiten des Erblassers nicht vor, so erfolgt die Auseinandersetzung mangels anderer Regelungen entsprechend den §2042 Abs.2 in Verbindung mit §§749ff. BGB:

- Ist der Nachlaßgegenstand in Natur teilbar, so ist er gemäß §752 BGB auch real zu teilen und an die einzelnen Miterben weiterzugeben.
- Ist die Teilung eines Nachlaßgegenstandes in Natur ausgeschlossen, so sind gemäß §753 BGB *unteilbare bewegliche Gegenstände* nach den Regeln über den Pfandverkauf und *Grundstücke* durch Zwangsversteigerung zu verwerten. Der Erlös wird dann entsprechend der Erbquote verteilt.

Hinweis:
Gemäß §§2050ff. BGB müssen sich die Abkömmlinge bei gesetzlicher Erbfolge oder einer der gesetzlichen Erbfolge entsprechenden testamentarischen Einsetzung folgende Zuwendungen unter Lebenden auf ihren Erbteil anrechnen lassen:
- zu Lebzeiten des Erblassers erhaltene Ausstattungen
- als Einkünfte zu verwendende Zuschüsse des Erblassers sowie Aufwendungen zur Berufsausbildung, welche die Vermögensverhältnisse des Erblassers überstiegen haben
- sonstige Zuwendungen, soweit der Erblasser eine Ausgleichung angeordnet hat.

11.3.2 Die Auseinandersetzungsklage

Können sich die Erben nicht über eine Verteilung des Nachlasses einigen, so kann jeder von ihnen eine Auseinandersetzungsklage erheben. Voraussetzung dafür ist aber, daß der klagende Erbe dem Gericht einen vollständigen Auseinandersetzungsplan vorlegt, aufgrund dessen dann die Aufteilung des Nachlasses erfolgen kann.

Stimmt das Gericht dem Teilungsplan zu, so werden gemäß §894 Abs.1 ZPO die Miterben zur Abgabe ihrer Zustimmungserklärung zum Auseinandersetzungsplan verurteilt. Ihre Erklärungen gelten dabei mit Rechtskraft des Urteils als abgegeben.

Neben der Auseinandersetzungsklage hat jeder Miterbe gemäß §§86ff. FGG die Möglichkeit, das *Nachlaßgericht* anzurufen, um es *als Vermittlungsinstanz* im Rahmen eines Streits über die Auseinandersetzung des Nachlasses zu bemühen. Treffen die Erben auf Vorschlag des Nachlaßgerichts eine außergerichtliche Vereinbarung, die gerichtlich gemäß §91 Abs.2 FGG zu bestätigen ist, so ist diese Vereinbarung für alle Erben verbindlich.

12　Die Testamentsvollstreckung

Vielfach ist dem Erblasser daran gelegen, durch eine Person seines Vertrauens die ordnungsgemäße Abwicklung des Nachlasses sicherzustellen und so seinem letzten Willen Geltung zu verschaffen. Wie bereits gesehen kann es zudem bei drohenden Familienstreitigkeiten über die Auseinandersetzung des Nachlasses geboten erscheinen, regulierend durch eine emotional unbeteiligte Person einzugreifen. Schließlich wird der Erblasser auch ein berechtigtes Interesse haben, sein Vermögen nicht durch zur Vermögensverwaltung ungeeignete Erben wirtschaftlich zerschlagen zu lassen.

12.1　Die Ernennung und Einsetzung eines Testamentsvollstreckers

In allen der oben angeführten Fälle kann es deshalb empfehlenswert sein, daß der Erblasser letztwillig einen Testamentsvollstrecker beruft. Dies kann auf unterschiedlichen Wegen erfolgen:

- durch den Erblasser gemäß §2197 BGB

  Die Ernennung eines Testamentsvollstreckers hat gemäß §2197 BGB durch letztwillige Verfügung, d.h. innerhalb eines Testaments oder einem Erbvertrag, zu erfolgen. Für den Fall, daß der ernannte Testamentsvollstrecker vor oder nach der Annahme des Amtes wegfällt, kann der Erblasser einen zweiten Testamentsvollstrecker benennen.

  Eine Testamentsvollstreckung kann auch im Rahmen eines Erbvertrags oder gemeinschaftlichen Testaments zwischen Ehegatten angeordnet werden. Es ist jedoch zu beachten, daß gemäß §2270 Abs.3 BGB die Anordnung der Testamentsvollstreckung nicht zu denjenigen wechselbezüglichen Verfügungen gehört, die bei einem gemeinschaftlichen Testament nach dem Tod eines Ehegatten bindend werden, so daß diese Anordnung jederzeit frei widerruflich ist.

  Dasselbe Schicksal teilt sie im Rahmen eines Erbvertrags, da gemäß §2278 Abs.2 BGB die Anordnung der Testamentsvollstreckung *keine vertragsmäßige Verfügung* darstellt und somit keine Bindungswirkung für die Vertragsparteien erzeugt.

- durch einen Dritten gemäß § 2198 BGB

  Der Erblasser kann zwar nicht die Anordnung einer Testamentsvollstreckung, wohl aber die Bestimmung der Person des Testamentsvollstreckers einem Dritten überlassen. Der Dritte hat die von ihm ausgewählte Person dem Nachlaßgericht gegenüber als Testamentsvollstrecker zu bestimmen. Diese Erklärung ist in öffentlich beglaubigter Form abzugeben.

  Setzt das Nachlaßgericht oder ein Beteiligter dem Dritten eine Frist, in der er sein Bestimmungsrecht auszuüben hat, so erlischt dieses Bestimmungsrecht nach Ablauf der Frist.

- durch den Testamentsvollstrecker gemäß § 2199 BGB

  Der Erblasser kann auch den von ihm eingesetzten Testamentsvollstrecker ermächtigen, einen oder mehrere Mitvollstrecker sowie einen Nachfolger zu benennen. Diese Bestimmung hat wiederum in öffentlicher beglaubigter Form durch Erklärung gegenüber dem Nachlaßgericht zu erfolgen.

- durch das Nachlaßgericht gemäß § 2200 BGB

  Der Erblasser kann schließlich auch im Rahmen einer letztwilligen Verfügung das Nachlaßgericht ersuchen, einen Testamentsvollstrecker zu ernennen.

Hinweis:
Gemäß § 2201 BGB ist die Ernennung eines Testamentsvollstreckers unwirksam, wenn er zu der Zeit, zu welcher er das Amt anzutreten hat, geschäftsunfähig oder beschränkt geschäftsfähig ist oder hinsichtlich der Erledigung seiner Vermögensangelegenheiten unter Betreuung steht.

12.2 Die Annahme und Ablehnung des Amtes

Die Annahme und die Ablehnung des Amtes erfolgen gemäß § 2202 Abs. 2 BGB durch Erklärung gegenüber dem Nachlaßgericht. Die Erklärung kann erst nach dem Erbfall abgegeben werden. Sie darf unter keiner zeitlichen Befristung oder Bedingung stehen.

Zwischen dem Erbfall und der Annahme- oder Ablehnungserklärung des vorgesehenen Testamentsvollstreckers kann eine geraume Zeit vergehen, in der möglicherweise dringende Nachlaßgeschäfte zu erledigen sind. Im Interesse der Sicherung des Nachlasses kann das Nachlaßgericht auf Antrag einem der Beteiligten dem Ernannten eine Frist zur Erklärung über die Annahme setzen. Mit dem Ablauf der Frist gilt dann das Amt als abgelehnt, wenn nicht die Annahme vorher erklärt wird.

12.3 Der Aufgabenbereich und die rechtlichen Befugnisse des Testamentsvollstreckers

Gemäß § 2203 BGB hat der Testamentsvollstrecker die letztwilligen Verfügungen des Erblassers auszuführen.

Sind mehrere Erben vorhanden, so hat der Testamentsvollstrecker gemäß § 2204 BGB die Auseinandersetzung unter ihnen nach Maßgabe der §§ 2042 ff. BGB zu bewirken. Gemäß § 2205 BGB hat er auch das Recht der Nachlaßverwaltung, die er gemäß § 2216 Abs. 1 BGB ordnungsgemäß durchzuführen hat.

Der Erblasser kann diese dem Testamentsvollstrecker gesetzlich eingeräumten Rechte aber auch gemäß § 2208 BGB beschränken, was zum Beispiel durch die Anordnung der Testamentsvollstreckung nur hinsichtlich einzelner Gegenstände des Nachlasses der Fall sein kann.

Abwicklungsvollstreckung

Bei der sog. Abwicklungsvollstreckung hat der Testamentsvollstrecker den Nachlaß nach den Vorstellungen des Erblassers unter den Erben aufzuteilen, wobei keine Zustimmungserfordernis bezüglich des vom Testamentsvollstrecker vorgelegten Teilungsplans von seiten der Erben gegeben ist, d.h., der Testamentsvollstrecker handelt ganz im Sinne des Erblassers.

Verwaltungsvollstreckung

Weist der Erblasser dem Testamentsvollstrecker allein die Aufgabe zu, den Nachlaß zu verwalten, so liegt eine Verwaltungsvollstreckung im Sinne des § 2209 BGB vor. Eine solche Verwaltungsvollstreckung soll ab dem Erbfall gemäß § 2210 BGB grundsätzlich nicht für länger als genau dreißig Jahre angeordnet werden.

Ausnahmsweise kann der Erblasser jedoch auch anordnen, daß die Verwaltung bis zum Tod des Testamentsvollstreckers oder des Erben oder aber eines in der Person von den beiden genannten eintretenden Ereignisses fortdauern soll.

Hinweis:

Solche über einen langen Zeitraum angeordneten Testamentsvollstreckungen können gemäß § 2116 Abs. 2 BGB auf Antrag des Testamentsvollstreckers oder eines anderen Beteiligten vom Nachlaßgericht außer Kraft gesetzt werden, wenn ihre Befolgung den Nachlaß erheblich gefährden würde.

Als Partei kraft Amtes hat der Testamentsvollstrecker folgende Rechte:
- Gemäß § 2206 Abs. 1 BGB ist er berechtigt, Verbindlichkeiten für den Nachlaß einzugehen soweit es für die ordnungsgemäße Verwaltung des Nachlasses erforderlich ist. Dieses Recht, für den Nachlaß Verbindlichkeiten eingehen zu können, kann der Erblasser gemäß § 2207 BGB auch unbeschränkt ausgestalten, so daß dem Testamentsvollstrecker eine erweiterte Verpflichtungsbefugnis zukommt.
- Er ist gemäß § 2205 Satz 2 BGB berechtigt, den Nachlaß in Besitz zu nehmen und über die Nachlaßgegenstände zu verfügen.
- Unentgeltliche Verfügungen darf der Testamentsvollstrecker gemäß § 2205 Satz 3 BGB nur insoweit vornehmen, als sie einer sittlichen Pflicht oder einer auf den Anstand zu nehmenden Rücksicht entsprechen.
- Schließlich hat der Testamentsvollstrecker gemäß § 2212 BGB das Prozeßführungsrecht (sog. *Aktivlegitimation*) hinsichtlich der Rechte, die seiner Verwaltung unterliegen. Gegen den Nachlaß gerichtete Ansprüche können hingegen gemäß § 2213 Abs. 1 BGB sowohl gegen den Testamentsvollstrecker als auch gegen den Erben gerichtlich geltend gemacht werden. Steht dem Testamentsvollstrecker die Verwaltung des Nachlasses nicht zu oder handelt es sich beim geltend gemachten Anspruch um einen Pflichtteilsanspruch, so ist lediglich der Erbe *passivlegitimiert*.
- Der Erblasser kann es dem Testamentsvollstrecker zudem gestattet haben, unter Befreiung von der Vorschrift des § 181 BGB, Geschäfte mit sich selbst als außenstehendem Dritten bezüglich einzelner Nachlaßgegenstände abzuschließen.
- Gemäß § 2221 BGB kann der Testamentsvollstrecker für die Führung seines Amtes eine angemessene Vergütung verlangen, sofern der Erblasser nicht anderes bestimmt hat.
- Dem Testamentsvollstrecker steht zu jeder Zeit gemäß § 2226 BGB auch das Recht auf Kündigung zu.

Andererseits treffen den Testamentsvollstrecker auch eine Reihe von Pflichten:
- Gemäß § 2215 BGB hat der Testamentsvollstrecker dem Erben unverzüglich – gemäß § 121 BGB ohne schuldhaftes Zögern – nach Annahme des Amtes ein Verzeichnis der seiner Verwaltung unterliegenden Nachlaßgegenstände und der bekannten Nachlaßverbindlichkeiten mitzuteilen.
Er hat den Erben auf dessen Aufforderung hin bei der Aufnahme des Verzeichnisses hinzuzuziehen. Der Testamentsvollstrecker ist zudem auf Verlangen des Erben dazu verpflichtet, das Verzeichnis durch die zuständige Behörde oder durch einen zuständigen Beamten oder einen Notar aufnehmen zu lassen.

- Der Testamentsvollstrecker ist gemäß § 2216 BGB zur *ordnungsgemäßen Verwaltung des Nachlasses* entsprechend den Anordnungen des Erblassers verpflichtet.
- Auf Verlangen des Erben hat der Testamentsvollstrecker diesem Nachlaßgegenstände, deren er zur Erfüllung seiner Obliegenheiten offenbar nicht bedarf, gemäß § 2217 BGB zur freien Verfügung zu überlassen.
- Gemäß § 2218 Abs. 1 in Verbindung mit § 664 BGB hat der Testamentsvollstrecker im Zweifel höchstpersönlich die ihm übertragenen Aufgaben auszuführen und darf sie demzufolge nicht einem Dritten übertragen.

  Er ist dem Erben gegenüber gemäß § 666 BGB verpflichtet, die erforderlichen Nachrichten zu geben, auf Verlangen über den Stand der von ihm getroffenen Maßnahmen Auskunft zu erteilen und nach beendeten Tätigkeiten Rechenschaft abzulegen.

  Bei einer länger andauernden Verwaltung ist der Testamentsvollstrecker jährlich zur Rechnungslegung gemäß § 2218 Abs. 2 BGB verpflichtet.
- Der Testamentsvollstrecker ist dem Erben gegenüber gemäß § 2219 BGB schadensersatzpflichtig, wenn er die ihm obliegenden Verpflichtungen schuldhaft verletzt.

  Hatte der Testamentsvollstrecker ein Vermächtnis zu vollziehen und kam er dieser Verpflichtung schuldhaft nicht ordnungsgemäß nach, so ist er dem Vermächtnisnehmer gegenüber verantwortlich.

12.4 Beendigungsgründe für das Amt eines Testamentsvollstreckers

Außer der bereits erwähnten Möglichkeit für den Testamentsvollstrecker, sein Amt gemäß § 2226 BGB jederzeit kündigen zu können, bestehen folgende Beendigungsgründe:

- Das Amt des Testamentsvollstreckers erlischt gemäß § 2225 BGB, wenn er stirbt oder im Sinne des § 2201 BGB geschäftsunfähig oder beschränkt geschäftsfähig wird oder unter Betreuung gestellt wird.
- Das Amt des Testamentsvollstreckers endet ferner, wenn der Testamentsvollstrecker gemäß § 2227 BGB entlassen wird.

  Dazu ist ein Antrag eines Beteiligten vonnöten. *Antragsberechtigt* sind vor allem die Erben, Pflichtteilsberechtigten, Vermächtnisnehmer oder Auflagenbegünstigten. Sachliche Voraussetzung für eine Entlassung ist ein wichtiger Grund, der insbesondere in einer groben Pflichtverletzung des Testamentsvollstreckers oder in seiner Unfähigkeit liegt, die Geschäfte ordnungsgemäß zu führen.

Da es sich bei diesen gesetzlich genannten Gründen um objektive Mängel in der Person des Testamentsvollstreckers handelt, ist davon auszugehen, daß private Konflikte zwischen dem Testamentsvollstrecker und beispielsweise den Erben nicht ausreichen, um einen wichtigen Grund im Sinne des §2227 BGB darzustellen.

Beendigt ein Testamentsvollstrecker sein Amt aus den genannten Gründen, so endet damit nicht zwangsläufig gleichzeitig die Testamentsvollstreckung. In folgenden gesetzlich bestimmten Fällen tritt an die Stelle des ausscheidenden Testamentsvollstreckers ein Nachfolger, der sein Amt weiterführt:

- Der Erblasser hat für den Fall, daß der ernannte Testamentsvollstrecker vor oder nach Annahme des Amtes wegfällt, gemäß §2197 Abs.2 BGB einen anderen Testamentsvollstrecker benannt.
- Der Erblasser hat gemäß §2199 Abs.2 BGB den Testamentsvollstrecker ermächtigt, einen Nachfolger zu ernennen.
- Sind mehrere Testamentsvollstrecker benannt worden, die das Amt gemeinschaftlich führen, so übernehmen die übrigen Testamentsvollstrecker das Amt gemäß §2224 Abs.1 Satz 2 BGB, wenn einer von ihnen – gerade aus den oben genannten Gründen – wegfallen sollte.

Hinweis:
Liegt es im Interesse des Erblassers, daß das von ihm hinterlassene Vermögen unter der Aufsicht einer Person seines Vertrauens an die Erben verteilt oder über einen längeren Zeitraum verwaltet wird, so kann er auch an Stelle der letztwilligen Anordnung einer Testamentsvollstreckung der von ihm bevorzugten Person eine *postmortale oder transmortale Vollmacht* erteilen, die ausdrücklich auf den Bereich der Vermögensverwaltung ausgestellt ist.

Eine solche Vollmacht ist nur insofern nachteilig, als sie nicht den dargestellten rechtlichen Grenzen einer Testamentsvollstreckung unterworfen ist. Will der Erblasser den von ihm Bevollmächtigten auch einer gewissen Aufsicht unterstellen, so hat er dies ausdrücklich anzuordnen.

13 Die Testamentsvollstreckung im unternehmerischen Bereich

Gerade im unternehmerischen Bereich kann es für den Erblasser, der den von ihm geführten Betrieb im Wege der Unternehmensnachfolge auf seine Erben übertragen möchte, aus den unterschiedlichsten Gründen von großem Interesse sein, eine Testamentsvollstreckung anzuordnen.

Sind beispielsweise minderjährige Abkömmlinge als Erben vorhanden, so kann die Unternehmensleitung bis zum Eintritt bestimmter Ereignisse in den Personen dieser Erben – wie dem Abschluß eines Hochschulstudiums als Nachweis für die Befähigung zur Unternehmensnachfolge – in Form einer Dauertestamentsvollstreckung angezeigt sein, um den Erhalt des Unternehmens zumindest für die nahe Zukunft zu sichern.

Durch eine angeordnete Testamentsvollstreckung droht gemäß § 2214 BGB auch keine wirtschaftliche Zerschlagung des Unternehmens durch Eigengläubiger der Erben, da diese nicht auf die der Verwaltung des Testamentsvollstreckers unterliegenden Nachlaßgegenstände Zugriff nehmen können.

Durch die Anordnung einer Testamentsvollstreckung auf im Nachlaß befindliche Unternehmen oder Unternehmensbeteiligungen entstehen jedoch angesichts der personalistischen Ausrichtung von Personengesellschaften und der unterschiedlichen Haftungsstruktur von Erbrecht und Gesellschaftsrecht Probleme, die im folgenden dargestellt werden sollen.

13.1 Die Zulässigkeit einer Testamentsvollstreckung an einem einzelkaufmännischen Unternehmen

Ordnet der Erblasser im Rahmen seiner letztwilligen Verfügung die Testamentsvollstreckung an einem einzelkaufmännischen Handelsunternehmen an, so besteht eine besondere *haftungsrechtliche Problematik:* Der eingesetzte Testamentsvollstrecker, der im Rahmen einer Verwaltungsvollstreckung quasi wie ein Unternehmer dadurch auftritt, daß er gemäß §§ 2206, 2207 BGB berechtigt ist, Verbindlichkeiten für das Unternehmen einzugehen, haftet aber nicht – wie es die §§ 27, 25 BGB im Fall einer Firmenfortführung vorsehen – selbst unbeschränkt mit seinem eigenen Vermögen für eingegangene Verbindlichkeiten, sondern kann nur den Nachlaß verpflichten.

Der *Alleinerbe oder die Miterben* wiederum haften zwar zunächst für die Nachlaßverbindlichkeiten und damit auch für die vom Testamentsvollstrecker im Rahmen seiner Verwaltungstestamentsvollstreckung eingegangenen Verpflichtungen für den Nachlaß. Doch können sie gemäß §§ 1975, 1973, 2060, 2061 BGB ihre Haftung für die Nachlaßverbindlichkeiten beschränken, so daß letztlich weder der Testamentsvollstrecker noch die Erben unbeschränkt haften würden.

Dieses erbrechtliche Ergebnis ist mit der handelsrechtlichen Haftungsstruktur, der im Interesse eines Vertrauensschutzes im Handelsverkehr Geltung zu verschaffen ist, unvereinbar. Deshalb kann die Anordnung einer Verwaltungsvollstreckung an einzelkaufmännischen Unternehmen nur dadurch verwirklicht werden, daß über von der Rechtsprechung und der Literatur entwickelte *Ersatzkonstruktionen* entweder der Testamentsvollstrecker (sog. *Treuhandlösung*) oder die Erben (sog. *Vollmachtlösung*) entsprechend den handelsrechtlichen Anforderungen unbeschränkt persönlich haften.

Treuhandlösung
Im Rahmen der als Treuhandlösung bezeichneten Möglichkeit, ein einzelkaufmännisches Handelsunternehmen im Wege einer Verwaltungstestamentsvollstreckung verwalten zu lassen, tritt der das Unternehmen nach dem Erblasserwillen führende Testamentsvollstrecker im eigenen Namen treuhänderisch für die Erben auf. Diese Stellung schlägt sich auch in der Eintragung des Testamentsvollstreckers in das Handelsregister als Inhaber des einzelkaufmännischen Unternehmens nieder. Die Treuhandlösung führt zu folgender *Haftungsverteilung*:

- Der Testamentsvollstrecker haftet unbeschränkt mit seinem eigenen Vermögen für die von ihm eingegangenen Verbindlichkeiten.
- Für die vom Erblasser bereits begründeten Verbindlichkeiten kann der Testamentsvollstrecker einer Haftung mit seinem Privatvermögen auf folgende Weise entgehen: zum Beispiel wie bei einer Firmenfortführung durch einen Erwerber entsprechend der §§ 27 Abs. 1, 25 Abs. 2 HGB durch Eintragung und Bekanntmachung im Handelsregister oder durch Mitteilung an die Nachlaßgläubiger.
- Die Erben können ihre zunächst unbeschränkte erbrechtliche Haftung für die vom Erblasser begründeten Geschäftsverbindlichkeiten gemäß den §§ 1975, 1973, 2060, 2061 BGB auf ihren Erbanteil am Nachlaß beschränken.
- Die handelsrechtliche Haftung der Erben für derartige Geschäftsschulden kann entsprechend § 27 Abs. 2 HGB begrenzt werden, wenn innerhalb von drei Monaten nach dem Erbfall die Verwaltungstestamentsvollstrek-

kung beginnt, die in ihren Wirkungen für den Erben einer eigenen Geschäftsaufgabe gleichkommt[5].
- Für den Testamentsvollstrecker besteht jedoch *im Innenverhältnis* zu den Erben die Möglichkeit, wie ein Beauftragter bei Inanspruchnahme durch die Gläubiger der von ihm begründeten Verbindlichkeiten von den Erben gemäß §2218 in Verbindung mit §670 BGB, eine *Freistellung von der persönlichen Haftung* zu verlangen bzw. nach Inanspruchnahme seine Leistung im Wege des Aufwendungsersatzes zurückzufordern.

Vollmachtlösung
Im Rahmen der Vollmachtlösung leitet der Testamentsvollstrecker mittels einer von den Erben zu erteilenden Vollmacht das einzelkaufmännische Unternehmen. Da der Testamentsvollstrecker mithin nur als Bevollmächtigter der Erben in deren Namen auftritt, verpflichtet er auch nur diese bei den von ihm begründeten Geschäftsverbindlichkeiten.

Haftungsrechtlich führt die Vollmachtlösung demzufolge zu einer unbeschränkten Haftung der Erben mit ihrem Eigenvermögen für die vom Testamentsvollstrecker begründeten Verbindlichkeiten. Für die vom Erblasser begründeten Geschäftsschulden haften sie nach Maßgabe der §§25, 27 HGB.

Hinweis:
Die Erben, denen eine unbeschränkte persönliche Haftung für die vom Testamentsvollstrecker begründeten Geschäftsverbindlichkeiten sehr ungelegen kommen kann und deshalb einer Bevollmächtigung des Testamentsvollstreckers ablehnend gegenüberstehen, können vom Erblasser mittels einer erbrechtlichen Auflage gemäß §§2192 ff. BGB zu einem solchen Schritt bewegt werden.

Da eine Auflage andererseits eine Beschwerung im Sinne des §2306 Abs. 1 BGB darstellt, können die Erben, die mit einem Erbteil oberhalb ihres Pflichtteils eingesetzt worden sind und sich der Auflage nicht beugen wollen, ihre Erbschaft gemäß §2306 Abs. 1 Satz 2 BGB ausschlagen und ihren Pflichtteil fordern. Übersteigt der Erbteil der Erben nicht die ihnen zustehende Pflichtteilsquote, so gilt die Beschwerung gemäß §2306 Abs. 1 Satz 1 BGB als nicht angeordnet.

Da durch das mögliche Geltendmachen von Pflichtteilsansprüchen ein Liquiditätsverlust für das Unternehmen droht, sollte der Erblasser bereits zu seinen Lebzeiten bemüht sein, mit den betreffenden Pflichtteilsberechtigten

---

5 Lorz, Testamentsvollstreckung und Unternehmensrecht, 1995, S. 73.

Verzichtsverträge abzuschließen, um einer wirtschaftlichen Auszehrung des Unternehmens vorzubeugen (siehe Seite 67 ff.).

13.2 Die Zulässigkeit einer Testamentsvollstreckung an Personengesellschaftsbeteiligungen

Für die Zulässigkeit einer Testamentsvollstreckung an Personengesellschaftsbeteiligungen gilt, daß die zu vererbende Beteiligung im Wege einer sog. *Sondererbfolge* übergeht. Dennoch gehört auch eine Personengesellschaftsbeteiligung zum Nachlaß, über den ein Testamentsvollstrecker gemäß § 2205 BGB verfügen kann.

Die *personalistische Ausrichtung einer Personengesellschaft* führt jedoch zu Problemen bei der Zulässigkeit von Verwaltungsvollstreckungen an Beteiligungen von Personengesellschaften:

- Die *Testamentsvollstreckung an einer Beteiligung eines persönlich und unbeschränkt haftenden Gesellschafters* ist insofern von der Zustimmung der anderen Gesellschafter abhängig, als das Zusammenwirken der Gesellschafter untereinander davon geprägt ist, daß es sich um eine Arbeits- und Haftungsgemeinschaft handelt, bei der die persönlichen Beziehungen zwischen den Gesellschaftern im Vordergrund stehen.
  Deshalb ist die Verwaltung eines Anteils an der Gesellschaft durch einen persönlich nicht haftenden Testamentsvollstrecker zustimmungspflichtig.
- Auch für die *Testamentsvollstreckung an einem Kommanditanteil* ist es erforderlich, daß die übrigen Gesellschafter dieser Fremdverwaltung zustimmen. Im übrigen ist aber auf die konkreten Regelungen im Gesellschaftsvertrag zu rekurrieren, um die Zulässigkeit einer Fremdverwaltung beurteilen zu können. Läßt der Gesellschaftsvertrag beispielsweise ausdrücklich eine Fremdbeteiligung zu, so ist von einer stillschweigenden Zustimmung zu einer Testamentsvollstreckung auszugehen.

Aus haftungsrechtlicher Sicht sind bei der Testamentsvollstreckung an Personengesellschaftsbeteiligungen folgende Gesichtspunkte hervorzuheben:

Entsprechend der haftungsrechtlichen Situation bei der Testamentsvollstreckung an einem einzelkaufmännischen Handelsgeschäft muß auch bei der *Fremdverwaltung einer Personengesellschaftsbeteiligung* unterschieden werden: So besteht eine Diskrepanz zwischen der gesetzlich gemäß §§ 105 Abs. 1, 161 Abs. 2, 128 HGB vorgesehenen unbeschränkten Haftung der Mitglieder einer Offenen Handelsgesellschaft oder der Komplementäre einer Kommanditgesellschaft für die Verbindlichkeiten der Gesellschaft und der erbrechtlichen

Möglichkeit für die Erben und den Testamentsvollstrecker, ihre Haftung auf den Nachlaß zu beschränken.

Dieser Widerspruch läßt sich auch hier nur durch die oben angesprochenen Konstruktionen auflösen: Im Rahmen der *Treuhandlösung* rückt der Testamentsvollstrecker treuhänderisch in die Gesellschafterstellung des Erblassers ein und haftet wie dieser unbeschränkt mit seinem eigenen Vermögen.

Die Vollmachtlösung ermöglicht es dem Testamentsvollstrecker mittels einer postmortalen Vollmacht des Erblassers oder einer von den Erben zu erteilenden Vollmacht, zu deren Ausstellung die Erben aufgrund einer erbrechtlichen Auflage verpflichtet werden können, die Gesellschafterrechte für die Erben wahrzunehmen und diese haftungsrechtlich zu verpflichten.

Die haftungsrechtlichen Konsequenzen *der Fremdverwaltung einer Kommanditbeteiligung* durch einen hierfür eingesetzten Testamentsvollstrecker hängen ganz entscheidend davon ab, ob die Haftungseinlage des Kommanditisten bereits vollständig erbracht wurde oder aber zurückgezahlt oder nicht vollständig erbracht wurde:

- Ist die Haftungseinlage bereits durch den Erblasser vollständig geleistet worden, so ist deren Außenhaftung gemäß § 171 Abs. 1 HGB ausgeschlossen. Insofern kann dann der Testamentsvollstrecker die Erben des Kommanditisten nicht mehr persönlich verpflichten, sie haften mithin nur mit der Einlage.
- Ist die Haftungseinlage nicht vollständig vom Erblasser geleistet oder ihm teilweise im Sinne des § 172 Abs. 4 HGB zurückbezahlt worden, so haften die Erben für die noch ausstehende Restsumme unmittelbar.

Aus dieser persönlichen Haftung der Erben folgt, daß der Testamentsvollstrecker, der den Kommanditanteil verwaltet, die teilweise Rückzahlung der Einlage nur mit Zustimmung der Erben veranlassen kann.

In diesem Sinne kann der Testamentsvollstrecker auch keine Maßnahmen der Kapitalerhöhung in Form der Erhöhung der Einlage selbständig treffen, sondern hat auch hier die Zustimmung der Erben einzuholen.

13.3 Die Zulässigkeit einer Testamentsvollstreckung an Kapitalgesellschaftsbeteiligungen

Demgegenüber ist die Verwaltungstestamentsvollstreckung an Beteiligungen an einer Kapitalgesellschaft uneingeschränkt zulässig und somit für den Erblasser am einfachsten zu verwirklichen.

Diese Fremdverwaltung ist von Seiten der anderen Mitgesellschafter nicht zustimmungspflichtig. Bei mehreren Erben wird beispielsweise der im

Nachlaß befindliche Gesellschaftsanteil einer GmbH gemäß §§ 18 Abs. 3 Satz 2 GmbHG, 2032 Abs. 1 BGB gemeinschaftliches Vermögen aller Miterben.

Gemäß § 18 Abs. 1 GmbHG können sie die Rechte aus dem Geschäftsanteil nur gemeinsam ausüben. Nimmt ein Testamentsvollstrecker diese Handlungen für die Erben vor, so ist er als deren gemeinschaftlicher Vertreter kraft Amtes anzusehen.

Bei einer *GmbH & Co. KG* ist jedoch zu beachten, daß hinsichtlich des Kommanditanteils die oben dargestellten Einschränkungen bezüglich der Anordnung einer Testamentsvollstreckung gelten.

14 Der Erbschein

Nach dem Tod des Erblassers kann es aus vielerlei Gründen für die Erben notwendig sein, hinsichtlich des Nachlasses Sicherungsmaßnahmen einzuleiten. Auch kann beispielsweise die überlebende Ehefrau des Erblassers, um ihren täglichen Lebensunterhalt bestreiten zu können, darauf angewiesen sein, auf einzelne Nachlaßwerte zurückzugreifen.

Da jedoch zum Zeitpunkt des Erbfalls die legitimierenden Urkunden hinsichtlich der einzelnen Nachlaßwerte, wie beispielsweise Sparbücher, Verträge oder auch das Grundbuch, ausschließlich auf den Erblasser ausgestellt sein dürften, ist dem oder den Erben daran gelegen, sich für den Rechtsverkehr hinsichtlich der Nachlaßgegenstände zu legitimieren.

Hat der Erblasser nicht die Möglichkeit einer *transmortalen oder postmortalen Vollmacht* zugunsten des Erben genutzt, wird dieser sich um einen Erbschein bemühen müssen, um im Hinblick auf den Nachlaß rechtsgeschäftlich tätig werden zu können.

Der Erbschein wird in einem besonderen Verfahren vor dem Nachlaßgericht ausgestellt. Die Ausstellung erfolgt auf Antrag unter Einreichung verschiedener, die Erbberechtigung des Antragenden nachweisender Belege.

Begriff und Inhalt eines Erbscheins
Gemäß § 2353 BGB stellt der Erbschein *ein Zeugnis des Nachlaßgerichts über das Erbrecht des Erben* dar.

Der Erbschein beinhaltet folglich das *Erbrecht* sowie die *Größe des Erbteils*, wenn derjenige Erbe, der das Zeugnis beantragt hat, nur zu einem Teil der Erbschaft berufen ist.

Des weiteren ist im Erbschein gemäß § 2363 BGB für den Fall einer vom Erblasser angeordneten Vor- und Nacherbschaft anzugeben, unter welchen Voraussetzungen die Nacherbfolge eintreten soll und wer Nacherbe ist.

Hat der Erblasser den Nacherben auf dasjenige eingesetzt, was von der Erbschaft beim Eintritt des Nacherbfalls übrig sein wird, oder hat er bestimmt, daß der Vorerbe zur freien Verfügung über die Erbschaft berechtigt sein soll (sog. *befreiter Vorerbe*), so ist auch dies in den Erbschein aufzunehmen. Hat der Erblasser einen Testamentsvollstrecker ernannt, so ist auch die Ernennung gemäß § 2364 BGB im Erbschein anzugeben.

Das Antragsverfahren und die Erteilung des Erbscheins

Der Erbschein ist gemäß § 2353 BGB beim Nachlaßgericht zu beantragen. Je nachdem, ob die gesetzliche Erbfolge oder die gewillkürte Erbfolge gilt, wird er vom Rechtspfleger oder vom Richter ausgestellt.

Antragsberechtigt ist gemäß § 2353 BGB zunächst der Erbe. Gemäß § 2357 Abs. 1 Satz 2 BGB kann der Antrag für einen gemeinschaftlichen Erbschein auch von jedem Miterben gestellt werden.

Der Vorerbe hat gemäß § 2363 BGB das Recht, sich einen Erbschein erteilen zu lassen. Dieses Recht steht ihm jedoch nur bis zum Eintritt des Nacherbfalls zu. Der Nacherbe ist gemäß § 2363 Abs. 2 BGB berechtigt, die Rechte eines wirklichen Erben auszuüben und kann demzufolge vom Besitzer eines unrichtigen Erbscheins die Herausgabe an das Nachlaßgericht verlangen, um seine eigene Rechtsposition zu schützen.

Gemäß § 792 ZPO kann auch der *Gläubiger des Erben* zum Zweck der Zwangsvollstreckung einen Erbschein anstelle des Erben beantragen. Dasselbe Recht steht ihm gemäß § 896 ZPO zu, wenn er einen Erbschein benötigt, um aufgrund eines Urteils, das eine Willenserklärung des Erben ersetzt, eine Eintragung in ein öffentliches Buch oder Register vornehmen zu können.

Schließlich sind auch der Testamentsvollstrecker, der Nachlaßverwalter und der Nachlaßkonkursverwalter antragsberechtigt, da sie den Nachlaß für den oder die Erben verwalten und den Erbschein als Legitimation für den Rechtsverkehr benötigen.

Der Antrag auf Erteilung des Erbscheins muß gemäß §§ 2354 bis 2357 BGB folgendes beinhalten:
- den Todeszeitpunkt des Erblassers
- das Verhältnis, auf dem das Erbrecht beruht
- die noch lebenden oder bereits verstorbenen Personen, durch die der Antragende von der Erbfolge ausgeschlossen oder durch die sein Erbteil gemindert werden würde
- ob und welche Verfügungen des Erblassers von Todes wegen vorhanden sind
- ob ein Rechtsstreit über das Erbrecht des Antragenden anhängig ist.

Erachtet es das Nachlaßgericht für erforderlich, daß der Antragende vor einem Notar oder vor Gericht an Eides Statt versichert, daß ihm nichts bekannt ist, was der Richtigkeit seiner Angaben entgegensteht, so hat sich die eidesstattliche Versicherung gemäß § 2356 Abs. 2 BGB auch darauf zu erstrecken, daß der Erblasser zum Zeitpunkt seines Todes im gesetzlichen Güterstand der Zugewinngemeinschaft gelebt hat, falls die Ehegatten nicht einen anderen Güterstand vereinbart hatten.

Nach Einreichen des Antrags auf Erteilung eines Erbscheins hat das Nachlaßgericht gemäß § 2358 BGB unter Benutzung der von dem Antragsteller angegebenen Beweismittel von Amts wegen die zur Feststellung der Tatsachen erforderlichen Ermittlungen einzuleiten und die geeignet erscheinenden Beweise aufzunehmen.

Für den Fall, daß ein Rechtsstreit über das Erbrecht des Antragstellers anhängig ist, wird gemäß § 2360 BGB vor der Erteilung des Erbscheins der Gegner des Antragstellers angehört.

Erachtet das Nachlaßgericht die zur Begründung des Antrags erforderlichen Tatsachen schließlich für festgestellt, so hat es den Erbschein gemäß § 2359 BGB zu erteilen.

Arten des Erbscheins
Ist der Antragsteller Alleinerbe, so erteilt ihm das Nachlaßgericht gemäß § 2353 1. Alternative BGB einen Erbschein, der ihn als alleinigen Erben ausweist. Hat der Erblasser den antragstellenden Erben nur für einen Teil der Erbschaft als Erben berufen, so wird ihm vom Nachlaßgericht gemäß § 2353 2. Alternative BGB auch nur ein *Teilerbschein* hinsichtlich des ihm zugewiesenen Erbteils ausgestellt.

Sind mehrere Erben vorhanden, so ist auf Antrag eines Miterben gemäß § 2357 Abs. 1 BGB ein *gemeinschaftlicher Erbschein* zu erteilen, in dem die jeweiligen Erbteile zu vermerken sind.

Wollen mehrere Erben, die einen Teilerbschein ausgestellt erhalten haben, ihre Erbscheine in einer Urkunde zusammenfassen lassen, so kann das Nachlaßgericht auch einen *Gruppenerbschein* erteilen.

Schließlich ist noch der *gegenständlich beschränkte Erbschein* im Sinne des § 2369 BGB zu nennen, der für diejenigen Gegenstände verlangt werden kann, die sich im Inland befinden, für die es aber an einem zur Erteilung des Erbscheins zuständigen deutschen Nachlaßgericht fehlt.

Rechtliche Wirkungen des Erbscheins
Da der Erbschein vor allem dazu dienen soll, den Erben im Rechtsverkehr zu legitimieren, schafft er für denjenigen, der zu Unrecht im Erbschein als Erbe eingetragen wurde, keine Erbenstellung. Gemäß § 2365 BGB wird lediglich zugunsten desjenigen, der in einem Erbschein als Erbe bezeichnet ist, vermutet, daß ihm das in dem Erbschein angegebene Recht zusteht und er nicht durch andere als die angegebenen Anordnungen beschränkt ist.

Diese durch den Erbschein begründeten Vermutungen hinsichtlich der Erbenstellung und des Erbrechts sind zwar widerlegbar – bis zum Beweis darüber, daß der Erbschein unrichtig ist, wird aber von seiner Richtigkeit ausgegangen, was vor allem für den Rechtsverkehr von besonderer Bedeutung ist: Gemäß § 2366 BGB gilt demzufolge zugunsten eines gutgläubigen Dritten, der von demjenigen, der in einem Erbschein als Erbe bezeichnet ist, durch Rechtsgeschäft einen Erbschaftsgegenstand, ein Recht an einem solchen Gegenstand oder die Befreiung von einem zur Erbschaft gehörenden Recht erwirbt, der Inhalt des Erbscheins als richtig (sog. öffentlicher Glaube des Erbscheins).

Der Dritte kann sich hingegen nicht auf den öffentlichen Glauben des Erbscheins berufen, wenn er Kenntnis davon hat, daß der Erbschein unrichtig ist oder er weiß, daß das Nachlaßgericht den Erbschein wegen der Unrichtigkeit zurückverlangt.

> **Beispiel:**
>
> Karl Seiler verstirbt und hinterläßt seinem Sohn Alexander u.a. einige wertvolle Bücher. Alexander, der auf seinen Antrag hin einen Erbschein erhalten hat, veräußert die Bücher unter Vorlage des Erbscheins an Fritz Mannebach.
>
> Stellt sich danach heraus, daß Karl Seiler nicht seinen Sohn Alexander als seinen einzigen gesetzlichen Erben zum Alleinerben berufen hat, sondern testamentarisch seinen alten Freund Walter Dieckmann als alleinigen Erben eingesetzt hat, so daß Alexander nur der Pflichtteilsanspruch verbleibt, dann hat Fritz Mannebach gemäß §§ 929, 2366 BGB trotzdem das Eigentum an den Büchern erworben.
>
> Die Erklärung: Zugunsten des Fritz Mannebach wird davon ausgegangen, daß er die Bücher vom wirklichen Erben erworben hat. Wußte er hingegen von der testamentarischen Einsetzung des Walter Dieckmann als Alleinerben des Karl Seiler, dann war er beim Kauf der Bücher hinsichtlich der Berechtigung des Alexander Seiler *bösgläubig* und hat somit kein Eigentum an den Büchern erworben.

> **Beispiel:**
>
> Karl Seiler ist Eigentümer eines Grundstücks und als solcher auch im Grundbuch eingetragen. Als er verstirbt, läßt sich sein Sohn Alexander einen Erbschein ausstellen und in das Grundbuch als Eigentümer ein-

tragen. Anschließend veräußert er das Grundstück an Fritz Mannebach, der dann ins Grundbuch eingetragen wird.

Als später aufgrund eines aufgefundenen Testaments der von Karl Seiler als Alleinerbe eingesetzte Walter Dieckmann vom Verkauf des Grundstücks erfährt, verlangt er von Fritz Mannebach, der hinsichtlich der Berechtigung des Alexander Seiler gutgläubig war und zwischenzeitlich eben selbst ins Grundbuch eingetragen wurde, Grundbuchberichtigung gemäß § 894 BGB.

Hier hat Fritz Mannebach gemäß §§ 873, 925, 892 BGB das Eigentum am Grundstück erworben, ohne daß es auf den öffentlichen Glauben des Erbscheins im Sinne des § 2366 BGB ankommt. Walter Dieckmann hat somit keinen Anspruch auf Berichtigung des Grundbuchs.

Hinweis:
Befindet sich im Nachlaß ein Grundstück, so ist für die Eintragung des Erben in das Grundbuch gemäß § 35 Abs. 1 Satz 1 der Grundbuchordnung grundsätzlich der Nachweis der Erbfolge durch einen Erbschein zu führen.

Ausnahmsweise genügt jedoch gemäß § 35 Abs. 1 Satz 2 der Grundbuchordnung anstelle des Erbscheins die Vorlage einer Verfügung von Todes wegen und die Niederschrift über die Eröffnung dieser Verfügung, wenn die Erbfolge auf einer Verfügung von Todes wegen (Testament oder Erbvertrag) beruht.

Andererseits erleichtert ein Erbschein gemäß § 40 der Grundbuchordnung für den Erben den unverzüglichen Verkauf eines Grundstücks insofern, als durch dessen Vorlage der Nachweis der Erbfolge erbracht wird und auf eine prinzipielle Voreintragung des Erben in das Grundbuch verzichtet wird.

Gemäß § 2367 BGB wird durch den öffentlichen Glauben des Erbscheins zudem derjenige geschützt, der aufgrund eines zur Erbschaft gehörenden Rechtes an den im Erbschein als Erben Bezeichneten eine Leistung bewirkt.

Beispiel:

Heinz Karlson hat seinem Freund Thomas Müller für dessen Geschäftssanierung ein Darlehen in Höhe von 100 000 DM gegeben. Dieses Darlehen sollte in jährlichen Raten von 5000 DM zurückgezahlt werden. Als Heinz Karlson verstirbt, hat Thomas Müller bereits 80 000 DM getilgt.

> Tobias Karlson hat sich als Sohn und gesetzlicher Erbe einen auf ihn lautenden Erbschein ausstellen lassen. Thomas Müller hat die restlichen Raten nach Vorlage des Erbscheins an Tobias Karlson gezahlt. Sechs Jahre nach dem Tod des Heinz Karlson wird ein Testament von ihm gefunden, in dem er seine ehemalige Lebensgefährtin Lisa Rosenau zu seiner Alleinerbin bestimmt hat.
>
> Die von Thomas Müller an Tobias Karlson erbrachten Restzahlungen sind trotzdem wirksam, da wegen § 2367 BGB zugunsten des Thomas Müller vermutet wird, daß er an den wirklichen Erben geleistet und somit seine Schulden getilgt hat.

Hinweis:
Der Erbschein wird gemäß § 2353 BGB durch das Nachlaßgericht ausgestellt. Ergibt sich nach der Ausstellung, daß der erteilte Erbschein unrichtig ist, so hat ihn das Nachlaßgericht gemäß § 2361 Abs. 1 BGB einzuziehen. Mit der Einziehung wird der Erbschein kraftlos.

Kann der Erbschein nicht sofort erlangt werden, dann hat ihn das Nachlaßgericht durch Beschluß für kraftlos zu erklären.

15 Erbrechtliche Regelungsmöglichkeiten im Bereich der Unternehmensnachfolge

Befindet sich im Nachlaß des Erblassers ein Unternehmen, so gehört die Regelung der Unternehmensnachfolge zu den vorrangigen Aufgaben, die der Erblasser im Rahmen einer Verfügung von Todes wegen zu treffen hat. Die Erfahrung zeigt es: Der durch den Erbfall bedingte Generationenwechsel in einem Unternehmen zieht häufig Konflikte zwischen den Abkömmlingen nach sich, die nur durch eine vorausschauende Nachfolgeplanung vermieden werden können.

Beabsichtigt der Inhaber eines Unternehmens bereits zu seinen Lebzeiten einen Generationswechsel in der Leitung seines Betriebes vorzunehmen, so sind bei einem solchen Vorhaben auch mögliche Generationskonflikte und Rivalitäten zwischen dem ausscheidenden Leiter des Unternehmens und seinem Nachfolger im Hinblick auf die zukünftige Unternehmenspolitik mit einzukalkulieren.

Gleichzeitig bietet eine zu Lebzeiten des Unternehmensinhabers vorgenommene Einbindung eines von ihm favorisierten Nachfolgers die Gewähr dafür, daß durch dessen frühzeitige Mitarbeit eine Identifikation schnell in die Wege geleitet wird und der ausscheidende Unternehmer trotz der Beschneidung seiner unternehmerischen Kompetenzen dem Ziel einer möglichst effizienten Unternehmensnachfolge ein Stück näher kommt.

Die Interessen eines Erblassers, der Inhaber eines Unternehmens ist, dürften zusammengefaßt darin liegen, den Erhalt seines Unternehmens möglichst langfristig zu sichern und die Unternehmensleitung bei einer Erbfolge innerhalb der eigenen Familie an den geeignetsten Abkömmling zu übergeben. Darüber hinaus geht es darum, die anderen Abkömmlinge und den überlebenden Ehegatten finanziell abzusichern sowie gleichzeitig den Kapitalabfluß aus dem Unternehmen durch eventuell zu zahlende Abfindungen möglichst gering zu halten.

In dem durch die Geltendmachung von Pflichtteilsansprüchen drohenden Kapitalabfluß liegt die Gefahr einer nachhaltigen Schwächung der Finanzkraft eines Unternehmens, so daß die erbrechtlichen Regelungen als nicht besonders mittelstandsfreundlich erscheinen.

Im folgenden sollen deshalb neben der Darstellung, wie sich der Tod eines Unternehmers in Abhängigkeit von der jeweiligen Rechtsform seines

Unternehmens auf dieses auswirkt, Regelungsmöglichkeiten aufgezeigt werden, die einerseits einem Liquiditätsverlust des Unternehmens vorbeugen sollen, andererseits aber auch das Ziel haben, die Absicherung naher Angehöriger sicherzustellen.

15.1 Die Fortführung eines Einzelunternehmens

Aus den §§ 22 Abs. 1, 27 Abs. 1 HGB folgt, daß ein einzelkaufmännisches Handelsgeschäft grundsätzlich eine im Wege der erbrechtlichen Vermögensnachfolge übertragbare Vermögenseinheit darstellt.

Gemäß § 22 Abs. 1 HGB kann derjenige, der ein bestehendes Handelsgeschäft von Todes wegen erwirbt, für das Geschäft die bisherige Firma mit oder ohne Beifügung eines das Nachfolgeverhältnis andeutenden Zusatzes fortführen.

Die Fortführung eines zum Nachlaß gehörenden Handelsgeschäfts durch den Erben führt jedoch gemäß § 27 Abs. 1 HGB dazu, daß er im Sinne des § 25 Abs. 1 HGB zunächst für alle im Betrieb des Handelsgeschäfts begründeten Verbindlichkeiten des früheren Inhabers haftet. Diese Haftung ist nicht auf den Nachlaß beschränkbar, so daß der Erbe auch mit seinem Eigenvermögen persönlich haftet.

Die handelsrechtliche Haftung des Erben hat folgende Voraussetzungen:
1. Das im Nachlaß befindliche Handelsgeschäft muß von einem Vollkaufmann geführt worden sein.
2. Das Handelsgeschäft muß unter der bisherigen Firma von dem Erben im Rechtsverkehr fortgeführt worden sein.

Hinweis:
Gemäß § 27 Abs. 1 in Verbindung mit § 25 Abs. 3 HGB trifft den das Handelsgeschäft übernehmenden Erbe die unbeschränkte persönliche Haftung für Altverbindlichkeiten auch dann, wenn er zwar die Firma nicht fortführt, aber ein besonderer Verpflichtungsgrund vorliegt, insbesondere wenn die Übernahme der Verbindlichkeiten in handelsüblicher Weise vom Erwerber bekanntgemacht worden ist.

Es kommt somit für den das Handelsgeschäft im Wege der Erbfolge übernehmenden Erben hinsichtlich seiner Haftung für vom Erblasser begründete Geschäftsverbindlichkeiten zu einem Nebeneinander seiner erbrechtlichen Haftung gemäß § 1967 BGB und der ihn gemäß §§ 27 Abs. 1, 25 Abs. 1 HGB treffenden handelsrechtlichen Erbenhaftung.

Die unbeschränkte erbrechtliche Haftung für die unternehmensbezogenen Altverbindlichkeiten, die als Erblasserschulden Nachlaßverbindlichkeiten im Sinne des § 1967 BGB darstellen, kann der Erbe gemäß §§ 1975 ff. BGB auf den Nachlaß beschränken.

Alternativ kann der Erbe die Erbschaft gemäß §§ 1942 ff. BGB auch ausschlagen, um sich der Haftung gänzlich zu entziehen. Ist er gesetzlicher Erbe, so verbleibt ihm dann sein Pflichtteilsanspruch.

Seine unbeschränkte handelsrechtliche Haftung kann der Unternehmenserbe auf folgende Weise ausschließen:

- Die Fortführung des Geschäfts wird innerhalb von drei Monaten, nachdem der Erbe von dem Anfall der Erbschaft Kenntnis erlangt hat, gemäß § 27 Abs. 2 HGB eingestellt. Es muß mithin eine völlige Aufgabe des Handelsgeschäfts vorliegen.

  Dafür ist es nicht allein ausreichend, daß der Unternehmenserbe seine unternehmerischen Aktivitäten hinsichtlich des von ihm geführten Handelsgeschäfts einstellt. Vielmehr muß das Geschäft selbst eingestellt werden, so daß demzufolge auch nicht die Veräußerung oder Verpachtung an einen Dritten ausreichend ist.

  In diesem Sinne genügt auch nicht die Fortführung des Handelsgeschäfts innerhalb einer neuen Handelsgesellschaft durch den Erben.
- Der Erbe läßt die Haftungsbeschränkung auf den Nachlaß entsprechend § 25 Abs. 2 HGB in das Handelsregister eintragen und bekanntmachen oder er teilt sie dem Dritten mit.
- Schlägt der Unternehmenserbe die Erbschaft gemäß §§ 1942 ff. BGB innerhalb der vorgesehenen Frist aus, so gilt ihm gegenüber gemäß § 1953 Abs. 1 BGB der Anfall der Erbschaft als nie erfolgt, so daß er auch nicht für die Altverbindlichkeiten des Erblassers haften muß.

Hinweis:
Nach Einstellung des Handelsgeschäfts haftet der Unternehmenserbe nach den erbrechtlichen Vorschriften der §§ 1967 ff. BGB für die Altverbindlichkeiten, also zunächst unbeschränkt, aber beschränkbar.

Hinterläßt der Erblasser mehrere Erben, so ist anerkannt, daß gemäß §§ 1922, 2032 BGB das im Nachlaß befindliche einzelkaufmännische Unternehmen im Wege der Universalsukzession auf die Erbengemeinschaft übergeht und somit zu deren gemeinschaftlichen Eigentum gehört.

Demzufolge kann das Handelsgeschäft auch grundsätzlich durch die Erbengemeinschaft als Unternehmensträger zeitlich unbegrenzt fortgeführt werden, ohne daß deswegen gesellschaftsrechtliche Regeln zwischen den Miterben Anwendung finden müßten. Da die Erbengemeinschaft jedoch auf die Liquidierung des Nachlasses und somit auf Auseinandersetzung ausgerichtet ist, erscheint eine über längere Zeit angelegte Fortführung des Handelsgeschäfts durch die Miterbengemeinschaft als nicht sachgerecht.

Aus folgenden Gründen wäre es vielmehr ratsam, die Erbengemeinschaft in eine Personengesellschaft umzuwandeln, was den Abschluß eines Gesellschaftsvertrags erforderlich machen würde:

- Die Miterben haften unbeschränkt für die vom Erblasser begründeten Geschäftsverbindlichkeiten gemäß §27 Abs.1 in Verbindung mit §25 Abs.1 HGB, wenn sie das Handelsgeschäft des Erblassers unter der bisherigen Firma fortführen. Für eine Beschränkung ihrer Haftung für diese Altverbindlichkeiten müssen die oben genannten Schritte eingeleitet werden.

  Führt die Erbengemeinschaft jedoch über die in §27 Abs.2 HGB genannte Frist von drei Monaten nach Kenntnis aller Miterben vom Anfall der Erbschaft das Handelsgeschäft weiter, so haften die Miterben sowohl für die Altverbindlichkeiten als auch für neu begründeten Geschäftsverbindlichkeiten im Rahmen der Verwaltung des Handelsgeschäfts unbeschränkt persönlich. Eine solche unbeschränkte persönliche Haftung ließe sich durch die Vereinbarung einer anderen Gesellschaftsform zumindest teilweise vermeiden.

- Hinsichtlich der *Vertretung* der Erbengemeinschaft im Rahmen ihrer unternehmerischen Tätigkeit gegenüber Dritten ist zunächst festzustellen, daß die Miterben einem von ihnen keine *Prokura* erteilen können, da niemand sein eigener Prokurist sein kann.

  Eine *Bevollmächtigung* eines Miterben durch die anderen ist hingegen möglich, so daß auf diesem Weg die Miterbengemeinschaft wirksam im Rechtsverkehr aktiv werden kann. Handelt der Miterbe im Namen der Miterbengemeinschaft, so wird diese verpflichtet.

  Auch dann, wenn der handelnde Miterbe seine Vertretungsmacht bei einem für die Erbengemeinschaft vorgenommenen Geschäft nicht offenlegt, wird diese bei einem *unternehmensbezogenen Geschäft*, das der Miterbe im Rahmen der Führung des Handelsgeschäfts unter einer Firma abgeschlossen hat, verpflichtet.

- Schließlich stellt sich für eine Erbengemeinschaft als Unternehmensträgerin dann noch ein besonderes Problem, wenn an ihr Minderjährige beteiligt sind.

  Nach dem Beschluß des Bundesverfassungsgerichts vom 13. 5. 1986 gebietet es das *allgemeine Persönlichkeitsrecht des minderjährigen Kindes* aus Art.1 Abs.1 in Verbindung mit Art.2 Abs.1 GG, die unbegrenzte Verpflichtung kraft elterlicher Vertretungsmacht für Geschäftsverbindlichkeiten bei der Fortführung eines ererbten Handelsgeschäfts in ungeteilter Erbengemeinschaft nicht zuzulassen.[6]

Das aus dem allgemeinen Persönlichkeitsrecht des minderjährigen Kindes folgende Selbstbestimmungsrecht wird tangiert, wenn Eltern ihre minderjährigen Kinder kraft der ihnen gemäß § 1629 Abs. 1 BGB zustehenden Vertretungsbefugnis uneingeschränkt verpflichten können.

Der Entscheidung des Bundesverfassungsgerichts lag folgender Sachverhalt zugrunde:

Ein Vater hatte als Inhaber eines einzelkaufmännischen Unternehmens dieses seiner Familie hinterlassen. Die Mutter hatte mit ihren beiden Töchtern das Unternehmen nach dem Tod ihres Ehemannes in ungeteilter Erbengemeinschaft weitergeführt und gegenüber den Gläubigern des Unternehmens eine Schuldanerkenntnis über 850 000 DM in eigenem Namen und im Namen der Kinder abgegeben.

Hinweis:
Die Fortführung eines Handelsgeschäfts durch einen Minderjähriger mit dem überlebenden Elternteil in fortgesetzter Erbengemeinschaft kann in gesetzlich zulässiger Weise dergestalt geschehen, daß der beteiligte Minderjährige wie ein Kommandist nur beschränkt mit seinem Erbe haftet. Dazu wäre der Abschluß eines Gesellschaftsvertrags erforderlich, der gemäß § 1643 Abs. 1 in Verbindung mit § 1822 Nr. 3 BGB der *vormundschaftlichen Genehmigung* bedarf.

In den Fällen, in denen der gesetzliche Vertreter selbst als Mitgesellschafter beteiligt sein soll, ist dem Minderjährigen zudem ein *Ergänzungspfleger* im Sinne des § 1909 Abs. 1 BGB zuzuordnen, da die Eltern oder der Vormund gemäß §§ 1629 Abs. 2, 1795 Abs. 2, 181 BGB nicht als gesetzliche Vertreter des Kindes in dessen Namen mit sich selbst Geschäfte abschließen können, die wie hier die Gründung einer Gesellschaft betreffen.

15.2 Die Nachfolge in Personengesellschaftbeteiligungen

Eine Personengesellschaft wird wie gesehen vor allem dadurch geprägt, daß zwischen den einzelnen Gesellschaftern ein außerordentliches Vertrauensverhältnis besteht. Auch das Verhältnis zu Dritten ist bei Offenen Handelsgesellschaften wegen der unbeschränkten Haftung aller Gesellschafter durch eine besondere Kreditwürdigkeit gekennzeichnet.

---

6 BVerfGE 72, 155.

Dieses Vertrauen basiert im Verhältnis der Gesellschafter zueinander auf der berechtigten Vermutung jedes Gesellschafters, daß er nur mit allen anderen Gesellschaftern zusammen gleichsam als Arbeits- und Haftungsgemeinschaft an der Verwirklichung des Gesellschaftszwecks entsprechend dem Gesellschaftsvertrag mitzuwirken verpflichtet und berechtigt ist. Deswegen bestimmen die §§ 727 Abs. 1 BGB, 131 Nr. 4 HGB, daß die Gesellschaft im Falle einer Gesellschaft bürgerlichen Rechts oder einer Offenen Handelsgesellschaft durch den Tod eines Gesellschafters aufgelöst wird, was gemäß §§ 161 Abs. 2, 131 Nr. 4 HGB auch für den Fall des Todes eines Komplementärs einer Kommanditgesellschaft gilt.

Dagegen hat der Tod eines Kommanditisten einer Kommanditgesellschaft gemäß § 177 HGB nicht die Auflösung der Gesellschaft zur Folge.

Die Rechtslage bei der Auflösung der Gesellschaft wegen Todes eines Gesellschafters

Ist im Gesellschaftsvertrag nichts anderes bestimmt, so löst sich die Gesellschaft beim Tod eines persönlich haftenden Gesellschafters gemäß §§ 727 BGB, 131 Nr. 4, 161 Abs. 2 HGB auf.

Diese Rechtsfolge tritt auch dann ein, wenn der verstorbene Gesellschafter im Rahmen einer letztwilligen Verfügung bestimmt hat, daß die Gesellschaft mit einem oder allen Erben fortgeführt werden soll, eine derartige Regelung aber im Gesellschaftsvertrag fehlt. Im Zweifel haben somit die gesellschaftsvertraglichen Regelungen Vorrang vor den letztwilligen Verfügungen eines verstorbenen Gesellschafters.

Die aufgelöste Gesellschaft ist aber nicht sofort beendet, sondern besteht zunächst als *Liquidationsgesellschaft* fort. Es folgt also ein Übergang aus einer dem Gesellschaftszweck gewidmeten Tätigkeit der Gesellschafter in deren Auseinandersetzung untereinander. Erst nach ihrer Auseinandersetzung erlischt die Gesellschaft.

Gemäß § 143 Abs. 1 HGB ist die Auflösung der Gesellschaft von sämtlichen Gesellschaftern, also auch von den Erben des verstorbenen Gesellschafters, zur Eintragung in das Handelsregister anzumelden. Stehen der Mitwirkung der Erben des verstorbenen Gesellschafters bei der Anmeldung der Auflösung der Gesellschaft besondere Hindernisse entgegen, so kann die Eintragung auch ohne ihre Mitwirkung gemäß § 143 Abs. 3 HGB erfolgen.

Die nach der Auflösung der Gesellschaft gemäß § 145 Abs. 1 HGB stattfindende Liquidation erfolgt durch sämtliche Gesellschafter und Erben des verstorbenen Gesellschafters als Liquidatoren, soweit nicht von den Gesellschaftern eine andere Art der Auseinandersetzung, beispielsweise die Liquidation durch gesellschaftsfremde Personen, vereinbart wurde.

Da die Rechtsposition, die dem verstorbenen Gesellschafter innerhalb einer Liquidationsgesellschaft zukommen würde, Teil seines Nachlasses ist, steht sie einer Erbengemeinschaft gesamthänderisch zu. Tritt eine Erbengemeinschaft in eine Liquidationsgesellschaft ein, so hat sie jedoch gemäß § 146 Abs. 1 Satz 2 HGB einen gemeinsamen Vertreter zu bestellen.

Die Liquidatoren sind von sämtlichen Gesellschaftern, mithin auch von den Erben, gemäß § 148 Abs. 1 Satz 1 HGB zur Eintragung in das Handelsregister anzumelden. Dabei ist derjenige Miterbe, der die Erbengemeinschaft als gemeinsamer Vertreter vertritt, selbst Liquidator, und nicht die hinter ihm stehende Erbengemeinschaft. Demzufolge ist er auch im Handelsregister als Liquidator einzutragen, und damit treffen ihn auch die aus § 149 HGB folgenden Rechte und Pflichten. So hat er beispielsweise die laufenden Geschäfte zu beendigen, die Forderungen einzuziehen, das übrige Vermögen in Geld umzusetzen und die Gläubiger der Gesellschaft zu befriedigen.

Hinweis:
Die Erben können nach den allgemeinen erbrechtlichen Grundsätzen der §§ 1973, 1975 ff. BGB ihre Haftung für die Nachlaßverbindlichkeiten und damit für die Geschäftsverbindlichkeiten beschränken.

Nach Beendigung der Liquidation ist gemäß § 157 HGB das Erlöschen der Firma von den Liquidatoren zur Eintragung in das Handelsregister anzumelden.

Gesellschaftsvertragliche Regelungsmöglichkeiten zur Fortsetzung der Gesellschaft

Die Existenz einer Gesellschaft hängt regelmäßig nicht derart von der Persönlichkeit eines Gesellschafters ab, daß diese mit dessen Tod nicht mehr in der bisherigen Form weiter existieren könnte. Vielmehr dürfte häufig die Gesellschaft die Existenzgrundlage der überlebenden Gesellschafter bilden. In diesem Sinne liegt es grundsätzlich in deren Interesse, die Gesellschaft nicht zu liquidieren und damit erhebliche Vermögenswerte zu zerschlagen, sondern sie weiterzuführen.

Demzufolge sehen die §§ 727 BGB, 131 Nr. 4 HGB auch vor, daß der Tod eines Gesellschafters nur dann einen Auflösungsgrund für die Gesellschaft darstellen soll, soweit der Gesellschaftsvertrag nicht anderes bestimmt. Es liegt also im Ermessen der Gesellschafter, ob und wie sie für den Fall des Versterbens einer der Gesellschafter die Fortführung der Gesellschaft gesellschaftsvertraglich regeln.

Sieht der Gesellschaftsvertrag eine Fortführung der Gesellschaft auch nach dem Tod eines Gesellschafters vor, so rücken die Erben des verstorbenen

Gesellschafters nur in dessen Gesellschafterstellung ein, wenn dies gesellschaftsvertraglich so vorgesehen ist. Dies bedeutet zugleich, daß die gesellschaftsvertraglichen Regelungen den erbrechtlichen Bestimmungen vorgehen. Dadurch wird der Weg für eine sog. *Sonderrechtsnachfolge* in die Personengesellschaftsbeteiligung eröffnet.

Bei der Konzeption der gesellschaftsvertraglichen Nachfolgeregelungen sollten folgende Problemfelder bedacht werden:

- Befindet sich die Beteiligung an einer Personengesellschaft im Nachlaß eines Erblassers, so tritt für den Fall der Fortführung der Personengesellschaft trotz des Versterbens des Gesellschafters die schon bei der Fortführung eines einzelkaufmännischen Unternehmens angesprochene haftungsrechtliche Problematik auf, wie sich die grundsätzlich unbeschränkte handelsrechtliche Haftung des Gesellschafters (Ausnahme: Kommanditist) und die zunächst unbeschränkte, aber beschränkbare erbrechtliche Haftung des Erben vereinbaren lassen.
- Hinterläßt der verstorbene Gesellschafter mehrere Erben, so ist ein Ausgleich zwischen der berechtigten Erwartung eines jeden Erben, in die Gesellschafterstellung einzurücken, und den Interessen der verbliebenen Gesellschafter an einer größtmöglichen personellen Kontinuität vorzunehmen.

Um den damit verbundenen Anforderungen an eine gesellschaftsvertragliche Regelung, die inhaltlich die Fortsetzung der Gesellschaft im Fall des Todes eines Gesellschafters näher ausgestalten soll, gerecht zu werden, bieten sich im wesentlichen folgende Möglichkeiten an:

- Die Gesellschaft wird allein durch die verbleibenden Gesellschafter fortgeführt (Fortsetzungsklausel).
- Die Gesellschaft wird mit allen Erben fortgeführt (einfache Nachfolgeklausel).
- Die Gesellschaft wird nur mit einzelnen oder einem bestimmten Erben fortgeführt (qualifizierte Nachfolgeklausel).
- Die Gesellschaft wird mit den verbleibenden Gesellschaftern fortgeführt, es besteht aber ein Eintrittsrecht für einen Dritten oder einen bestimmten Erben (Eintrittsklausel).
- Dem zukünftigen Erben wird schon zu Lebzeiten des Erblassers dessen Gesellschaftsanteil aufschiebend bedingt übertragen. Als Zeitpunkt des Bedingungseintritts und damit des Übergangs des Gesellschaftsanteils auf den Erben wird der Tod des Gesellschafters vereinbart. Der Übergang der Beteiligung erfolgt somit noch durch ein Rechtsgeschäft unter Lebenden (rechtsgeschäftliche Nachfolgeregelung).

Im folgenden sollen die Möglichkeiten der Weiterführung einer Gesellschaft im einzelnen dargestellt werden:

Fortsetzungsklausel
Der Gesellschaftsvertrag kann die Regelung enthalten, daß im Fall des Todes eines Gesellschafters die Gesellschaft unter den verbleibenden Gesellschaftern fortgeführt wird. Eine solche Fortsetzungsmöglichkeit ist in den §§ 736 BGB, 138 HGB ausdrücklich vorgesehen.

> **Beispiel:**
>
> Der Gesellschaftsvertrag der Rabenstein-OHG enthält u. a. folgende Regelung:
> »Für den Fall, daß ein Gesellschafter verstirbt, wird die Gesellschaft nicht aufgelöst, sondern unter den verbleibenden Gesellschaftern fortgeführt, ohne daß die Erben des verstorbenen Gesellschafters berechtigt sind, in dessen Stellung nachzufolgen.«

Eine solche Fortsetzungsklausel hat folgende rechtliche Auswirkungen:
- Der Gesellschaftsanteil des ausscheidenden Gesellschafters am Gesellschaftsvermögen wächst gemäß §§ 105 Abs. 2 HGB, 738 Abs. 1 Satz 1 BGB den anderen Gesellschaftern an.
- Die verbleibenden Gesellschafter sind gemäß §§ 105 Abs. 2 HGB, 738 Abs. 1 Satz 2 BGB verpflichtet, den oder die Erben des verstorbenen Gesellschafters von den Gesellschaftsverbindlichkeiten zu befreien und ihm bzw. ihnen das zu zahlen, was der verstorbene Gesellschafter im Fall einer Auflösung der Gesellschaft bei der Auseinandersetzung erhalten hätte (sog. Abfindung). Dieser Abfindungsanspruch fällt in den Nachlaß und steht einer Erbengemeinschaft gesamthänderisch zur Verfügung.

Ein *Motiv* für die gesellschaftsvertragliche Vereinbarung einer Fortsetzungsklausel kann für die Gesellschafter darin bestehen, daß sie nicht gewillt sind, mit den ihnen unbekannten Erben des verstorbenen Gesellschafters in einer Arbeits- und Haftungsgemeinschaft zusammenzuarbeiten. Ein derartiger Ausschluß der Erben von der Gesellschafternachfolge und ihr damit regelmäßig verbundener Abfindungsanspruch können jedoch zu einer wirtschaftlichen Auszehrung der Gesellschaft führen. Um diesen Kapitalabfluß zu vermeiden, kann ein Abfindungsanspruch auch beschränkt oder gänzlich ausgeschlossen werden.

- Ist im Gesellschaftsvertrag für den Fall des Todes eines Gesellschafters vorgesehen, *keine Abfindung* an die Erben des verstorbenen Gesellschafters zu zahlen, so liegt ein *entgeltliches Geschäft unter Lebenden* mit einer auf den Tod bedingten Verfügung über den Gesellschaftsanteil vor.

  Jeder Gesellschafter erhält die Möglichkeit, die Anteile der übrigen Gesellschafter zu erwerben. Seine Gegenleistung besteht darin, im Fall seines Todes seinen Gesellschaftsanteil zu verlieren und diesen nicht auf seine Erben übertragen zu können. Wird eine derartige Regelung von allen Gesellschaftern getroffen, so geht im Zeitpunkt des Todes der Anteil des verstorbenen Gesellschafters auf die übrigen Gesellschafter über und wächst diesen an. Sein Nachlaß enthält dann weder die Beteiligung an der Gesellschaft noch einen Abfindungsanspruch gegen die verbleibenden Gesellschafter.

  Da es sich um ein lebzeitiges entgeltliches Rechtsgeschäft des verstorbenen Gesellschafters gehandelt hat, stehen dessen Erben und den Pflichtteilsberechtigten auch keine Ergänzungsansprüche gemäß §§ 2325, 2326 BGB zu. Auf diese Weise umgeht man der Gefahr einer wirtschaftlichen Auszehrung der Gesellschaft für den Fall der Geltendmachung derartiger Ansprüche.

- Wird von den Gesellschaftern die Zahlung einer Abfindung für die nicht in die Gesellschaft eintretenden Erben eines verstorbenen Gesellschafters nicht ausgeschlossen, so kann die *Höhe* einer in diesem Fall zu zahlenden Summe aber *beschränkt werden*.

  Vereinbaren die Gesellschafter, daß sich die Höhe der Abfindungssumme an dem Wert des Gesellschaftsvermögens orientiert, wie sich dieser anhand der letzten Jahresbilanz der Gesellschaft darstellt, so liegt in dieser gesellschaftsvertraglichen Regelung eine sog. *Buchwertklausel*. Bei dieser Wertermittlung des Gesellschaftsvermögens und damit auch des Anteils des verstorbenen Gesellschafters werden durch steuerliche Abschreibungen oder durch andere Umstände gebildete stille Reserven der Gesellschaft nicht erfaßt, so daß eine Abfindungssumme nicht anteilig vom vollen Firmenwert gezahlt wird.

- Bei einer gesellschaftsvertraglich vereinbarten Zahlung einer Abfindungssumme für die Erben eines verstorbenen Gesellschafters sollte zudem eine mit dem Tod des Gesellschafters einsetzende Fälligkeit der Abfindungssumme vermieden und eine *ratenweise Zahlung* zur Wahrung der Liquidität des Unternehmens vereinbart werden.

Hinweis:
Vereinbaren die Gesellschafter hingegen, daß nur beim Tod eines bestimmten Gesellschafters die Zahlung einer Abfindung an dessen Erben ausgeschlossen sein soll, so liegt zugunsten der übrigen Gesellschafter ein unentgeltliches Geschäft vor, das im Fall des Todes dieses Gesellschafters Ergänzungsansprüche der Erben und Pflichtteilsberechtigten des verstorbenen Gesellschafters nach sich ziehen kann.

Einfache Nachfolgeklausel
Ist gesellschaftsvertraglich vereinbart, daß die Gesellschaft im Fall des Todes eines Gesellschafters mit allen Erben des verstorbenen Gesellschafters fortgeführt werden soll, so liegt eine einfache Nachfolgeklausel vor. Sie entspricht der gesetzlichen Wertung, die in § 177 HGB beim Tod eines Kommanditisten zum Ausdruck kommt, da in diesem Fall die Gesellschaft bereits von Gesetzes wegen nicht aufgelöst wird. Eine solche Klausel könnte beispielsweise lauten:
»*Beim Tod eines Gesellschafters wird die Gesellschaft nicht aufgelöst. Nachfolger des verstorbenen Gesellschafters werden die von ihm durch eine Verfügung von Todes wegen berufenen Erben oder bei gesetzlicher Erbfolge seine gesetzlichen Erben.*«

Durch diese gesellschaftsvertragliche Klausel rückt der Erbe eines verstorbenen Gesellschafters jedoch noch nicht in dessen Stellung ein. Vielmehr bewirkt die Klausel zunächst nur, daß der Gesellschaftsanteil überhaupt vererblich gestellt wird, so daß die Beteiligung beim Tod des Gesellschafters in dessen Nachlaß fällt.

Die Nachfolge in die Gesellschafterstellung richtet sich demzufolge allein nach denjenigen letztwilligen Verfügungen, die der verstorbene Gesellschafter getroffen hat, bzw. im Fall des Fehlens einer Verfügung von Todes wegen nach der gesetzlichen Erbfolge.

Daraus folgt, daß selbst eine im Gesellschaftsvertrag vorgenommene namentliche Nennung derjenigen Personen, die im Fall des Todes in die vakante Gesellschafterstellung einrücken sollen, dann nicht diesen Begünstigten die Nachfolge in die Gesellschaft sichert, wenn sie nach der letztwilligen Verfügung des Erblassers nicht zu dessen Erben gehören.

Beispiel:

Heinz Schröder ist Gesellschafter einer Offenen Handelsgesellschaft. In einem Gesellschaftsvertrag hat er mit den Mitgesellschaftern u. a. vereinbart, daß im Fall seines Todes seine beiden Söhne und seine Ehefrau Clara als seine gesetzlichen Erben in seine Gesellschafterstellung zu je ein Drittel nachfolgen sollen, was auch derjenigen Regelung entsprach, die Heinz Schröder in seinem Testament getroffen hat.

Nach einigen Jahren kommt es jedoch zwischen Heinz Schröder und seinen Söhnen zu einem heftigen Streit, in dessen Folge er ein neues Testament errichtet, das seine Frau Clara als seine Alleinerbin vorsieht.

Nach dem Tod ihres Vaters fordern die Söhne die Nachfolge in die Gesellschaftsbeteiligung ihres Vaters entsprechend der im Gesellschaftsvertrag benannten Höhe. Da sie jedoch testamentarisch enterbt wurden, scheitert ihre unmittelbare Nachfolge.

Rückt von mehreren gesellschaftsvertraglich vorgesehenen Nachfolgern letztlich nur einer – in unserem Fall die Witwe Clara Schröder – in die Gesellschafterstellung des verstorbenen Gesellschafters ein, so haben die anderen keinen Abfindungsanspruch gegen die Gesellschaft.

Jedoch stehen den testamentarisch übergangenen Söhnen Pflichtteilsansprüche gegen ihre in die Gesellschafterstellung ihres Vaters eingerückte Mutter zu. Da der Gesellschaftsanteil zum Nachlaß gehört, ist er mit seinem vollen Wert bei der Berechnung des Pflichtteils zu berücksichtigen.

Da der Gesellschaftsanteil des verstorbenen Gesellschafters in dessen Nachlaß fällt, ist, je nachdem wieviele Personen ihn beerben, zwischen den folgenden beiden Konstellationen zu unterscheiden:

1) Wird der Gesellschafter nur von einem Alleinerben beerbt, so rückt dieser ohne Schwierigkeiten in die Stellung des verstorbenen Gesellschafters ein.

Das würde für den Fall einer Offenen Handelsgesellschaft bedeuten, daß der Erbe ohne weitere Erklärung die Stellung eines persönlich haftenden Gesellschafters einnehme und bei einer Kommanditgesellschaft als Komplementär fungieren würde. Dies wäre für ihn insofern nachteilig, als er gemäß §§ 128, 130 HGB für Alt- und Neuverbindlichkeiten der Gesellschaft ohne die Möglichkeit einer Haftungsbeschränkung auch mit seinem eigenen Vermögen unbeschränkt haften müßte.

Diese erbrechtliche Nachfolge in eine Gesellschafterstellung ohne die Möglichkeit einer Haftungsbeschränkung gemäß den erbrechtlichen Bestimmungen auf den Nachlaß würde für den Betroffenen große haftungsrechtliche Risiken nach sich ziehen, die im Zeitpunkt des Erbfalls in der Regel noch nicht voll überblickt werden können. Deshalb erscheint eine haftungsrechtliche Absicherungsmöglichkeit für den Gesellschafternachfolger geboten, die gesetzlich in § 139 HGB verankert ist.

§ 139 HGB trägt dem Sicherungsbedürfnis des Erben des verstorbenen Gesellschafters insofern Rechnung, als ihm ein *mehrfaches Wahlrecht* eingeräumt wird, das gemäß § 139 Abs. 5 HGB gesellschaftsvertraglich nicht abbedungen werden kann:

- Der Erbe hat einerseits das Recht, sein Verbleiben in der Gesellschaft davon abhängig zu machen, daß ihm unter Belassung des bisherigen Gewinnanteils die Stellung eines Kommanditisten eingeräumt und der auf ihn fallende Teil der Einlage des Erblassers als seine Kommanditeinlage anerkannt wird.

Entsprechen die verbliebenen Gesellschafter dem Antrag des Erben und räumen ihm die Stellung eines Kommanditisten ein, so haftet dieser gemäß § 139 Abs. 4 HGB für die bis dahin entstandenen Geschäftsschulden nur nach Maßgabe der für die Nachlaßverbindlichkeiten betreffenden erbrechtlichen Bestimmungen. Das bedeutet, daß der Erbe zunächst unbeschränkt auch mit seinem eigenen Vermögen haftet, seine Haftung aber gemäß der §§ 1973, 1975 ff. BGB auf den Nachlaß beschränken kann.

Neben dieser erbrechtlichen Haftung trifft den in die Gesellschaft eintretenden Kommanditisten seine *gesellschaftsrechtliche* Haftung gemäß § 173 HGB, wonach er nach Maßgabe der §§ 171, HGB bis zur Höhe seiner Einlage für die vor seinem Eintritt begründeten Verbindlichkeiten der Gesellschaft haftet. Diese grundsätzlich auf seine Einlage beschränkte Haftung des Kommanditisten kann sich aber gemäß § 176 HGB auf eine unbeschränkte persönliche Haftung für diejenigen Geschäftsverbindlichkeiten erweitern, die zwischen seinem Eintritt und dessen Eintragung in das Handelsregister begründet wurden.

Um den mit § 139 HGB bezweckten Schutz des in die Gesellschaft eintretenden Erben aber nicht ad absurdum zu führen, ist mit der Rechtsprechung eine unbeschränkte Haftung des Erben gemäß § 176 Abs. 2 HGB nur dann anzunehmen, wenn er nicht unverzüglich, d. h. ohne schuldhaftes Zögern, die Eintragung seiner Kommanditistenstellung in das Handelsregister veranlaßt.[7]

Ist die Gesellschaft bisher in der Form einer Offenen Handelsgesellschaft geführt worden, so wandelt diese sich mit der inhaltlichen Änderung der Gesellschafterstellung in eine Kommanditgesellschaft um, was zur Eintragung in das Handelsregister anzumelden ist.

---

7 BGH NJW 1983, 2258, 2259.

- Wird dem Antrag des Erben auf Haftungsbeschränkung nicht entsprochen, so kann er gemäß § 139 Abs. 2 HGB ohne Einhaltung einer Kündigungsfrist sein Ausscheiden aus der Gesellschaft erklären.
  Diese Erklärung muß gemäß § 139 Abs. 3 HGB innerhalb von drei Monaten nach Erlangung der Kenntnis vom Anfall der Erbschaft erfolgen. Die Frist endet aber nicht vor Ablauf der Ausschlagungsfrist.
  Scheidet der Erbe innerhalb der Frist des § 139 Abs. 3 HGB aus der Gesellschaft aus, so haftet er gemäß § 139 Abs. 4 HGB für die bis dahin entstandenen Geschäftsverbindlichkeiten nur nach Maßgabe der die Haftung des Erben für die Nachlaßverbindlichkeiten betreffenden erbrechtlichen Vorschriften. Daraus folgt, daß eine Haftung für Neuverbindlichkeiten der Gesellschaft ausgeschlossen ist.
- Der Erbe kann aber auch in der Gesellschaft als unbeschränkt haftender Gesellschafter verbleiben.
  Das ist dann der Fall, wenn er die Dreimonatsfrist des § 139 Abs. 3 HGB ungenutzt verstreichen läßt. Er haftet dann für alle Alt- und Neuverbindlichkeiten der Gesellschaft und kann nur seine erbrechtliche Haftung hinsichtlich der übrigen Nachlaßverbindlichkeiten im Sinne des § 1967 Abs. 2 BGB gemäß den §§ 1975 ff. BGB auf den Nachlaß beschränken.
- Wie in § 139 Abs. 3 HGB gesetzlich erwähnt, hat der Erbe selbstverständlich die Möglichkeit, von seinem *erbrechtlichen Ausschlagungsrecht* gemäß § 1942 ff. BGB Gebrauch zu machen und auf diese Weise sein Erbrecht rückwirkend zu beseitigen. Mangels Erbenstellung haftet er dann für keinerlei Nachlaßverbindlichkeiten.

2) Wird der verstorbene Gesellschafter hingegen von mehreren Erben beerbt, so würde der in den Nachlaß gefallene Gesellschaftsanteil grundsätzlich gesamthänderisches Eigentum der Miterbengemeinschaft werden. Diese würde also in die Gesellschafterstellung des verstorbenen Gesellschafters einrücken, was Spannungen zwischen erbrechtlichen Haftungsbeschränkungsmöglichkeiten für die Erbengemeinschaft einerseits und der grundsätzlich unbeschränkten gesellschaftsrechtlichen Haftung von Gesellschaftern andererseits nach sich ziehen würde.

Dieses Ergebnis ist jedoch nach der Auffassung der Rechtsprechung nicht mit dem Charakter einer Personengesellschaft als persönlichkeitsbezogener Arbeits- und Haftungsgemeinschaft vereinbar.[8]

Gerade mit Rücksicht auf § 139 HGB, nach dem jeder Miterbe selbständig das ihm zustehende Wahlrecht, ob er mit allen haftungsrechtlichen Konse-

---

8 BGHZ 22, 186, 192; 68, 225, 234.

quenzen in der Gesellschaft verbleiben will oder aber aus dieser ausscheidet, ausüben kann, erwirbt demnach jeder Erbe im Wege der *Sonderrechtsnachfolge* den Gesellschaftsanteil entsprechend seiner Beteiligung am Nachlaß.

Dies führt dazu, daß jeder einzelne Erbe diejenigen Rechte, die dem verstorbenen Gesellschafter zugestanden haben, in vollem Umfang erwirbt, was die Steuerung der Unternehmenspolitik für die verbliebenen Gesellschafter nicht einfacher macht und deshalb für sie diese Art der Fortführung der Gesellschaft als nachteilig erscheint.

Beispiel:

Harald Peters, Karl Siegel, Manfred Teufel und Werner Karstens sind zu gleichen Teilen persönlich haftende Gesellschafter einer OHG. In ihrem Gesellschaftsvertrag haben sie vereinbart, daß nach dem Tod eines Gesellschafters seine gewillkürten oder gesetzlichen Erben in die Gesellschaft einrücken.

Als Karl Siegel verstirbt, beerben ihn seine Frau Erika und die gemeinsamen Kinder Thomas und Susanne. Jeder dieser Erben erwirbt eine Geschäftsbeteiligung an der Gesellschaft in Höhe von ein Zwölftel und kann in vollem Umfang die Gesellschaft nach außen vertreten sowie die Geschäfte führen.

Hinweis:
Entsprechend der gesetzlichen Regelung des § 146 Abs. 1 Satz 2 HGB, demzufolge mehrere Erben, die in die Gesellschaft für den verstorbenen Gesellschafter eingerückt sind, für den Fall der Auflösung der Gesellschaft einen gemeinsamen Vertreter als Liquidator zu bestellen haben, kann gesellschaftsvertraglich auch vereinbart werden, daß die in die Gesellschaft eintretenden Erben ihre Rechte durch einen gemeinsamen Vertreter geltend zu machen haben.

Qualifizierte Nachfolgeklausel
Haben die Gesellschafter in ihrem Gesellschaftsvertrag vereinbart, daß nach dem Tod eines Gesellschafters dessen Beteiligung nur auf einen oder einzelne von mehreren Erben übergehen soll, so haben sie eine qualifizierte Nachfolgeklausel vereinbart. Diese könnte folgenden Wortlaut haben:
»*Beim Tod eines Gesellschafters wird die Gesellschaft nicht aufgelöst. In die Gesellschafterstellung des verstorbenen Gesellschafters rückt diejenige Person nach, die von dem Verstorbenen im Rahmen der gewillkürten Erbfolge dafür ausgewählt worden ist.*«

Die bereits im Rahmen der Darstellung der einfachen Nachfolgeklausel erläuterte *Sonderrechtsnachfolge* in die Gesellschafterstellung ist auch für die qualifizierte Fortsetzungsklausel charakteristisch. Hier besteht jedoch die Besonderheit, daß derjenige Erbe, der vom verstorbenen Gesellschafter als sein Nachfolger bestimmt worden ist, nicht nur anteilig in Höhe seiner Erbquote, sondern unmittelbar *in den gesamten Gesellschaftsanteil* des verstorbenen Gesellschafters einrückt.

Geht in diesem Sinne der Gesellschaftsanteil unmittelbar auf den vom verstorbenen Gesellschafter bestimmten Erben über, so scheiden Abfindungsansprüche der übrigen Erben gegen die Gesellschaft aus.

Da jedoch die Gesellschaftsbeteiligung zum Nachlaß des verstorbenen Gesellschafters gehört, können die nicht berücksichtigten Miterben gegen den in die Gesellschaft einrückenden Erben erbrechtliche Ausgleichsansprüche geltend machen.

Ob diese im Rahmen der Auseinandersetzung der Erbengemeinschaft geltend zu machenden Ansprüche durchgreifen, hängt wiederum davon ab, ob mit der Bestimmung des Erben als Nachfolger des Gesellschafters letzterer eine *ausgleichspflichtige Teilungsanordnung* im Sinne des § 2048 BGB oder aber ein *nicht ausgleichspflichtiges Vorausvermächtnis* im Sinne des § 2150 BGB bezweckt hat. Letzteres wird anzunehmen sein, wenn der verstorbene Gesellschafter in seiner letztwilligen Verfügung, in der er den von ihm begünstigten Erben als seinen Nachfolger bestimmt hat, die Ausgleichspflicht für die Nachfolge in die Gesellschaft ausdrücklich oder konkludent ausgeschlossen hat.

Ist der letztwilligen Verfügung hingegen zu entnehmen, daß der begünstigte Erbe nicht mehr erhalten soll, als ihm aufgrund seiner Erbeinsetzung zustehen würde, so ist grundsätzlich der Wert der Gesellschaftsbeteiligung insoweit ausgleichspflichtig, als er die entsprechende Erbquote des begünstigten Erben übersteigt.

Hinweis:
Um einen weitestgehenden Ausgleich zwischen den verschiedenen Interessen, die bei einem Gesellschafterwechsel aufgrund des Todes eines Gesellschafters tangiert sind, herbeiführen zu können, bietet sich für den Erblasser die Möglichkeit an, den nicht berücksichtigten Erben eine Unterbeteiligung an dem von ihm an den bevorzugten Erben vererbten Gesellschaftsanteil einzuräumen. Eine derartige Unterbeteiligung kann der Erblasser testamentarisch anordnen oder im Wege eines Vermächtnisses aussetzen.

Dies hat zur Folge, daß sämtliche Erben beispielsweise in einer BGB-Innengesellschaft zusammenfaßt werden und somit auch die zunächst nicht berücksichtigten Erben indirekt doch an der Gesellschaft beteiligt sind. Auf diese

Weise wird der in die Gesellschaft einrückende Erbe vor möglichen erbrechtlichen Ausgleichsansprüchen der Miterben geschützt. Zugleich erhalten die in der Gesellschaft verbliebenen Gesellschafter nur einen neuen Mitgesellschafter, was sich auf die Führung der Gesellschaft und die weitere Unternehmenspolitik nur positiv auswirken kann.

Eintrittsklausel
Die Gesellschafter können einer Person auch gesellschaftsvertraglich die Möglichkeit einräumen, nach dem Tod eines Gesellschafters in die Gesellschaft einzutreten, ohne daß die Beteiligung an der Gesellschaft unmittelbar im Wege der Sonderrechtsnachfolge auf diesen übergeht. Eine solche im Gesellschaftsvertrag verankerte Eintrittsklausel stellt einen *Vertrag zugunsten Dritter* dar.

Der vom verstorbenen Gesellschafter Begünstigte, der sowohl ein Erbe als auch ein beliebiger Dritter sein kann, hat gegen die verbliebenen Gesellschafter einen Anspruch auf Abschluß eines Aufnahmevertrags. Er muß von seinem Eintrittsrecht aber keinen Gebrauch machen. Will der Eintrittsberechtigte nicht in die Gesellschaft einrücken, so wächst der Gesellschaftsanteil des verstorbenen Gesellschafters den übrigen Gesellschaftern an, die aber den Eintrittsberechtigten abzufinden haben.

Hinweis:
Für die Fälle, daß der Eintrittsberechtigte bei seiner Entscheidung, in die Gesellschaft einzurücken, zögert, sollte der Gesellschaftsvertrag eine Regelung enthalten, die nach einer angemessenen Fristsetzung den Verlust des Eintrittsrechts für den Begünstigten vorsieht.

Um die Unsicherheit über den tatsächlichen Eintritt des Berechtigten zu minimieren, kann der Gesellschafter mit dem Begünstigten schon zu seinen Lebzeiten eine *vertragliche Eintrittsverpflichtung* eingehen. Dieses Ziel der Wahrnehmung des Eintrittsrechts kann der Gesellschafter im Rahmen seiner letztwilligen Verfügung auch indirekt dadurch erreichen, daß er den von ihm auserwählten Nachfolger mittels einer Auflage im Sinne des § 1940 BGB dazu verpflichtet.

Schlägt ein auf diese Weise eintrittsberechtigter gesetzlicher Erbe seine Erbschaft aus und verlangt seinen Pflichtteil, so wird der entscheidende Nachteil einer solchen Eintrittsklausel sichtbar: Die geltend gemachten Pflichtteilsansprüche führen wie auch die Abfindungsansprüche eines eintrittsberechtigten Dritten, der nicht gewillt ist, von seinem Recht Gebrauch zu machen, zu Kapitalabflüssen aus der Gesellschaft und können diese wirtschaftlich entscheidend schwächen.

Andererseits besteht für den Gesellschafter im Rahmen einer Eintrittsklausel die Möglichkeit, den aus seiner Sicht geeignetsten Nachfolger, der nicht sein gesetzlicher Erbe sein muß, als Eintrittsberechtigten zu bestimmen.

Zudem muß er sich nicht hinsichtlich der Person des Eintrittsberechtigten bereits zu seinen Lebzeiten Gedanken machen, sondern kann das Eintrittsrecht mehreren von ihm als geeignet erscheinenden Nachfolgern im Wege eines Vermächtnisses zuwenden. Gemäß § 2151 BGB kann er dann eine von ihm auserwählte Person bestimmen lassen, wer letztlich in die Gesellschaft einrücken darf. Dadurch können auch noch Ereignisse, die nach dem Tod des Gesellschafters erst eintreten, wie beispielsweise der Hochschulabschluß eines Abkömmlings, als Qualifikation für den Eintritt in die Gesellschaft registriert und berücksichtigt werden.

Rechtsgeschäftliche Nachfolgeregelung

Die im Rahmen der Darstellung der Eintrittsklausel erwähnte Möglichkeit einer bereits lebzeitigen Verpflichtung des ausgewählten Nachfolgers, das ihm eingeräumte Eintrittsrecht nach dem Tod des Gesellschafters wahrzunehmen, kann durch einen entgeltlichen oder unentgeltlichen Vertrag zwischen beiden Parteien erreicht werden und stellt sich als eine *Maßnahme der vorweggenommenen Erbfolge* dar.

Dies bedeutet zugleich, daß die Mitgliedschaft des verstorbenen Gesellschafters unmittelbar auf eine am Gesellschaftsvertrag nicht beteiligte Person übergeht, da diese mit dem Erbfall in die Gesellschaft einrückt. Dadurch werden die bei Ausscheiden eines Gesellschafters fälligen Abfindungszahlungen umgangen und auf diese Weise der Gesellschaft die ansonsten gefährdete Liquidität gesichert.

Bei einem *entgeltlichen Geschäft* kann sich der Gesellschafter als Gegenleistung für die Einräumung des Eintrittsrechts die monatliche Zahlung einer Rente oder ähnliche fortlaufende Zahlungen ausbedingen. Will der Gesellschafter den Gesellschaftsanteil dem von ihm ausgewählten Nachfolger *unentgeltlich* zuwenden, so kann dies durch *eine Schenkung auf den Todesfall* geschehen. In einem solchen Fall tritt der Gesellschafter seinem Nachfolger unter der Bedingung des Überlebens des Eintrittsberechtigten und aufschiebend bedingt auf den Tod des Gesellschafters seinen Gesellschaftsanteil ab.

Da die Schenkung im Sinne des § 2301 Abs. 2 BGB bereits insofern vollzogen ist, als dem Nachfolger das Eintrittsrecht schon vertraglich eingeräumt wurde, er diese Stellung jedoch erst mit dem Tod des Gesellschafters einnimmt, ist diese rechtsgeschäftliche Nachfolgeregelung nicht gemäß § 2301 Abs. 1 BGB den Formanforderungen, die an Verfügungen von Todes wegen gestellt werden, unterworfen.

Wird diese rechtsgeschäftliche Nachfolgeregelung in unentgeltlicher Form mindestens zehn Jahre vor dem Tod des Gesellschafters getroffen, so lassen sich durch diese frühe vertragliche Vereinbarung *Pflichtteilsergänzungsansprüche* der zurückgesetzten Erben vermeiden, es sei denn, der Nachfolger soll der überlebende Ehegatte des Gesellschafters sein. In diesem Fall beginnt die zehnjährige Ausschlußfrist des §2325 Abs.3 BGB nicht vor Auflösung der Ehe zu laufen, sondern regelmäßig mit dem Tod des Gesellschafters.

15.3 Die Nachfolge in Anteile an Kapitalgesellschaften

Im folgenden sollen die erbrechtliche Nachfolge in Aktien, in einen Geschäftsanteil einer GmbH, in eine Beteiligung an einer Kommanditgesellschaft auf Aktien und in eine GmbH & Co. KG in einem kurzen Überblick dargestellt werden.

Nachfolge in eine Beteiligung an einer Aktiengesellschaft
Die verbrieften Gesellschaftsbeteiligungen an einer Aktiengesellschaft in Form von Aktien sind ohne weiteres vererblich und fallen mit dem Tod des Inhabers in dessen Nachlaß.

Wird der Inhaber der Aktien von mehreren Erben beerbt, die eine Miterbengemeinschaft bilden, so gehört jede im Nachlaß befindliche Aktie zum gesamthänderisch gebundenen Vermögen der Erbengemeinschaft.

Um die durch ihre Vererblichkeit bedingte Streuung der Aktien besser kontrollieren zu können bzw. ganz zu unterbinden, kann gemäß §237 Abs.1 Aktiengesetz für den Fall des Todes ihres Inhabers ihre zwangsweise Einziehung angeordnet werden. Diese ist jedoch nur zulässig, wenn sie in der ursprünglichen Satzung oder durch eine Satzungsänderung vor Übernahme oder Zeichnung der Aktien angeordnet oder gestattet war.

Nachfolge in eine Beteiligung an einer GmbH
Im Unterschied zu den Gesellschaftsbeteiligungen an Personengesellschaften, bei denen von Gesetzes wegen gemäß §§727 Abs.1 BGB, 131 Nr.4 HGB grundsätzlich die Auflösung der Gesellschaft vorgesehen ist und damit die Beteiligung nicht vererblich gestellt wird, *sind die Geschäftsanteile einer GmbH gemäß §15 Abs.1 GmbHG vererblich.*

Wird der Gesellschafter einer GmbH von mehreren Erben beerbt, so steht ihnen dessen Geschäftsanteil gemäß §2032 Abs.1 BGB ungeteilt zur gesamten Hand zu. Gemäß §18 Abs.1 GmbHG können sie die Rechte aus diesem Geschäftsanteil demzufolge auch nur gemeinschaftlich ausüben. Aus der gesamthänderischen Bindung des Geschäftsanteils folgt, daß diejenigen Maßnahmen, die im Rahmen der ordnungsgemäßen Verwaltung von der Erbengemeinschaft hinsichtlich des Geschäftsanteils getroffen werden, innerhalb der Erbengemeinschaft gemäß §§ 2038 Abs. 2 in Verbindung mit § 745 Abs. 1 BGB einer einfachen Stimmenmehrheit bedürfen.

Die Maßnahmen, die über den Bereich der ordnungsgemäßen Verwaltung hinausgehen, wie beispielsweise Verfügungen über den gemeinschaftlichen Geschäftsanteil, müssen hingegen von allen Erben einstimmig getroffen und bestimmt werden.

Rechtshandlungen der Gesellschaft gegenüber der Erbengemeinschaft können gemäß § 18 Abs. 3 GmbHG auch dann wirksam vorgenommen werden, wenn sie nur gegenüber einem Miterben erfolgen. Diese Regelung bezieht sich aber nur auf Rechtshandlungen, die nach Ablauf eines Monats seit dem Anfall der Erbschaft vorgenommen werden.

Um das Eindringen unerwünschter Dritter im Wege der Erbfolge in die Gesellschaft zu verhindern, können die Gesellschafter einer GmbH zwar gesellschaftsvertraglich nicht vereinbaren, daß für den Fall des Todes eines Gesellschafters dessen Geschäftsanteil entgegen § 15 Abs. 1 GmbHG nicht vererblich gestellt wird. Sie können jedoch den oder die Erben des verstorbenen Gesellschafters durch eine gesellschaftsvertragliche Vereinbarung verpflichten, *den geerbten Geschäftsanteil einverständlich oder zwangsweise an die verbliebenen Gesellschafter abzutreten.*

Alternativ kann auch im Gesellschaftsvertrag vorgesehen sein, daß der Geschäftsanteil eines verstorbenen Gesellschafters mit dessen Tod automatisch eingezogen wird und den verbliebenen Gesellschaftern anwächst. Eine solche Einziehung (Amortisation) darf gemäß § 34 Abs. 1 GmbHG nur erfolgen, wenn sie im Gesellschaftsvertrag zugelassen ist.

Hinweis:
Auch im Bereich der Nachfolge in einen Geschäftsanteil an einer GmbH bestehen die im Rahmen der rechtsgeschäftlichen Nachfolgeregelung bei der Nachfolge in Personengesellschaftsanteile dargestellten Möglichkeiten, die hier bereits skizziert wurden.

So kann entweder im Rahmen der vorweggenommenen Erbfolge durch Rechtsgeschäft unter Lebenden der Geschäftsanteil auf eine der Gesellschaft geeignet erscheinende Person übertragen werden oder die Gesellschaftsbeteiligung in Form von Vermächtnissen testamentarisch gleich mehreren Personen zugewendet werden. Ein vom Gesellschafter bestimmter Dritter wählt dann unter diesen in Frage kommenden Personen gemäß § 2151 BGB den geeignetsten Nachfolger aus.

Nachfolge in eine Beteiligung an einer Kommanditgesellschaft auf Aktien
Eine *Kommanditgesellschaft auf Aktien*, bei der mindestens ein Gesellschafter gegenüber den Gesellschaftsgläubigern unbeschränkt haftet und die übrigen an dem in Aktien zerlegten Grundkapital beteiligt sind, ohne persönlich für die Verbindlichkeiten der Gesellschaft zu haften, löst sich, soweit gesellschaftsvertraglich nichts anderes bestimmt ist, gemäß §§ 289 Abs. 1 Aktiengesetz, 131 Nr. 4 HGB beim Tod eines Komplementärs grundsätzlich auf.

Verstirbt hingegen ein Kommanditaktionär, so besteht die Gesellschaft wegen der Vererblichkeit seiner Beteiligung gemäß §§ 170 HGB, 289 Abs. 1 Aktiengesetz weiter.

Nachfolge in eine Beteiligung an einer GmbH & Co. KG
Bei einer GmbH & Co. KG, die grundsätzlich als persönlich haftenden Gesellschafter eine Komplementär-GmbH aufweist, besteht gegenüber einer Kommanditgesellschaft die Besonderheit, daß bei diesem Grundtyp der GmbH & Co. KG der persönlich haftende Gesellschafter in Form der Komplementär-GmbH nicht versterben kann und insofern ein gemäß § 131 Nr. 4 HGB vergleichbarer Auflösungsgrund nicht besteht.

Wird der verstorbene Gesellschafter einer GmbH & Co. KG von mehreren Erben beerbt, so ist für die Art und Weise, wie seine Gesellschaftsbeteiligung auf diese Erben übergeht, entscheidend, ob er Kommanditist gewesen ist oder aber an der Komplementär-GmbH beteiligt war:
- Hatte der verstorbene Gesellschafter die Stellung eines *Kommanditisten* inne, so erwirbt jeder Erbe im Wege der *Sonderrechtsnachfolge* den Gesellschaftsanteil des verstorbenen Kommanditisten entsprechend seiner Beteiligung am Nachlaß.
- War der verstorbene Gesellschafter hingegen an der Komplementär-GmbH beteiligt, so fällt diese Beteiligung in seinen Nachlaß. Die Beteiligung wird somit gemäß § 2032 Abs. 1 BGB gemeinschaftliches Vermögen der Erbengemeinschaft.

Die Rechtsform einer GmbH & Co. KG bietet somit *zwei entscheidende Vorteile gegenüber einer Personengesellschaft*:
1. Da wegen der §§ 15 Abs. 1 GmbHG, 177 HGB sowohl die Beteiligung an der Komplementär-GmbH als auch die Kommanditistenstellung laut Gesetz vererblich gestellt sind, muß nicht wie bei einer Personengesellschaft wegen des dort bestehenden grundsätzlichen Auflösungsgebots nach dem Tod eines Gesellschafters auf gesellschaftsvertragliche Konstruktionen zurückgegriffen werden, die den Fortbestand der Gesellschaft erst ermöglichen.

2. Die Rechtsform der GmbH & Co. KG gestaltet sich im Vergleich zu einer Personengesellschaft für Dritte wesentlich zugänglicher. Dies liegt daran, daß sie mehr als eine persönlichkeitsbezogene Arbeits- und Haftungsgemeinschaft der vorhandenen Gesellschafter charakterisiert, das Ausscheiden eines Gesellschafters als einen Auflösungsgrund betrachtet und eine Übertragbarkeit der Gesellschafterrechte wegen ihrer Höchstpersönlichkeit gemäß §§ 717 BGB, 105 Abs. 2, 161 Abs. 1 HGB nicht vorsieht.

Diese Möglichkeit, sachverständige Dritte in die Unternehmensführung mit einzubinden, kann vor allem für *Familienunternehmen* dann Bedeutung erlangen, wenn in den eigenen Reihen ein geeigneter Unternehmensnachfolger nicht ersichtlich ist.

15.4 Sonstige Regelungsmöglichkeiten im Bereich der Unternehmensnachfolge

15.4.1 Die modifizierte Zugewinngemeinschaft

Häufig vereinbaren Ehegatten, von denen ein Ehegatte Inhaber eines Unternehmens ist, im Wege eines Ehevertrags, daß sie im Güterstand der Gütertrennung leben wollen. Dadurch wird beabsichtigt, den für den Fall einer Scheidung beim gesetzlichen Güterstand der Zugewinngemeinschaft eintretenden Zugewinnausgleich auszuschließen.

Die Vereinbarung der Gütertrennung ist allerdings aus folgenden Gründen nachteilig:
- Der überlebende Ehegatte hat nicht die Möglichkeit eines gemäß § 5 Abs. 1 Satz 1 ErbStG erbschaftsteuerfreien Erwerbs der Zugewinnausgleichsforderung.
- Hatten die Ehegatten zum Zeitpunkt des Todes eines Ehegatten im Güterstand der Gütertrennung gelebt, so erben gemäß § 1931 Abs. 4 BGB der überlebende Ehegatte und ein oder zwei Kinder bei gesetzlicher Erbfolge zu gleichen Teilen. Dies führt dann zu einer Erhöhung der Erbquoten der Abkömmlinge im Vergleich zu einer beim Erbfall bestehenden Zugewinngemeinschaftsehe.

Aus den höheren Erbquoten der Abkömmlinge folgen gleichzeitig höhere Pflichtteilsansprüche, die ein Unternehmen wirtschaftlich stark belasten können.

Um diesen Nachteilen zu entgehen, besteht für Ehegatten, die im Zeitpunkt ihrer Eheschließung Gütertrennung vereinbart hatten, die Möglichkeit einer nachträglichen Aufhebung dieser ehevertraglichen Vereinbarung. Bestimmen die Ehegatten dann ehevertraglich, daß sie im gesetzlichen Güterstand der Zugewinngemeinschaft weiterleben wollen, um in den Genuß der oben beschriebenen Vorteile zu gelangen, so können sie diesen Güterstand vertraglich so modifizieren, daß im Fall einer Scheidung die Geltendmachung von Zugewinnausgleichsansprüchen ausgeschlossen sein soll (sog. *modifizierte Zugewinngemeinschaft*).

Soll hingegen im Fall des Todes eines Ehegatten der andere weiterhin einen Zugewinnausgleichsanspruch haben, so kann dieser in seiner Höhe vertraglich modifiziert werden, um das Unternehmen durch die Geltendmachung dieses Anspruchs wirtschaftlich nicht zu sehr zu belasten und Liquiditätsverluste zu vermeiden. Dieses Ziel ließe sich aber auch durch Erb- und Pflichtteilsverzichte erreichen.

Steuerrechtlicher Hinweis:
Die Ehegatten können im Fall der nachträglichen Vereinbarung einer modifizierten Zugewinngemeinschaft abweichend von der Regelung des §1374 Abs.1 BGB bestimmen, daß als Zeitpunkt für die Bewertung des maßgebenden Anfangsvermögens nicht der Eintritt in den Güterstand der Zugewinngemeinschaft, sondern der Zeitpunkt der Eheschließung gelten soll.

Erbschaftsteuerlich gilt demgegenüber gemäß §5 Abs.1 Satz 4 ErbStG als Zeitpunkt des Eintritts des Güterstands im Sinne des §1374 Abs.1 BGB der Tag des Vertragsschlusses. Dieser ist grundsätzlich für die Bestimmung des Anfangsvermögens entscheidend.

Vereinbarungen, die im Rahmen einer Modifizierung der Zugewinngemeinschaft getroffen werden und von den gesetzlichen Regelungen der §§1373 ff. BGB abweichen, sind also erbschaftsteuerlich unbeachtlich, vgl. §5 Abs.1 Satz 2 ErbStG.

15.4.2 Das Nießbrauchvermächtnis

Für einen Unternehmer ist neben dem langfristigen Erhalt des Unternehmens die finanzielle Absicherung der nächsten Angehörigen ein vorrangiges Ziel, das er im Rahmen seiner letztwilligen Verfügung verfolgt.

Das Nießbrauchvermächtnis bietet dabei die Möglichkeit, einerseits das Unternehmen bereits nach dem Tod des Unternehmers in die Hände desjenigen zu übergeben, der von ihm als sein Nachfolger bestimmt wurde. Zugleich stellt es durch laufende Versorgungsleistungen den überlebenden Ehegatten sowie die Abkömmlinge wirtschaftlich unabhängig.

Insofern stellt das Nießbrauchvermächtnis eine sachgerechte Alternative zu der ansonsten bei Familienunternehmen vielfach letztwillig angeordneten Vor- und Nacherbschaft dar.

Begriff und Umfang des Nießbrauchs
Grundsätzlich beinhaltet die Einräumung eines Nießbrauchs für den Begünstigten gemäß § 1030 BGB das Recht, die Nutzung aus einem bestimmten Gegenstand zu ziehen.

Dieses Recht erlischt gemäß § 1061 BGB mit dem Tod des Nießbrauchers, wenn nicht die Bestellung des Nießbrauchs unter einer auflösenden Bedingung oder einer Befristung erfolgt ist.

Gemäß § 1030 Abs. 2 BGB kann der Nießbrauch an einem Gegenstand durch den Ausschluß einzelner Nutzungen beschränkt werden.

Der Nießbrauch muß sich des weiteren nicht auf den gesamten Nachlaß erstrecken, sondern kann gegenständlich beschränkt werden. So kann beispielsweise bei einem Familienunternehmen der Unternehmer seiner Ehefrau testamentarisch am Unternehmen einen Nießbrauch in Form eines Vermächtnisses aussetzen, damit sie aus diesem großen Vermögenswert laufende Versorgungsleistungen realisieren kann, während die übrigen Nachlaßgegenstände nicht der Nutzung durch die überlebende Ehefrau unterliegen sollen.

Soll hingegen ein Gegenstand nur zu einem Teil mit einem Nießbrauch

> **Beispiel:**
>
> Der Erblasser gestattet seinem Freund F testamentarisch, daß er in seinem Mietshaus nach seinem Ableben aus fünf der zehn vorhandenen Wohnungen Nutzungen ziehen darf. In dieser Nutzungseinräumung ist ein Bruchteilsnießbrauch zu erblicken.

belastet werden, so spricht man von einem *Bruchteilsnießbrauch*.

Wird hingegen einem Erben an einem Gegenstand, der gänzlich mit einem Nießbrauch belastet ist, eine anteilige Nutzungsmöglichkeit eingeräumt, so liegt ein sog. *Quotennießbrauch* vor.

> **Beispiel:**
>
> Der Erblasser räumt an seinem Mietshaus, in dem zehn Parteien leben, sowohl seinem Sohn als auch seiner Tochter für den Fall seines Ablebens das Nutzungsrecht für je fünf Wohnungen ein. Eigentümerin des Mietshauses soll in diesem Fall seine Ehefrau werden. Das Eigentum der überlebenden Ehefrau ist in diesem Fall mit dem Quotennießbrauch der beiden Kinder belastet.

Der Umfang des Nießbrauchs an einem Unternehmen
Je nach der vom Unternehmer beabsichtigten Wirkung kann er auch seinen nahen Angehörigen an seinem Unternehmen einen Nießbrauch mit unterschiedlichem Umfang einräumen:

- Soll der Begünstigte eine möglichst starke Stellung im Unternehmen durch die Einräumung des Nießbrauchs erhalten, so bietet es sich an, mit der Einräumung des Nießbrauchs am Unternehmen, den Begünstigten als *Testamentsvollstrecker* einzusetzen. Bei entsprechender beruflicher Qualifikation kann dieser mit weitreichenden unternehmerischen Kompetenzen ausgestattet werden und so maßgeblich die zukünftige Unternehmenspolitik frühzeitig mitbestimmen. Aufgrund der ihm eingeräumten Stellung als Testamentsvollstrecker kommt dem Begünstigten eine weitreichende Verwaltungs- und Verfügungsbefugnis gemäß §§ 2205 bis 2207 BGB zu.

  Hat der Unternehmer das Nutzungsrecht für den Begünstigten vollumfänglich auf das gesamte Unternehmen erstreckt, so fällt dem Begünstigten quasi die Führung des Unternehmens anheim. Er ist dann mit allen Rechten und Pflichten eines Unternehmensinhabers ausgestattet. So obliegen ihm beispielsweise Anmeldungspflichten in bezug auf das Handelsregister, und er haftet auch für die von ihm begründeten Geschäftsverbindlichkeiten. Andererseits hat er einen Anspruch auf den Reinertrag des Unternehmens.

- Will der Unternehmer den Nießbrauchbegünstigten nicht in diesem Umfang an der Unternehmensleitung teilhaben lassen, um ihn entweder vor den Haftungsrisiken zu schützen oder weil er ihn aber andererseits für eine derartige Aufgabe nicht für kompetent genug hält, dann kann er die Nutzungsrechte des Nießbrauchers am Unternehmen darauf beschränken, daß er eine Gewinnbeteiligung erhält. Unternehmerische Kompetenzen werden ihm jedoch nicht eingeräumt (sog. *Ertragsnießbrauch*).

Besonderheit: Der Nießbrauch an einer Gesellschaftsbeteiligung

Da die Geschäftsanteile an einer Gesellschaft vorbehaltlich einer gesellschaftsvertraglichen Regelung gemäß §§ 717, 719 BGB, 105 Abs. 2, 161 Abs. 2 HGB nicht übertragbar sind und ein Gesellschafter über seinen Anteil auch nicht verfügen kann, ist auch die Bestellung eines Nießbrauchs an einer Beteiligung nicht möglich.

Ohne gesellschaftsvertragliche Regelung können von den Gesellschaftern danach nur die Gewinnbezugsrechte mit einem Nießbrauch weitergehend belastet werden.

Hinweis:

Gemäß §§ 1 Abs. 1 Nr. 1, 3 Abs. 1 Nr. 1 ErbStG sind der Nießbraucher, der sein Nutzungsrecht aufgrund eines Vermächtnisses erhalten hat, und der Erbe, der mit einem Nießbrauchvermächtnis belastet wurde, erbschaftsteuerpflichtig, wobei beide einen Freibetrag geltend machen können.

Gemäß § 25 Abs. 1 Satz 1 ErbStG wird jedoch beim Erben die Erbschaft mit einem Wert besteuert, der die Belastung der Erbschaft mit dem Nießbrauch unberücksichtigt läßt, wenn der Nießbrauch dem Ehegatten des Erblassers eingeräumt wird. In diesem Fall kann der Erbe gemäß § 25 Abs. 1 Satz 2 ErbStG nur eine zinslose Stundung bis zum Erlöschen des Nießbrauchs begehren.

15.4.3 Das Rentenvermächtnis

Die Versorgung der nächsten Familienangehörigen kann der Unternehmer auch dadurch sichern, daß er diesen ein Rentenvermächtnis aussetzt.

Die Aussetzung eines Rentenvermächtnisses im Rahmen einer Verfügung von Todes wegen verpflichtet den Beschwerten – dies ist grundsätzlich der Erbe –, dem Vermächtnisnehmer in regelmäßiger Folge einen festen Geldbetrag zuzuwenden. So kann für den Fall eines Unternehmertestaments dem vom Unternehmer ausgewählten Nachfolger bereits mit dem Tod des zuerst Genannten das Unternehmen im Wege der Vermögensnachfolge übertragen werden. Die hierbei nicht berücksichtigte Ehefrau des verstorbenen Unternehmers hat dann beispielsweise einen Anspruch gegen den Unternehmenserben auf Zahlung einer Geldrente.

Dieser in Form einer regelmäßigen Rente zugewendete Geldbetrag ist gegenüber einem Nießbrauchvermächtnis insofern vorteilhaft, als er nicht durch eigene Nutzungen des Begünstigten erwirtschaftet werden muß und auch nicht von der Fähigkeit des Unternehmenserben, einen möglichst hohen Gewinn zu erzielen, abhängt.

Vielmehr ist der vom Erblasser festgelegte Betrag – unabhängig von der wirtschaftlichen Gesamtsituation des Unternehmens und den Gewinnerzielungsmöglichkeiten der Unternehmensleitung – vom Beschwerten in jedem Fall, wo möglich auch unter Zugriff auf die Erbsubstanz, zu leisten.

Wird vom testierenden Unternehmer festgelegt, daß die Rente dem Begünstigten bis zu dessen Lebensende gezahlt wird, so liegt im Sinne des § 759 BGB eine sog. *Leibrente* vor.

Hinweis:
Um die Zahlung einer Leibrente nicht zu gefährden, wenn der Unternehmenserbe die ihm im Wege der Vermögensnachfolge zugewendeten Werte veräußern oder belasten will, sollte eine Absicherung dergestalt getroffen werden, daß die Verpflichtung des Erben zu der Erbringung der regelmäßigen Zahlung *grundbuchmäßig gesichert* wird.

Dafür ist an einem zur Erbschaft gehörenden Grundstück beispielsweise eine *Reallast* im Sinne der §§ 1105 ff. BGB oder eine *Rentenschuld* im Sinne der §§ 1199 ff. BGB zu bestellen.

Zwischen dem Zeitpunkt des Todes des Erblassers, ab dem der testamentarisch verpflichtete Erbe dem Rentenvermächtnisnehmer einen summenmäßig festgelegten Betrag zu zahlen hat, und dem Ende der Zahlungsverpflichtung kann – gerade im Fall einer Leibrente als einer lebzeitigen Rente – eine sehr lange Zeit liegen. Deshalb besteht die Gefahr, daß wegen der fortschreitenden Geldentwertung mit dem regelmäßig gezahlten Betrag immer weniger Kaufkraft verbunden ist.

Um dem vorzubeugen, sollte eine *Wertsicherungsklausel* in die letztwillige Verfügung mit aufgenommen werden, die die Rentenzahlungen entsprechend einem vom Erblasser festzulegenden *Wertmaßstab* an die jeweilige wirtschaftliche Gesamtsituation anpaßt. Als Wertmaßstab kann dabei beispielsweise der Lebenshaltungskostenindex dienen.

Hinweis:
Die Vereinbarung von Wertsicherungsklauseln durch den Erblasser ist nach den Genehmigungsrichtlinien der Deutschen Bundesbank durch die Landeszentralbank genehmigungsbedürftig.

15.4.4 Stille Gesellschaft

Möchte der Unternehmer seine nahen Angehörigen für den Fall seines Todes finanziell absichern, stehen für eine derartige Versorgung aber neben dem Unternehmen nicht genügend andere Vermögenswerte zur Verfügung, so kann er seinen Angehörigen *ein Vermächtnis in Form einer Beteiligung als Stiller Gesellschafter* aussetzen.

Ein weiteres Motiv des Unternehmers für die letztwillige Anordnung der Gründung einer Stillen Gesellschaft kann auch darin bestehen, daß er seine Angehörigen, die er als Stille Gesellschafter beteiligen will, nicht die Unternehmensleitung übertragen und sie für Geschäftsverbindlichkeiten haftbar machen möchte.

Eine derartige Einsetzung als Stiller Gesellschafter entspricht dann mehr einer Nießbrauchaussetzung in Form eines Vermächtnisses, da die Beteiligung an den tatsächlich gezogenen Nutzungen am Unternehmen hier deutlich im Vordergrund steht.

Begriffsklärung
Wer sich als stiller Gesellschafter an dem Handelsgewerbe, das ein anderer betreibt, mit einer Vermögenseinlage beteiligt, bildet mit dem Inhaber des Handelsgeschäfts eine Stille Gesellschaft. Gemäß § 230 Abs. 1 HGB ist die Einlage so zu leisten, daß sie ohne großes Aufsehen in das Vermögen des Inhabers des Handelsgeschäfts übergeht.

Als Handelsgeschäft im Sinne dieser Vorschrift kommen sowohl das Handelsgeschäft eines Einzelkaufmannes als auch die in Form von Personen- oder Kapitalgesellschaften geführten Handelsgeschäfte in Betracht.

Die Beteiligung als Stiller Gesellschafter an einem Handelsgeschäft ist vertraglich zu vereinbaren, was bei einem Einzelhandelsgeschäft zwischen dem Inhaber und dem zukünftigen Stillen Gesellschafter, bei einer Handelsgesellschaft mit deren vertretungsberechtigten Organen erfolgt.

Da die Beteiligung eines Stillen Gesellschafters am Handelsgeschäft nicht gegenüber außenstehenden Dritten offenbart wird, bildet die Stille Gesellschaft eine *Innengesellschaft*. Angesichts der Tatsache, daß die vom Stillen Gesellschafter geleistete Einlage gemäß § 230 Abs. 1 HGB in das Vermögen des Inhabers des Handelsgeschäfts übergeht, *weist sie kein Gesamthandsvermögen* auf.

Formen der Stillen Gesellschaft
Die Stille Gesellschaft kann in typischer oder atypischer Form ausgestaltet sein. Welche der beiden genannten Formen der Unternehmer seiner Verfügung von Todes wegen zugrundelegen sollte, hängt von der Entscheidung des

testierenden Unternehmers ab, inwieweit er den Stillen Gesellschafter mit unternehmensbezogenen Kompetenzen ausstatten möchte:
- Soll der Stille Gesellschafter lediglich an den Erträgen des Unternehmens beteiligt werden, ohne daß ihm irgendwelche Geschäftsführungskompetenzen zugestanden werden, liegt eine *typische Stille Gesellschaft* vor.

  Die Beteiligung allein an den Gewinnen und Verlusten des Unternehmens schließt dann das Partizipieren des typischen Stillen Gesellschafters an der Unternehmenssubstanz aus.
- Will der Unternehmer den Stillen Gesellschafter hingegen in größerem Umfang an den Vermögenswerten des Unternehmens unter einem dafür erhöhten Haftungsrisiko teilhaben lassen, so spricht man von einer *atypischen Stillen Gesellschaft*.

  Der Stille Gesellschafter wird auch an der Unternehmenssubstanz, wie beispielsweise dem »good will« und den stillen Reserven, beteiligt. Es kann ihm die Möglichkeit der Geschäftsführung eingeräumt werden, die bei Auftreten des Stillen Gesellschafers nach außen einer Vollmacht bedarf.

Rechte und Pflichten eines Stillen Gesellschafters

Den Stillen Gesellschafter treffen gesetzlich folgende Rechte und Pflichten:
- Gemäß §233 Abs.1 HGB ist der Stille Gesellschafter berechtigt, die abschriftliche Mitteilung des Jahresabschlusses zu verlangen und dessen Richtigkeit unter Einsicht der Bücher und Papiere zu prüfen.
- Der Stille Gesellschafter kann gemäß §233 Abs.3 HGB bei Gericht beantragen, daß bei Vorliegen eines wichtigen Grundes die Mitteilung einer Bilanz und eines Jahresabschlusses oder sonstiger Aufklärungen sowie die Vorlegung der Bücher und Papiere *jederzeit* zu erfolgen hat.
- Aus §232 Abs.1 HGB folgt für den Stillen Gesellschafter das Recht, sich am Schluß jedes Geschäftsjahres den auf ihn anfallenden Gewinn ausbezahlen zu lassen.
- Der Stille Gesellschafter hat vorbehaltlich einer anderen gesellschaftsvertraglichen Regelung gemäß §232 Abs.2 Satz 1 HGB an dem Verlust des Handelsgeschäfts bis zur Höhe seiner eingezahlten oder rückständigen Einlage teilzunehmen.
- Daraus folgt aber auch das Recht, eine darüber hinausgehende Haftung zu verweigern.
- Gemäß §235 Abs.3 HGB kann der Stille Gesellschafter am Schluß eines jeden Geschäftsjahres Rechenschaft über die inzwischen beendigten Geschäfte, Auszahlung des ihm gebührenden Betrages und Auskunft über den Stand der noch schwebenden Geschäfte verlangen.

15.4.5 Unterbeteiligung

In den Fällen, in denen der Erblasser Gesellschafter einer Personen- oder Kapitalgesellschaft ist, kann es sich aus folgenden Gründen anbieten, dem oder den Erben eine Unterbeteiligung an seinem Gesellschaftsanteil einzuräumen:

- *Grundsätzlich* sind die *Gesellschaftsanteile* an einer Personengesellschaft gemäß §§717 BGB, 105 Abs.2, 161 Abs.2 HGB *unübertragbar*.
  Ein Abweichen von diesen gesetzlichen Regelungen würde eine entsprechende gesellschaftsvertragliche Vereinbarung voraussetzen, zu der alle Gesellschafter ihre Zustimmung erteilen müßten.
  Eine derartige gesellschaftsvertragliche Regelung kommt beispielsweise allein deshalb nicht zustande, weil die Gesellschafter ihre sehr enge Arbeits- und Haftungsgemeinschaft nicht durch den Eintritt Dritter sprengen wollen und deshalb auch gesellschaftsvertraglich für den Tod eines Gesellschafters eine Fortsetzungsklausel vereinbart haben. So kann derjenige Gesellschafter, der dieser gesellschaftsvertraglichen Regelung nur um der Fortführung der Gesellschaft wegen zugestimmt hat, trotzdem durch eine Unterbeteiligung seiner Erben an seinem Gesellschaftsanteil dessen grundsätzliche Unübertragbarkeit umgehen.
- Da *die Unterbeteiligung* nur zwischen dem Gesellschafter und dem oder den Unterbeteiligten erfolgt, die Gesellschaft als solche bei diesem Übertragungsakt also nicht involviert ist, *erfolgt* sie ohne Kenntnis der übrigen Gesellschafter und bleibt somit *geheim*. Dies kann aus obigen Gründen gegenüber der Stillen Gesellschaft, die durch Vertrag mit der Gesellschaft und nicht nur mit einem einzelnen Gesellschafter vereinbart wird, von Vorteil sein.
- Sind neben der Unternehmensbeteiligung des Erblassers keine weiteren Vermögenswerte vorhanden, die dieser den erb- oder pflichtteilsberechtigten Personen zuwenden könnte, die nicht in seine Unternehmensbeteiligung nachfolgen sollen, so würde dem Unternehmen ein nicht unerheblicher Liquiditätsverlust durch den mit Ansprüchen dieser zurückgesetzten Personen belasteten Gesellschaftsanteil des Erblassers drohen. Dies kann existenzgefährdende Ausmaße annehmen.
  Der Gesellschaftsanteil des Erblassers kann einerseits mit Abfindungsansprüchen belastet sein, die durch Erb- und Pflichtteilsverzichtsverträge zwischen dem Erblasser und den zurückgesetzten Personen geschlossen worden sind.
  Andererseits kann die Belastung auch aus den Erb- und Pflichtteilsansprüchen dieser Personengruppe bei fehlenden Verzichtsverträgen herrühren. Um die auf diese Weise drohende Zerschlagung des Unterneh-

mens zu vermeiden, kann der Erblasser die bei der Unternehmensnachfolge nicht berücksichtigten Personen in Form von Unterbeteiligungen an seinem Gesellschaftsanteil partizipieren lassen.

- Durch die Einräumung von Unterbeteiligungen an seinem Gesellschaftsanteil kann der Erblasser demzufolge auch die ihm am geeignetsten erscheinende Person in seinem Gesellschaftsanteil nachfolgen lassen. Dieses muß nicht eine erb- oder pflichtteilsberechtigte Person, sondern kann auch ein qualifizierter Dritter sein. Im letzteren Fall kann der Erblasser dann sämtliche erb- und pflichtteilsberechtigten Personen als Unterbeteiligte *in Form eines Vermächtnisses* einsetzen.

  Die Unterbeteiligung kann *entsprechend einer Beteiligung an einer Stillen Gesellschaft* ausgestaltet sein, d.h. sie kann *in typischer oder atypischer Form* vorliegen.

Da die Unterbeteiligten mit dem Inhaber der Gesellschaftsbeteiligung eine Innengesellschaft ohne eigenes Gesamthandsvermögen bilden und sich ihr Verhältnis untereinander entsprechend einer Stillen Gesellschaft gestaltet, kann hinsichtlich der Rechte und Pflichten eines Unterbeteiligten und der Ausgestaltung als atypischer oder typischer Unterbeteiligung auf die Ausführungen zur Stillen Gesellschaft verwiesen werden.

16 Die steuerlichen Auswirkungen des Erbfalls unter besonderer Berücksichtigung des Jahressteuergesetzes 1997

Da der Erbfall erhebliche steuerliche Auswirkungen verursachen kann, die besonders im Bereich der Unternehmensnachfolge zu finanziellen Belastungen und einem spürbaren Liquiditätsverlust führen, sollte der Erblasser im Hinblick auf eine vorausschauende Gestaltung der Vermögensnachfolge auch steuerliche Gesichtspunkte berücksichtigen.

Demzufolge sollten bei der Suche nach der optimalen Gestaltungsform einer Verfügung von Todes wegen auch steuerliche Kriterien Beachtung finden. Dabei stellen sich die in der Praxis häufig verwendeten letztwilligen Regelungsmöglichkeiten, wie beispielsweise die Anordnung einer Vor- und Nacherbschaft, nicht unbedingt als steuergünstigste Testamentsgestaltungsformen dar.

Das die Vermögensnachfolge betreffende Steuerrecht ist in den letzten Jahren gerade durch zwei Entscheidungen des Bundesverfassungsgerichts vom 22. 6. 1995 mit den darin enthaltenen grundsätzlichen Anweisungen an den Gesetzgeber hinsichtlich einer konkret neu zu regelnden Steuermaterie erheblichen Veränderungen unterworfen worden.[9]

Anlaß für den Neuregelungsauftrag des Bundesverfassungsgerichts war vor allem die festgestellte Verfassungswidrigkeit der Bewertung von Grundbesitz nach dem sog. Einheitswert. Dies führte zu einer groben Ungleichbehandlung bei der Erbschaftsteuer – gerade im Vergleich zu den anderen Vermögenswerten.

Daneben hat das Bundesverfassungsgericht den Gesetzgeber aufgefordert, im Hinblick auf die Eigentumsgarantie des Art. 14 GG diejenigen Wirtschaftsgüter, die der persönlichen Lebensgestaltung dienen und damit die persönliche Entwicklungsfreiheit des einzelnen gewährleisten, von jeglicher Vermögensteuer freizustellen. Demzufolge mußte der Gesetzgeber die Freibeträge erheblich erhöhen, was sich praktisch im Bereich der Familie dahingehend auswirkt, daß das durchschnittliche Familienwohnheim von jeglicher Vermögensteuer befreit ist.

Des weiteren ist nach Auffassung des Bundesverfassungsgerichts im Hinblick auf Art. 12 GG eine besondere Zurückhaltung hinsichtlich der steuerli-

---

9 BVerfGE 93, 121 ff.; BVerfGE 93, 165 ff.

chen Belastungen von mittelständischen Unternehmen im Bereich der Vermögensnachfolge geboten.

Der Gesetzgeber hat aufgrund der verfassungsgerichtlichen Auflagen das *Jahressteuergesetz 1997* verabschiedet, das *rückwirkend ab dem 1. 1. 1996* folgende steuerrechtliche Veränderungen des *Erbschaft- und Schenkungsteuergesetzes* mit sich bringt:

- Die Steuerfreibetragsgrenzen für Hausrat, Kunstgegenstände, Sammlungen und andere bewegliche körperliche Gegenstände sind gemäß § 13 Abs. 1 Nr. 1 ErbStG erheblich erhöht worden. Abhängig von der Art des jeweiligen Gegenstands sind die Freibeträge in der Steuerklasse I von 40 000 DM auf 80 000 DM bzw. von 10 000 DM auf 20 000 DM, in der Steuerklasse II und III von 5000 DM auf 20 000 DM angestiegen.
- Der Steuerfreibetrag, der gemäß § 13 Abs. 1 Nr. 6 ErbStG einem Erwerbsunfähigen zusteht oder demjenigen, der durch Führung eines gemeinsamen Hausstands mit einem Erwerbsunfähigen oder in der Ausbildung befindlichen Abkömmling an der Ausübung einer Erwerbstätigkeit gehindert ist, wird von 40 000 DM auf 80 000 DM angehoben.
- Nach § 13 Abs. 1 Nr. 9 ErbStG beträgt die Steuerbefreiung für den steuerpflichtigen Erwerb bei Personen, die dem Erblasser unentgeltlich oder gegen unzureichendes Entgelt Pflege oder Unterhalt gewährt haben, statt 2000 DM nunmehr 10 000 DM.
- Die Zahl der Steuerklassen wurde von vier auf drei vermindert. Die Verwandten der bisherigen Steuerklasse II sind in die Steuerklasse I übernommen worden.
- Die persönlichen Freibeträge wurden erheblich heraufgesetzt, so beispielsweise der Freibetrag des überlebenden Ehegatten von 250 000 DM auf 600 000 DM, der Freibetrag von Kindern und von Kindern verstorbener Kinder von 90 000 DM auf 400 000 DM; der Freibetrag für Personen der neuen Steuerklasse II wurde von 10 000 DM auf 20 000 DM verdoppelt.
- Die besonderen Versorgungsfreibeträge für den überlebenden Ehegatten sowie für die Kinder im Sinne des § 17 ErbStG wurden verdoppelt.
- Die Steuersätze des § 19 ErbStG sind geändert worden. Für die Steuerklasse I beginnen sie jetzt bei 7 % statt wie bisher bei 4 % und steigen in der Steuerklasse III bis auf 50 % statt wie bisher auf 70 %.
- Ein neu eingefügter § 19 a ErbStG führt zugunsten von natürlichen Personen der Steuerklasse II und III einen Entlastungsbetrag für unternehmerisches Vermögen ein.

Das Jahressteuergesetz 1997 hat zudem *im Bereich des Bewertungsgesetzes* durch die neu hinzugefügten §§ 137 bis 152 eine geänderte Bewertung von Grundbesitz für die Erbschaftsteuer bewirkt, wonach die Grundstückswerte nicht wie bisher als Einheitswerte festgestellt werden, sondern nach den Verhältnissen vom 1. 1. 1996 ermittelt werden.

Um im Hinblick auf eine sachgerechte Vermögensnachfolgeplanung die steuerlichen Aspekte adäquat berücksichtigen zu können, soll im folgenden zunächst für den Bereich des Erbschaftsteuerrechts ein kursorischer Überblick über dessen entscheidenden Regelungen gegeben werden:

16.1 Die Erbschaftsteuer

16.1.1 Steuerpflichtige Vorgänge

Als steuerpflichtige Vorgänge sieht das Erbschaft- und Schenkungsteuergesetz folgende Vorgänge an:

- **den Erwerb von Todes wegen.**
  Darunter fällt gemäß §3 ErbStG der Erwerb
    - durch Erbanfall gemäß §§1922 ff. BGB
    - aufgrund eines Erbersatzanspruchs gemäß §§1934 a ff. BGB
    - durch Vermächtnis gemäß §§2147 ff. BGB
    - aufgrund eines geltend gemachten Pflichtteilsanspruchs
    - durch Schenkung auf den Todesfall
      durch einen Vertrag zugunsten Dritter auf den Todesfall gemäß §§328, 331 BGB
    - aufgrund eines Erb- oder Pflichtteilsverzichts in Form einer Abfindung
    - infolge der Vollziehung einer vom Erblasser angeordneten Auflage oder Bedingung
    - dessen, was ein Vertragserbe aufgrund einer beeinträchtigenden Schenkung des Erblassers im Sinne des §2287 BGB vom Beschenkten nach den §§812 ff. BGB erlangt
    - desjenigen Vermögens, das eine vom Erblasser angeordnete Stiftung erlangt.
- **die Schenkungen unter Lebenden.**
  Als Schenkungen unter Lebenden gelten gemäß §7 ErbStG u. a.
    - jede freigebige Zuwendung unter Lebenden auf Kosten des Zuwendenden
    - die Bereicherung, die ein Ehegatte bei Vereinbarung der Gütergemeinschaft erfährt
    - was als Abfindung für einen Erbverzicht gewährt wird

- was ein Vorerbe dem Nacherben mit Rücksicht auf die angeordnete Nacherbschaft vor ihrem Eintritt herausgibt
- der Übergang von Vermögen aufgrund eines Stiftungsgeschäfts unter Lebenden.

- **die Zweckzuwendungen.**
Zweckzuwendungen sind gemäß §8 ErbStG Zuwendungen von Todes wegen oder freigebige Zuwendungen unter Lebenden, die mit der Auflage verbunden sind, zugunsten eines bestimmten Zwecks verwendet zu werden, oder die von der Verwendung zugunsten eines bestimmten Zwecks abhängig sind, soweit hierdurch die Bereicherung des Erwerbers gemindert wird.

Beispiel:

Hans Schmidt bestimmt testamentarisch, daß im Fall seines Todes der von ihm eingesetzte Alleinerbe Thomas Karstens jährlich 10000 DM für die Unterhaltung des von ihm so geliebten alten Bauernhauses aufzuwenden hat.

- **das Vermögen einer Stiftung.**
Das Vermögen einer Stiftung, sofern sie wesentlich im Interesse einer Familie oder bestimmten Familien errichtet ist, *und eines Vereins*, dessen Zweck wesentlich im Interesse einer Familie oder bestimmten Familien auf die Bindung von Vermögen gerichtet ist.

16.1.2 Die Entstehung der Steuer

Gemäß §9 ErbStG entsteht die Steuer
- bei einem Erwerb von Todes wegen grundsätzlich mit dem Tod des Erblassers, jedoch
  - für den Erwerb unter einer aufschiebenden Bedingung , einer Betagung oder Befristung mit dem Eintritt der Bedingung oder des Ereignisses

> **Beispiel:**
>
> Helga und Karl Roland setzen sich in ihrem gemeinschaftlichen Testament für den Fall ihres Versterbens jeweils gegenseitig als Alleinerben und ihre Tocher Sandra als Schlußerbin des Längstlebenden ein. Für den Fall, daß Sandra den von ihr angestrebten Hochschulabschluß erlangt, setzen sie ihr ein Vermächtnis in Höhe von 10 000 DM aus, das von dem längstlebenden Elternteil zu erfüllen ist.
>
> Hier hat Sandra erst mit Erlangung des Hochschulabschlusses einen Anspruch auf Auszahlung der 10 000 DM und muß also auch erst ab diesem Zeitpunkt diesen Geldbetrag versteuern. Bis zu diesem Zeitpunkt befand sich der im Rahmen des Vermächtnisses ausgesetzte Geldbetrag noch im Vermögen des überlebenden Elternteils und war mit dem Tod des erstverstorbenen Elternteils von diesem solange zu versteuern.

- für den Erwerb eines geltend gemachten *Pflichtteilsanspruchs* oder *Erbersatzanspruchs* mit dem Zeitpunkt der Geltendmachung
- für den Erwerb dessen, was jemand infolge einer vom Erblasser *angeordneten Auflage* oder infolge der Erfüllung einer vom Erblasser gesetzten *Bedingung* erwirbt, mit dem Zeitpunkt der Vollziehung der Auflage oder der Erfüllung der Bedingung
- für den Erwerb des Nacherben mit dem Zeitpunkt des Eintritts der Nacherbfolge.

> **Beispiel:**
>
> Horst Stein errichtet ein Testament, in dem er seine Frau Gerda als Vorerbin und seine Tochter Melanie als Nacherbin einsetzt. Der Nacherbfall soll mit dem Tod seiner Frau eintreten.
>
> Gerda Stein ist mit dem Tod ihres Mannes erbschaftsteuerpflichtig, ihre Tochter Melanie hingegen erst mit Eintritt des Nacherbfalls, also mit dem Tod ihrer Mutter. Auf die steuerlichen Nachteile, die die Anordnung einer Vor- und Nacherbschaft mit sich bringt, wird später noch einzugehen sein.

- bei Schenkungen unter Lebenden mit dem Zeitpunkt der Ausführung der Zuwendung
- bei Zweckzuwendungen mit dem Zeitpunkt des Eintritts der Verpflichtung des Beschwerten
- bei vom Erblasser angeordneten Stiftungen und Vereinen in Zeitabständen von je 30 Jahren seit dem Zeitpunkt des ersten Übergangs von Vermögen auf die Stiftung oder auf den Verein.

16.1.3 Der steuerpflichtige Erwerb

Für die Berechnung des steuerpflichtigen Erwerbs ist gemäß §10 ErbStG grundsätzlich der Wert des aktiven Nachlasses im Zeitpunkt des Todes des Erblassers maßgeblich – abzüglich der Nachlaßverbindlichkeiten und Nachlaßkosten im Sinne des §10 Abs. 5 ErbStG und abzüglich der Freibeträge, d. h. der Zugewinnausgleichsforderung des überlebenden Ehegatten gemäß §5 ErbStG, der steuerfreien Zuwendungen des §13 ErbStG, der allgemeinen Steuerfreibeträge des §16 ErbStG und der Versorgungsfreibeträge des §17 ErbStG.

16.1.3.1 Die Bewertung des Aktivnachlasses

Die Bewertung des aktiven Nachlasses richtet sich gemäß §12 Abs. 1 ErbStG nach den *Vorschriften des Ersten Teils des Bewertungsgesetzes* (§§1–16 BewG), soweit in den Absätzen 2 bis 6 nicht etwas anderes bestimmt ist.

Die Bewertung nach den allgemeinen Bewertungsvorschriften des Bewertungsgesetzes
Gemäß §2 BewG ist grundsätzlich jede wirtschaftliche Einheit im ganzen zu bewerten. Ausnahmsweise werden wie beim Betriebsvermögen gemäß §98 a BewG auch einzelne Wirtschaftsgüter bewertet.

Was als *wirtschaftliche Einheit* zu gelten hat, ist nach der Verkehrsanschauung zu entscheiden, wobei die örtliche Gewohnheit, die tatsächliche Übung, die Zweckbestimmung und die wirtschaftliche Zusammengehörigkeit der einzelnen Wirtschaftsgüter zu berücksichtigen sind.

Diese wirtschaftlichen Einheiten oder gegebenenfalls die einzelnen Wirtschaftgüter sind gemäß §9 ErbStG grundsätzlich nach ihrem gemeinen Wert zu bewerten, soweit nichts anderes vorgeschrieben ist.

Der *gemeine Wert* wird durch den Preis bestimmt, der im gewöhnlichen Geschäftsverkehr nach der Beschaffenheit des Wirtschaftsgutes bei einer Veräußerung zu erzielen wäre. Dabei sind alle Umstände, die den Preis beeinflussen, zu berücksichtigen. Ungewöhnliche oder persönliche Verhältnisse, wie etwa der ideelle Wert eines Gegenstands, sind nicht zu berücksichtigen.

Als persönliche Verhältnisse gelten auch Verfügungsbeschränkungen, die in der Person des Steuerpflichtigen oder eines Rechtsvorgängers begründet sind. Das gilt insbesondere für Verfügungsbeschränkungen, die auf letztwilligen Anordnungen beruhen.

Dies sind beispielsweise die Anordung einer Testamentsvollstreckung gemäß §§ 2205 ff. BGB oder die Einsetzung eines Pflichtteilsberechtigten als Nacherben gemäß § 2306 Abs. 2 BGB.

Hinweis:
Auch wenn zum Zeitpunkt des Todes des Erblassers ein von diesem abgeschlossenes Rechtsgeschäft weder von der einen noch von der anderen Vertragspartei erfüllt wurde, vielmehr also die den Erblasser aus diesem Vertragsverhältnis treffenden Ansprüche und Verpflichtungen in den Nachlaß gefallen sind, müssen *diese Ansprüche und Verpflichtungen mit ihrem gemeinen Wert notiert werden.*

Beispiel:

Hans Thomsen hat mit seinem Freund Karl Seiler einen Kaufvertrag über seinen PKW, der einen Verkehrswert von 15 000 DM hat, geschlossen und einen Freundschaftspreis von lediglich 5000 DM vereinbart. Vor Übergabe des Wagens und der Zahlung des Kaufpreises verstirbt Hans Thomsen.

Erbschaftsteuerlich sind im Nachlaß als Wert für den PKW 15 000 DM zu erfassen. Hat Hans Thomsen den Wagen hingegen an einen ihm bisher unbekannten Dritten für einen Preis von 30 000 DM verkaufen wollen, so ist im Nachlaß nicht dieser Kaufpreis, sondern ebenfalls der Verkehrswert von 15 000 DM zu veranschlagen.

Bei Wirtschaftsgütern, die einem Unternehmen dienen, ist hingegen, soweit nichts anderes festgelegt und vorgeschrieben ist, gemäß § 10 BewG der sog. Teilwert anzusetzen.

Der Teilwert ist derjenige Betrag, den ein Erwerber des ganzen Unternehmens im Rahmen des Gesamtkaufpreises für das einzelne Wirtschaftsgut ansetzen würde. Dabei ist davon auszugehen, daß der Erwerber das Unternehmen fortführt.

Wertpapiere und Schuldbuchforderungen, die am *Stichtag*, also dem Todestag des Erblassers, an einer deutschen Börse zum amtlichen Handel zugelassen sind, werden gemäß § 11 Abs. 1 BewG mit dem niedrigsten am Stichtag für sie im amtlichen Handel notierten Kurs angesetzt. Liegt am Stichtag eine Notierung nicht vor, so ist der letzte innerhalb von 30 Tagen vor dem Stichtag im amtlichen Handel notierte Kurs maßgebend.

Anteile an Kapitalgesellschaften, d. h. an Aktiengesellschaften, Kommanditgesellschaften auf Aktien und Gesellschaften mit beschränkter Haftung, die nicht unter § 11 Abs. 1 BewG fallen, sind gemäß § 11 Abs. 2 BewG mit ihrem gemeinen Wert anzusetzen.

Läßt sich der gemeine Wert nicht aus Verkäufen ableiten, die weniger als ein Jahr zurückliegen, so ist er unter Berücksichtigung des Vermögens und der Ertragsaussichten der Kapitalgesellschaft zu schätzen. Dies geschieht gemäß § 12 Abs. 2 ErbStG in Verbindung mit § 11 Abs. 2 BewG in der Weise, daß die Schätzung unter Berücksichtigung des Vermögens und der Ertragsaussichten der Kapitalgesellschaft zu erfolgen hat.

Das *Vermögen der Kapitalgesellschaft* wird dabei mit dem Wert im Zeitpunkt der Entstehung der Steuer angesetzt. Dieser Vermögenswert ist nach den Grundsätzen des § 12 Abs. 5 und 6 ErbStG zu ermitteln. Der Geschäfts- oder Firmenwert und die Werte von firmenwertähnlichen Wirtschaftsgütern sind dabei aber nicht mit in die Ermittlung einzubeziehen.

Die *Ertragsaussichten* sind wiederum zu schätzen. Allerdings ist nach Abschnitt 7 der Vermögensteuer-Richtlinien für die Vermögensteuer-Hauptveranlagung (VStR) von dem jeweils zu versteuernden Jahreseinkommen nach §§ 7, 8 Körperschaftsteuergesetz (KStG) der letzten drei Jahre auszugehen.

Da der durchschnittlich ausschüttungsfähige Betrag zu ermitteln ist, muß das sich ergebende Einkommen dadurch korrigiert werden, daß u. a. einmalige Veräußerungsgewinne abzuziehen und einmalige Veräußerungsverluste hinzuzurechnen sind (siehe im einzelnen Abschnitt 7 Abs. 1 VStR).

Die Summe der so ermittelten Betriebsergebnisse der letzten drei Veranschlagungszeiträume vor dem Stichtag ist dann durch drei zu dividieren und ergibt den Durchschnittsertrag. Zur Abgeltung aller Unwägbarkeiten ist der Durchschnittsertrag um einen Abschlag von 15 % zu mindern; das Ergebnis stellt den *Jahresertrag* dar.

Diese Schätzung des gemeinen Wertes von Anteilen an Kapitalgesellschaften nach den Abschnitten 4 ff. VStR wird als sog. *Stuttgarter Verfahren* bezeichnet.

Ist der gemeine Wert einer Anzahl von Anteilen an einer Kapitalgesellschaft, die einer Person gehören, infolge besonderer Umstände (z.B. weil die Höhe der Beteiligung die Beherrschung der Kapitalgesellschaft ermöglicht) höher als der Wert, der sich aufgrund der Kurswerte (§ 11 Abs. 1 BewG) oder gemeinen Werte (§ 11 Abs. 2 BewG) für die einzelnen Anteile ergibt (sog. *Paketzuschlag*), so ist gemäß § 11 Abs. 3 BewG der gemeine Wert der Beteiligung maßgebend.

Wertpapiere, die Rechte der Einleger (Anteilinhaber) gegen eine Kapitalanlagegesellschaft oder einen sonstigen Fonds verbriefen (Anteilscheine), sind gemäß § 11 Abs. 4 BewG mit dem *Rücknahmepreis* anzusetzen. Diese Rücknahmepreise werden von den Kapitalanlagegesellschaften in regelmäßigen Abständen veröffentlicht.

Kapitalforderungen, die nicht in § 11 BewG bezeichnet sind, und *Schulden* sind gemäß § 12 Abs. 1 BewG mit dem Nennwert anzusetzen, wenn nicht besondere Umstände einen höheren oder geringeren Wert begründen.

Der Nennwert ist derjenige Betrag, den der Schuldner dem Gläubiger bei Fälligkeit zu zahlen hat. Ein höherer oder niedrigerer Wert ist unter folgenden Voraussetzungen anzusetzen:

- Es liegt eine *niedrig verzinsliche Kapitalforderung oder Schuld* mit einer Verzinsung unter 3 % vor, und die Kündbarkeit ist am Veranschlagungsstichtag für mindestens drei Jahre eingeschränkt oder ausgeschlossen (vgl. Abschnitt 18 Abs. 3 VStR).
  In diesen Fällen ist der Nennwert der Forderung um den Kapitalwert des jährlichen Zinsverlustes zu kürzen. Der jeweilige Zinsverlust entspricht dem Differenzbetrag zwischen dem Zinssatz von 3 % und dem tatsächlich darunter liegenden Zinssatz. Der Kapitalwert wird nach der Anlage 9 a zum BewG ermittelt.

Beispiel:

Hans Hahne ist Inhaber einer Darlehensforderung in Höhe von 100 000 DM, die mit 2 % verzinst und frühestens Ende 2005 kündbar ist.

Der Gegenstandswert der Forderung zum 1. 1. 1998 berechnet sich wie folgt:

Nennwert der Forderung:	100 000 DM
Kapitalwert des Zinsverlustes:	
Der Zinsverlust beträgt (3 % – 2 % = 1 %)	
1 % von 100 000 DM = 1000 DM	
Der Kapitalwert beträgt bei einer Laufzeit von acht Jahren	
1000 DM x 6,509 (siehe Anlage 9 a zum BewG) =	6 509 DM
Gegenstandswert der Forderung:	93 491 DM

- Es liegt eine *hochverzinsliche Forderung oder Schuld* mit einer Verzinsung von über 9 % vor, und die Rückzahlung am Veranschlagungsstichtag ist noch für mindestens vier Jahre ausgeschlossen (siehe Abschnitt 18 Abs. 5 VStR).
- *Unverzinsliche Kapitalforderungen oder Schulden*, deren Laufzeit mehr als ein Jahr beträgt und die zu einem bestimmten Zeitpunkt fällig sind, werden mit dem Betrag angesetzt, der vom Nennwert nach Abzug von Zwischenzinsen unter Berücksichtigung von Zinseszinsen verbleibt. Dabei ist von einem Zinssatz von 5,5 % auszugehen.
- *Uneinbringliche Forderungen* bleiben dagegen gemäß § 12 Abs. 2 BewG außer Ansatz.

Sollen Renten (z. B. eine Leibrente), Nutzungen (z. B. ein Nießbrauch) und Leistungen, die dem Erben zugewendet worden sind, bewertet werden, so kann der Erbe gemäß § 23 ErbStG die Steuer wahlweise vom Kapitalwert oder jährlich im voraus vom Jahreswert entrichten.

1) Kapitalwert
Für die Ermittlung des Kapitalwerts im Ablösungszeitpunkt sind gemäß § 23 Abs. 2 ErbStG die §§ 13 ff. BewG einschlägig. Die Höhe des Kapitalwerts errechnet sich gemäß §§ 13 ff. BewG aus zwei Komponenten: *Die Höhe des Jahreswerts (§ 15 BewG) wird mit der Höhe des Vervielfältigers, der von der Laufzeit der Nutzungen und Leistungen abhängt, multipliziert und ergibt so den Kapitalwert.*

Die §§ 13 und 14 BewG unterscheiden zwischen folgenden Laufzeiten:
- Ist die Leistung oder Nutzung auf eine bestimmte Zeit beschränkt, so ist der Kapitalwert gemäß § 13 Abs. 1 BewG mit dem aus der Anlage 9 a zu entnehmenden Vielfachen des Jahreswerts anzusetzen.

Beispiel:

Herbert Schade hat testamentarisch angeordnet, daß seinem Freund Hans Vagt aus seinem Nachlaß jährlich 20 000 DM bis Ende 2005 zu zahlen sind. Herbert Schade verstirbt am 31. 12. 1997.

Der *Kapitalwert* dieser zeitlich befristeten Rente errechnet sich zum Zeitpunkt des Todes des Herbert Schade wie folgt:

Wert der jährlichen Leistung (20 000 DM) x 6,509 (siehe Anlage 9 a zum BewG) = 130 180 DM

Hinweis:
Ist die Dauer der Rente außerdem durch das Leben einer Person bedingt (sog. *Höchstzeitrente*), darf der nach §14 BewG zu berechnende Kapitalwert nicht überschritten werden.

- *Immerwährende Nutzungen* oder Leistungen sind gemäß §13 Abs. 2 BewG mit dem 18,6fachen Jahreswert zu bewerten.
  Ein Beispiel hierfür sind Leistungen, die an eine vom Erblasser bestimmte Stiftung zu einem bestimmten Zweck zu erfolgen haben.
- *Nutzungen und Leistungen von unbestimmter Dauer* sind gemäß §13 Abs. 2 BewG mit dem 9,3fachen des Jahreswerts anzusetzen, soweit nicht §14 BewG etwas anderes bestimmt.
- *Lebenslängliche Nutzungen und Leistungen* sind gemäß §14 BewG mit dem aus der Anlage 9 zu entnehmenden Vielfachen des Jahreswerts abzurechnen.

Beispiel:

Karl Meier bestimmt testamentarisch, daß seine Frau Gerda für den Fall seines Todes bis zu ihrem Ableben von seinem als Alleinerben eingesetzten Sohn Dieter eine jährliche Rente von 30 000 DM erhalten soll. Als Karl Meier verstirbt, ist seine Frau 60 Jahre alt.

Gemäß §14 BewG beträgt der Kapitalwert der Rente 30 000 DM x 12,034 (vgl. Anlage 9 zum BewG) = 361 020 DM.

---

2) Jahreswert
Der Jahreswert von Nutzungen und Leistungen ist nach den §§15, 16 BewG zu ermitteln.

Der einjährige Betrag der *Nutzung einer Geldsumme* ist, wenn kein anderer Wert feststeht, gemäß §15 Abs. 1 BewG zu 5,5% anzunehmen.

Nutzungen und Leistungen, die nicht in Geld bestehen (Wohnung, Verpflegung, Waren und sonstige Sachbezüge), sind gemäß §15 Abs. 2 BewG mit den üblichen Mittelpreisen des Verbrauchsorts anzusetzen.

Bei Nutzungen oder Leistungen, die in ihrem Betrag ungewiß sind oder schwanken, ist gemäß §15 Abs. 3 BewG als Jahreswert der Betrag zugrunde zu legen, der in Zukunft im Durchschnitt der Jahre voraussichtlich erzielt werden wird. Ein Anhaltspunkt bei dieser Schätzung kann der durchschnittlich erzielte Betrag der letzten drei Jahre sein.

Das Nutzungsrecht an einem Wirtschaftsgut soll nicht höher bewertet werden als das Wirtschaftsgut selbst. Dies regelt §16 BewG. So darf bei der Ermittlung des Kapitalwerts der Nutzungen eines Wirtschaftsguts der Jahreswert dieser Nutzungen höchstens den Wert betragen, der sich ergibt, wenn der für das genutzte Wirtschaftsgut nach den Vorschriften des Bewertungsgesetzes anzusetzende Wert durch 18,6 geteilt wird.

Beispiel:

Thomas Ernst bestimmt testamentarisch, daß seine Frau Helga für den Fall seines Versterbens das ihm gehörende Familienheim im Wert von 500 000 DM bis an ihr Lebensende für sich nutzen darf. Als Thomas Ernst verstirbt, ist seine Frau Helga 47 Jahre alt.

Der Jahreswert des Nießbrauchs an dem Familienheim ist gemäß §15 Abs. 3 BewG schätzungsweise mit 40 000 DM zu veranschlagen.

Gemäß §16 BewG darf der Jahreswert für die Nutzungen nicht mehr als 500 000 DM : 18,6 = 26 881 DM betragen.

Deshalb darf für die Berechnung des Kapitalwerts des Nießbrauchs nicht der Jahreswert in Höhe von 40 000 DM veranschlagt werden, sondern es ist auf die gemäß §16 BewG ermittelten 26 881 DM zurückzugreifen. Der Kapitalwert beträgt demnach 26 881 DM x 14,858 (siehe Anlage 9 zum BewG) = 399 397 DM.

Die Bewertung von Grundstücken

Grundstücke wurden gemäß der bis zum 31. 12. 1995 geltenden Fassung des §12 Abs. 2 ErbStG in Verbindung mit dem BewG mit dem sog. *Einheitswert* bewertet.

Diese Einheitswerte waren bis zu diesem Zeitpunkt auf dem Stand von 1964 und wurden nur durch die Einfügung des §121 a BewG um 40% erhöht. Dadurch hatte sich der Einheitswert im Lauf der Zeit immer weiter von den ständig steigenden tatsächlichen Verkehrswerten der Grundstücke entfernt. Da aber das übrige Vermögen im Rahmen der erbschaftsteuerlichen Bemessung mit zeitnahen Werten bewertet wurde, bestand eine eklatante Diskrepanz zwischen diesen Gegenwartswerten und den Einheitswerten der Grundstücke.

Das Bundesverfassungsgericht[10] hat diese unterschiedliche Bewertungspraxis mit dem Gleichbehandlungsgrundsatz des Art. 3 Abs. 1 GG für unver-

---

10 BVerfG NJW 1995, 2624 ff.

einbar erklärt und den Gesetzgeber angewiesen, für eine Änderung bis zum 31. 12. 1996 zu sorgen. Für die Vergangenheit und das laufende Jahr 1995 sollten die bisherigen Regeln weitergelten, für 1996 eine vorläufige Steuerfestsetzung vorgeschlagen werden.

Der Gesetzgeber hat auf diesen Regelungsauftrag mit dem Jahressteuergesetz 1997 reagiert, das rückwirkend ab dem 1. 1. 1996 gilt. Demzufolge ist der Wert von Grundstücken ab dem 1. 1. 1996 gemäß § 12 Abs. 3 ErbStG mit dem *Grundbesitzwert* anzusetzen, der nach den §§ 138 ff. BewG auf den Zeitpunkt der Entstehung der Steuer festgestellt wird, soweit es für die Erbschaftsteuer erforderlich ist (*Bedarfsbewertung*).

Diese Bewertung erfolgt gemäß § 138 Abs. 1 BewG unter Berücksichtigung der tatsächlichen Verhältnisse zum Besteuerungszeitpunkt und der Wertverhältnisse zum 1. 1. 1996.

Hinsichtlich der Bewertung von Grundstücken unterscheidet das Bewertungsgesetz zwischen *unbebauten Grundstücken* im Sinne der §§ 72, 145 BewG und *bebauten Grundstücken* im Sinne der §§ 74, 146 BewG.

1) Unbebaute Grundstücke

Unbebaute Grundstücke sind gemäß § 145 Abs. 1 BewG Grundstücke,
- auf denen sich keine benutzbaren Gebäude befinden oder
- zur Nutzung vorgesehene Gebäude im Bau befindlich sind.

Die Benutzbarkeit beginnt mit der Bezugsfertigkeit. Gebäude sind als bezugsfertig anzusehen, wenn den zukünftigen Bewohnern oder sonstigen Benutzern zugemutet werden kann, sie zu benutzen.

Im Bau befindlich ist ein Gebäude, wenn auf dem Grundstück Abgrabungen begonnen wurden oder Baustoffe eingebracht wurden, die zur planmäßigen Errichtung des Gebäudes führen.

Gemäß § 145 Abs. 2 BewG gilt ein Grundstück auch dann als unbebaut, wenn sich auf diesem Grundstück Gebäude befinden, die *keiner oder nur einer unbedeutenden Nutzung* zugeführt werden können.

Der Wert unbebauter Grundstücke bestimmt sich gemäß § 145 Abs. 3 BewG nach folgender Formel:

Fläche des Grundstücks x 80 % des Bodenrichtwerts

Bodenrichtwerte werden gemäß § 196 BauGB dergestalt berechnet, daß für jedes Gemeindegebiet aufgrund der Kaufpreissammlung durchschnittliche Lagewerte für den Boden unter Berücksichtigung des unterschiedlichen Entwicklungszustands, mindestens jedoch für erschließungsbeitragspflichtiges oder erschließungsbeitragsfreies Bauland, zu ermitteln sind.

Berechnungsbeispiel:

Karl Seiler ist Eigentümer eines unbebauten Grundstücks, das 3000 qm groß ist. Der Bodenrichtwert beträgt 150 DM/qm.
Der Wert des unbebauten Grundstücks errechnet sich wie folgt:

$$3000 \times \frac{150 \times 80}{100} = 360\,000 \text{ DM}$$

Die Bodenrichtwerte sind gemäß §145 Abs. 3 Satz 2 BewG von den *Gutachterausschüssen* im Sinne des §192 BauGB zu ermitteln und den Finanzämtern mitzuteilen.

Weist der Steuerpflichtige nach, daß der gemeine Wert des unbebauten Grundstücks niedriger als der nach der oben dargestellten Formel ermittelte Wert ist, wird gemäß §145 Abs. 3 Satz 3 BewG der gemeine Wert festgestellt.

2) Bebaute Grundstücke
Grundstücke, die nicht als unbebaut im Sinne des §145 Abs. 1 BewG gelten, sind bebaute Grundstücke gemäß §146 Abs. 1 BewG.

Der Wert eines bebauten Grundstücks ermittelt sich grundsätzlich gemäß §146 Abs. 2 BewG wie folgt:

Durchschnittlich erzielte Jahresmiete der letzten drei Jahre x 12,5 abzüglich der Wertminderung wegen Alters des Gebäudes.

Unter der Jahresmiete ist gemäß §146 Abs. 2 Satz 2 BewG das Gesamtentgelt zu verstehen, das die Mieter (Pächter) für die Nutzung der bebauten Grundstücke aufgrund vertraglicher Vereinbarungen für den Zeitraum von zwölf Monaten zu zahlen haben. Betriebskosten sind dabei nicht einzubeziehen.

In die Bewertung mit einzustellen ist die im Durchschnitt der letzten drei Jahre vor dem Besteuerungszeitpunkt erzielte Jahresmiete. Als *Besteuerungszeitpunkt* gilt dabei der gemäß §9 ErbStG maßgebliche Zeitpunkt, also regelmäßig der Tod des Erblassers.

Ist das Grundstück vor dem Besteuerungszeitpunkt weniger als drei Jahre vermietet worden, ist die Jahresmiete gemäß §146 Abs. 2 Satz 4 BewG aus dem kürzeren Zeitraum zu ermitteln.

An die Stelle der erzielten Jahresmiete tritt gemäß §146 Abs. 3 BewG die *übliche Miete*, wenn ein bebautes Grundstück oder Teile hiervon
- nicht oder
- vom Eigentümer oder dessen Familie selbst genutzt,

- anderen unentgeltlich zur Nutzung überlassen oder
- an Angehörige oder Arbeitnehmer des Eigentümers vermietet wurde.

Die übliche Miete ist gemäß §146 Abs.3 Satz 2 BewG die Miete, die für nach Art, Lage, Größe, Ausstattung und Alter vergleichbare, nicht preisgebundene Grundstücke von fremden Mietern bezahlt wird. Persönliche Verhältnisse bleiben dabei außer Betracht. Die übliche Miete beträgt:

Miete x 12,5 abzüglich der Wertminderung wegen Alters des Gebäudes.

Gemäß §146 Abs.4 BewG beträgt die Wertminderung wegen Alters des Gebäudes für jedes Jahr, das seit Bezugsfertigkeit des Gebäudes bis zum Besteuerungszeitpunkt vollendet worden ist, 0,5%, höchstens jedoch 25% des Werts nach §146 Abs.2 und 3 BewG.

Sind nach Bezugsfertigkeit des Gebäudes bauliche Maßnahmen durchgeführt worden, die die gewöhnliche Nutzungsdauer des Gebäudes um mindestens 25 Jahre verlängert haben, ist bei der Wertminderung wegen Alters von einer der Verlängerung der gewöhnlichen Nutzungsdauer entsprechenden Bezugsfertigkeit auszugehen.

Beispiel:

Hans Schmidt ist Eigentümer eines 1950 erbauten Einfamilienhauses, das im gleichen Jahr noch bezugsfertig gewesen ist. Im Jahr 1992 führt er eine umfangreiche Sanierung des gesamten Hauses durch.

Dies hat die gewöhnliche Nutzungsdauer des Hauses um 28 Jahre verlängert. Als er am 16. 10. 1995 verstirbt, ist sein Haus für die Ermittlung der Erbschaftsteuer zu bewerten.

Als Besteuerungszeitpunkt gilt hier gemäß §9 ErbStG der 16. 10. 1995. Da hier die Sanierungsarbeiten die gewöhnliche Nutzungsdauer im Sinne des §146 Abs.4 BewG um mehr als 25 Jahre verlängert haben, ist von einer der Verlängerung der gewöhnlichen Nutzungsdauer entsprechenden Bezugsfertigkeit auszugehen.

Das im Jahr 1950 erstellte Gebäude wäre demnach gemäß §146 Abs.4 BewG »erst« 1978 (1950 + 28 Jahre) bezugsfertig gewesen.

Enthält ein bebautes Grundstück, das ausschließlich Wohnzwecken dient, nicht mehr als zwei Wohnungen, ist der nach §146 Abs.1 bis 4 BewG ermittelte Wert gemäß §146 Abs.5 BewG um 20% zu erhöhen.

> **Beispiel:**
>
> Hans Kuhn ist Eigentümer eines Hauses, das er allein mit seiner Familie bewohnt. Es ist 1972 errichtet worden und war auch in diesem Jahr bezugsfertig. Als Hans Kuhn am 31.12.1997 stirbt, ist sein Haus wegen der Erbschaftsteuer zu bewerten.
>
> Bei Vermietung des Hauses wäre eine übliche Miete von jährlich 30 000 DM erzielt worden. Als Besteuerungszeitpunkt gilt der 5.5.1997. Der Grundstückswert in diesem Zeitpunkt setzt sich folgendermaßen zusammen:
>
> | | |
> |---|---:|
> | 30 000 DM (Jahresmiete) × 12,5 = | 375 000 DM |
> | – Wertminderung wegen Alters: | |
> | 25 Jahre (1972 – 1997) × 0,5 = 12,5 % | 46 875 DM |
> | | 328 125 DM |
> | + 20 % Erhöhung gemäß § 146 Abs. 5 BewG | 65 625 DM |
> | | 393 750 DM |

Gemäß § 146 Abs. 6 BewG ist zu beachten, daß der für ein bebautes Grundstück nach den Abs. 2 bis 5 anzusetzende Wert nicht geringer sein darf als der Wert, mit dem der Grund und Boden allein als unbebautes Grundstück zu bewerten wäre.

Ist also der Wert eines Grundstücks im bebauten Zustand geringer als der Wert, den dieses Grundstück im unbebauten Zustand hätte, so ist der Wert des Grundstücks im unbebauten Zustand der festzusetzende Grundstückswert.

Wenn der Steuerpflichtige nachweist, daß der gemeine Wert des Grundstücks niedriger als der nach den Absätzen 2 bis 6 ermittelte Wert ist, wird gemäß § 146 Abs. 7 BewG dieser niedrigere Wert als Grundstückswert festgestellt.

Für Wohnungseigentum und Teileigentum gelten die dargestellten Regeln des § 146 BewG gemäß § 146 Abs. 8 BewG entsprechend.

Hinweis:
Ist ein Grundstück mit einem Erbbaurecht belastet oder steht ein Gebäude auf fremdem Grund und Boden, so richtet sich dessen Bewertung nach § 148 BewG. Befindet sich das Grundstück im Zustand der Bebauung, ist es also noch nicht bezugsfertig, dann richtet sich seine Bewertung nach § 149 BewG.

16.1.3.2 Abzugsfähige Nachlaßverbindlichkeiten

Vom steuerpflichtigen Erwerb sind gemäß § 10 Abs. 5 ErbStG folgende Nachlaßverbindlichkeiten abzugsfähig:
- die vom Erblasser herrührenden Schulden,
- Verbindlichkeiten aus Vermächtnissen, Auflagen und geltend gemachten Pflichtteilen und Erbersatzansprüchen,
- die Kosten der Bestattung des Erblassers, die Kosten für ein angemessenes Grabdenkmal, die Kosten für die übliche Grabpflege sowie
- die Kosten, die dem Erwerber unmittelbar im Zusammenhang mit der Abwicklung, Regelung oder Verteilung des Nachlasses entstehen. Für diese Kosten wird insgesamt ein Betrag von 20 000 DM ohne Nachweis abgezogen. Kosten für die Verwaltung des Nachlasses sind nicht abzugsfähig.

16.1.3.3 Steuerfreier Zugewinn gemäß § 5 ErbStG

Wird der Güterstand der Zugewinngemeinschaft durch den Tod eines Ehegatten beendet und der Zugewinn nicht nach § 1371 Abs. 2 BGB ausgeglichen, gilt beim überlebenden Ehegatten der Betrag, den er nach Maßgabe des § 1371 Abs. 2 BGB geltend machen könnte. Gemäß § 5 Abs. 1 Satz 1 ErbStG wird dieser nicht als steuerpflichtiger Erwerb im Sinne des § 3 ErbStG gewertet und demzufolge als Steuerfreibetrag behandelt.

Damit wird deutlich, daß nach dem gesetzgeberischen Willen, der in § 5 ErbStG zum Ausdruck kommt, nicht die Regelungen des BGB über die Höhe des im Rahmen der Abwicklung der Zugewinngemeinschaft als steuerfrei deklarierten Betrages entscheiden sollen. Vielmehr soll unabhängig davon, ob der Erbteil des überlebenden Ehegatten pauschal gemäß § 1371 Abs. 1 BGB um ein Viertel erhöht worden ist oder ein Zugewinnausgleichsanspruch gemäß § 1371 Abs. 2 BGB geltend gemacht wird, jeweils der Betrag steuerfrei bleiben, den der überlebende Ehegatte als Zugewinnausgleichsanspruch geltend machen könnte.

Beispiel:

Stefan und Carola Teuber leben im gesetzlichen Güterstand der Zugewinngemeinschaft. Sie haben zwei Kinder. Als Stefan Teuber stirbt, tritt mangels einer vorhandenen Verfügung von Todes wegen die gesetzliche Erbfolge ein.

Im Zeitpunkt des Todes des Stefan Teuber besaß dieser ein Vermögen in Höhe von 100 000 DM. Seine Frau konnte über einen Betrag von 50 000 DM verfügen.

Carola Teuber wird gemäß §§ 1931 Abs. 1, 1371 Abs. 1 BGB neben ihren beiden Kindern, die gemäß § 1924 Abs. 1 und 4 BGB je ein Viertel erben, zur Hälfte Erbin des Vermögens ihres verstorbenen Mannes. Sie erbt also 50 000 DM.

Schlägt Carola Teuber ihre Erbschaft gemäß § 1371 Abs. 3 BGB aus, so kann sie ihren Zugewinnausgleichsanspruch geltend machen und daneben noch den sog. kleinen Pflichtteil in Höhe von ein Achtel der Erbschaft beanspruchen. Demnach würde sie einen Anspruch auf Ausgleich des Zugewinns in Höhe von 25 000 DM haben und zusätzlich 12 500 DM (100 000 DM : 8) als sog. kleinen Pflichtteil verlangen. Damit hätte sie insgesamt einen Anspruch auf 37 500 DM. Hier wäre ihr also zu raten, die Erbschaft nicht auszuschlagen.

Da Carola Teuber – wie gesehen – nur einen Zugewinnausgleichsanspruch in Höhe von 25 000 DM hat, kann sie aus erbschaftsteuerrechtlicher Sicht auch nur diesen Betrag, und nicht ihr Erbe in Höhe von 50 000 DM, als Steuerfreibetrag im Sinne des § 5 ErbStG deklarieren.

Hinweis:
Diese die konkrete erbrechtliche Abwicklung der Zugewinngemeinschaft negierende erbschaftsteuerliche Betrachtungsweise hat folgende Konsequenz: Derjenige überlebende Ehegatte, der einen höheren Zugewinn als sein verstorbener Partner erzielt hat und deshalb keinen Ausgleichsanspruch geltend machen kann, erhält auch keinen Steuerfreibetrag aus § 5 ErbStG.

Gemäß § 5 Abs. 1 Satz 2 ErbStG bleiben bei der Berechnung des (fiktiven) Ausgleichsbetrags die von den gesetzlichen Vorschriften des BGB abweichenden güterrechtlichen Vereinbarungen der Ehegatten unberücksichtigt. So wird beispielsweise auch eine ehevertraglich vereinbarte Rückverlegung des Zeitpunkts der Eheschließung abweichend von § 1374 Abs. 1 BGB gemäß § 5 Abs. 1 Satz 4 ErbStG erbschaftsteuerlich nicht berücksichtigt. Auf die Bedeutung dieser Regelungen wurde bereits im Zusammenhang mit der Darstellung der *modifizierten Zugewinngemeinschaft* (siehe Seite 210) hingewiesen.

Erfolgt die Abwicklung der Zugewinngemeinschaft durch den überlebenden Ehegatten tatsächlich nach den Vorschriften der §§ 1373 ff. BGB, die über §1371 Abs. 2 BGB Anwendung finden, so stellt §5 Abs. 2 ErbStG noch einmal fest, daß dann die dem überlebenden Ehegatten zustehende Ausgleichsforderung nicht zum steuerpflichtigen Erwerb zu rechnen ist.

Beispiel:

Uwe Weber und seine Frau Jutta leben im gesetzlichen Güterstand der Zugewinngemeinschaft. Uwe Weber besitzt ein Vermögen in Höhe von 400 000 DM. Dieses Vermögen hat er während der Ehe erwirtschaftet. Seine Frau hat hingegen in dieser Zeit kein Vermögen angesammelt. Beide haben vier gemeinsame Kinder. Eine letztwillige Verfügung liegt nicht vor. Uwe Weber verstirbt an den Folgen eines Autounfalls.

Seine Frau Jutta erbt gemäß §§ 1931 Abs. 1, 1371 Abs. 1 BGB die Hälfte der Erbschaft, also 200 000 DM. Daneben erben ihre Kinder Julia, Tim, Sebastian und Natalie gemäß den §§ 1924 Abs. 1 und 4 BGB je ein Achtel, also jeweils 50 000 DM.

Schlägt Jutta Weber hingegen gemäß § 1371 Abs. 3 BGB ihre Erbschaft aus, so kann sie den Zugewinnausgleich und den kleinen Pflichtteil beanspruchen, also hier 200 000 DM (Zugewinnausgleichsanspruch) + 50 000 DM (kleiner Pflichtteil in Höhe von ein Achtel) = 250 000 DM.

Hier bietet es sich für Jutta Weber also an, die Erbschaft auszuschlagen, um eine größere Erbschaft zu erhalten. Von dem ihr dann zustehenden Erwerb in Höhe von 250 000 DM sind nach §5 Abs. 2 ErbStG 200 000 DM steuerfrei.

16.1.3.4 Steuerfreie Zuwendungen im Sinne des § 13 ErbStG

§13 ErbStG regelt die Steuerbefreiung in den Fällen, in denen sich der Befreiungsgrund aus dem Grund des Erwerbs der zugewendeten Sache ergibt. So werden u. a. folgende Vermögensgegenstände gemäß §13 ErbStG dadurch erbschaftsteuerlich privilegiert, daß sie bis zu einem bestimmten Betrag steuerfrei erworben werden können:

- Hausrat einschließlich Wäsche und Kleidungsstücke können bis zu folgenden Beträgen steuerfrei erworben werden: durch Personen der Steuerklasse I bis zu 80 000 DM, durch Personen der Steuerklasse II und III bis zu 20 000 DM.

- Andere bewegliche körperliche Gegenstände durch Personen der Steuerklasse I, II und III bis zu 20 000 DM.

Hinweis:
Die steuerliche Befreiung gilt nicht für Zahlungsmittel, Wertpapiere, Münzen, Edelmetalle, Edelsteine, Perlen und zum Grund- oder Betriebsvermögen gehörende bewegliche körperliche Gegenstände.

- Zuwendungen zu kirchlichen, gemeinnützigen oder mildtätigen Zwecken, an politische Parteien, an inländische Religionsgesellschaften und Gelegenheitsgeschenke sind steuerfrei.
- Zuwendungen unter Lebenden zum Zweck des angemessenen Unterhalts oder zur Ausbildung des Bedachten.
- Der Erwerb von Personen, die dem Erblasser unentgeltlich oder gegen unzureichendes Entgelt Pflege oder Unterhalt gewährt haben, ist bis zu einem Betrag von 10 000 DM steuerfrei.

Hinweis:
Betriebsvermögen, land- und forstwirtschaftliches Vermögen und Anteile an Kapitalgesellschaften bleiben gemäß § 13 a ErbStG bis zu einem Wert von 500 000 DM steuerfrei.

16.1.3.5 Freibeträge im Sinne des § 16 ErbStG

Entsprechend der Vorgabe des Bundesverfassungsgerichts hat der Gesetzgeber durch das Jahressteuergesetz 1997 die Freibetragsgrenzen erhöht, um so vor allem kleine und mittlere Unternehmen zu schonen.

§ 16 ErbStG gewährt die Freibeträge sowohl für den Erwerb von Todes wegen als auch für den aufgrund einer Schenkung.

Hinweis:
Zwar besagt § 14 ErbStG, daß die persönlichen Freibeträge innerhalb von zehn Jahren nach dem Anfall eines Erwerbs von Todes wegen oder einer unentgeltlichen Zuwendung nur einmal ausgenutzt werden können. Doch können die Freibeträge nach Ablauf dieser Zehn-Jahres-Frist erneut in Anspruch genommen werden.

Folgende Freibeträge werden gemäß § 16 ErbStG zuerkannt:

Personen	Freibeträge bis zum 31.12.1995	Freibeträge ab dem 1.1.1996
Ehegatten	250 000 DM	600 000 DM
Kinder, Kinder verstorbener Kinder und Stiefkinder	90 000 DM	400 000 DM
Enkel, Urenkel und Stiefenkel	500 000 DM	100 000 DM
Eltern, Großeltern bei Erwerb von Todes wegen	50 000 DM	100 000 DM
Eltern, Großeltern bei lebzeitigen Schenkungen	10 000 DM	20 000 DM
Geschwister, Neffen, Nichten, Stiefeltern, Schwiegerkinder, Schwiegereltern, geschiedene Ehegatten	10 000 DM	20 000 DM
alle übrigen Erwerber aufgrund eines Erbrechts oder einer lebzeitigen Schenkung, z. B. der nichteheliche Partner	3 000 DM	10 000 DM

Beispiel:

Helmut Rahn hat seinem Sohn Tobias 1985 anläßlich einer bestandenen Abschlußprüfung 50 000 DM geschenkt. Als Helmut Rahn 1997 stirbt, hinterläßt er Tobias eine Erbschaft in Höhe von 450 000 DM.

Hier konnte Tobias Rahn bereits hinsichtlich der geschenkten 50 000 DM seinen Freibetrag von damals 90 000 DM gegenüber dem Finanzamt geltend machen, so daß er keine Schenkungsteuer zu entrichten hatte.

Mit dem Anfall der Erbschaft im Jahr 1997 sind für Tobias die seit dem 1.1.1996 geltenden Freibeträge bestimmend, die bei Kindern nunmehr 400 000 DM betragen. Da die Schenkung aus dem Jahr 1985 im Zeitpunkt des Anfalls der Erbschaft (1997) mehr als zehn Jahre zurücklag, kann Tobias erneut den Freibetrag geltend machen, so daß er von der ihm zugewandten Erbschaft 400 000 DM erbschaftsteuerfrei nach §16 ErbStG erwirbt.

16.1.3.6 Versorgungsfreibeträge des § 17 ErbStG

Gemäß § 17 ErbStG steht *dem überlebenden Ehegatten und den Kindern des Erblassers* neben den vorangegangenen Freibeträgen des § 16 ErbStG ein besonderer Versorgungsfreibetrag zu.

Dieser Versorgungsfreibetrag wird nur bei einem Erwerb von Todes wegen gewährt. Er ist gemäß § 17 Abs. 1 ErbStG bei Ehegatten, denen aus Anlaß des Todes des Erblassers nicht der Erbschaftsteuer unterliegende Versorgungsbezüge zustehen, um den nach § 14 BewG zu ermittelnden Kapitalwert dieser Versorgungsbezüge zu kürzen.

Hinweis:
An dieser Anordnung, den Freibetrag bei Versorgungsbezügen, die dem überlebenden Ehegatten zustehen und die nicht der Erbschaftsteuer unterliegen, zu kürzen, läßt sich u.a. der hinter der Regelung des § 17 ErbStG stehende Zweck erkennen: Engen Familienangehörigen, die aus Anlaß des Todes des Erblassers keine oder nur geringe Versorgungsbezüge erhalten, soll durch die Versorgungsfreibeträge ein angemessener Ausgleich gewährt werden.

Folgende Versorgungsfreibeträge werden gemäß § 17 ErbStG gewährt:

Begünstigte Person	Freibetrag bis zum 31. 12. 1995	Freibetrag ab dem 1. 1. 1996
Ehegatte	250 000 DM	500 000 DM
Kind bis zu 5 Jahren	50 000 DM	100 000 DM
Kind von mehr als 5 bis zu 10 Jahren	40 000 DM	80 000 DM
Kind von mehr als 10 bis zu 15 Jahren	30 000 DM	60 000 DM
Kind von mehr als 15 bis zu 20 Jahren	20 000 DM	40 000 DM
Kind von mehr als 20 bis zur Vollendung des 27. Lebensjahres	10 000 DM	20 000 DM

Hinweis:
Entsprechend der Regelung für den überlebenden Ehegatten wird auch bei den Kindern des Erblassers der ihnen zustehende Versorgungsfreibetrag gemäß § 17 Abs. 2 Satz 2 ErbStG um den nach § 13 Abs. 1 BewG zu ermittelnden Kapitalwert derjenigen Versorgungsbezüge, die dem Kind aus Anlaß des Todes des Erblassers erbschaftsteuerfrei zustehen, gekürzt.

16.1.4 Die Steuerklassen

Der sich nach Bewertung des Aktivnachlasses ergebende Wert, von dem die Nachlaßverbindlichkeiten und die Freibeträge abzuziehen sind, ergibt den Betrag, der maßgeblich ist für die Steuerfestsetzung, die ihrerseits wiederum von der *Steuerklasse* abhängt.

§ 15 ErbStG legt die Steuerklassen fest, die für den anzuwendenden Steuersatz entscheidend sind. Maßgeblich für die einzelnen Steuerklassen ist der Grad der Verwandtschaft zum Erblasser. Dabei läßt sich folgender Grundsatz aufstellen:

Je näher die Verwandtschaft des Erwerbers zum Erblasser ist, desto niedriger ist auch die Steuerklasse und die sich hieraus ergebende Steuerlast.

Mit der Verabschiedung des Jahressteuergesetzes 1997 gibt es ab dem 1. 1. 1996 statt bisher vier die folgenden drei Steuerklassen (§ 15 ErbStG):

Personen	Steuerklasse
Ehegatte Kinder und Stiefkinder Abkömmlinge der Kinder (Enkelkinder) und Stiefkinder Eltern und Großeltern beim Erwerb von Todes wegen	I
Eltern und Großeltern bei lebzeitigen Schenkungen Geschwister Abkömmlinge des ersten Grades von Geschwistern (Nichten und Neffen) Stiefeltern Schwiegerkinder Schwiegereltern der geschiedene Ehegatte	II
alle übrigen Erwerber und die Zweckzuwendungen	III

16.1.5 Steuersätze

Steht nach der Bewertung des Aktivnachlasses dessen Wert fest und sind von dem auf den Erwerber fallenden Nachlaßanteil alle Nachlaßverbindlichkeiten und in Betracht kommenden Freibeträge abgezogen worden, dann läßt sich derjenige Steuersatz, mit dem die angefallene Erbschaft zu versteuern ist, anhand der in § 19 ErbStG festgelegten Steuersätze ermitteln.

Bis zum 31. 12. 1995 galten in Abhängigkeit vom Wert des steuerpflichtigen Erwerbs folgende Steuersätze:

Wert des steuerpflichtigen Erwerbs bis einschließlich ...... Deutsche Mark	Vomhundertsatz in der Steuerklasse			
	I	II	III	IV
50 000	3	6	11	20
75 000	3,5	7	12,5	22
100 000	4	8	14	24
125 000	4,5	9	15,5	26
150 000	5	10	17	28
200 000	5,5	11	18,5	30
250 000	6	12	20	32
300 000	6,5	13	21,5	34
400 000	7	14	23	36
500 000	7,5	15	24,5	38
600 000	8	16	26	40
700 000	8,5	17	27,5	42
800 000	9	18	29	44
900 000	9,5	19	30,5	46
1 000 000	10	20	32	48
2 000 000	11	22	34	50
3 000 000	12	24	36	52
4 000 000	13	26	38	54
6 000 000	14	28	40	56
8 000 000	16	30	43	58
10 000 000	18	33	46	60
25 000 000	21	36	50	62
50 000 000	25	40	55	64
100 000 000	30	45	60	67
über 100 000 000	35	50	65	70

Seit dem 1. 1. 1996 gelten gemäß § 19 Abs. 1 ErbStG folgende Steuersätze:

Wert des steuerpflichtigen Erwerbs bis einschließlich ...... Deutsche Mark	Vomhundertsatz in der Steuerklasse		
	I	II	III
100 000	7	12	17
500 000	11	17	23
1 000 000	15	22	29
10 000 000	19	27	35
25 000 000	23	32	41
50 000 000	27	37	47
über 50 000 000	30	40	50

Hinweis:
Wie die obige Tabelle verdeutlicht, sind die Steuersätze strikt an den Wert des steuerpflichtigen Erwerbs gebunden, so daß es dann zu ungerechten Härten kommen kann, wenn die nächsthöhere Wertgrenze nur knapp überschritten wird, sich dadurch aber der Steuersatz in erheblichem Maß steigert.

Deshalb sieht § 19 Abs. 3 ErbStG vor, daß der Unterschied zwischen der Steuer, die sich bei Anwendung des § 19 Abs. 1 ErbStG ergibt, und der Steuer, die sich berechnen würde, wenn der Erwerb die letztvorhergehende Wertgrenze nicht überstiegen hätte, nur insoweit erhoben wird, als er
- bei einem Steuersatz bis zu 30 % aus der Hälfte,
- bei einem Steuersatz über 30 % bis zu 50 % aus drei Vierteln

des die Wertgrenze übersteigenden Betrages gedeckt werden kann.

Beispiel:

Helmut Rahn lebt mit Ulrike Carstens in einer nichtehelichen Lebensgemeinschaft. Sie haben einen formwirksamen Erbvertrag geschlossen, in dem sie sich gegenseitig zu Alleinerben einsetzen. Als Helmut Rahn am 5. 6. 1997 stirbt, vererbt er seiner Lebensgefährtin ein Vermögen von 1 011 000 DM.

Da beide in einer nichtehelichen Lebensgemeinschaft gelebt haben, steht Ulrike Carstens kein besonderer Versorgungsfreibetrag im Sinne des § 17 ErbStG zu, der nur Ehegatten und Kindern vorbehalten ist.

Da sie gemäß §15 ErbStG der Steuerklasse III angehört, steht ihr gemäß §16 ErStG ein Freibetrag in Höhe von 10 000 DM zu. Somit hat sie einen Betrag von 1 001 000 DM zu versteuern. Für einen steuerpflichtigen Erwerb von über 1 000 000 DM sind in der Steuerklasse III 29 % Steuern zu entrichten, so daß die Erbschaftsteuer 290 000 DM beträgt.

Bei einem zu versteuernden Erwerb von nur 1 000 000 DM würde ihr Steuersatz hingegen nur 23 % betragen. Dann würden 230 000 DM an Erbschaftsteuer anfallen. Demzufolge müßte Ulrike Carstens bei einem steuerpflichtigen Mehrerwerb von 1000 DM grundsätzlich 60 000 DM mehr an Steuern bezahlen.

Hier hilft §19 Abs. 3 ErbStG, indem die Steuern, die durch das geringe Überschreiten einer Wertgrenze mehr zu entrichten sind, bei einem Steuersatz bis zu 30 % auf die Hälfte des diese Wertgrenze übersteigenden Betrages reduziert werden.

Demnach erhöht sich hier die Steuerschuld der Ulrike Carstens um 500 DM auf 231 000 DM, sie muß aber nicht 290 000 DM entrichten.

16.1.6 Mehrfacher Erwerb desselben Vermögens

Gemäß §27 ErbStG soll eine überproportionale Inanspruchnahme des Vermögens der engsten Familienangehörigen innerhalb eines Zehnjahreszeitraums vermieden werden.

Fällt Personen der Steuerklasse I von Todes wegen Vermögen an, das in den letzten zehn Jahren vor dem Erwerb bereits von Personen dieser Steuerklasse erworben wurde und für das nach dem Gesetz eine Steuer zu entrichten war, ermäßigt sich der auf dieses Vermögen entfallende Steuerbetrag wie folgt:

um .... vom Hundert	wenn zwischen den beiden Zeitpunkten der Entstehung der Steuer liegen
50	nicht mehr als 1 Jahr
45	mehr als 1 Jahr, aber nicht mehr als 2 Jahre
40	mehr als 2 Jahre, aber nicht mehr als 3 Jahre
35	mehr als 3 Jahre, aber nicht mehr als 4 Jahre
30	mehr als 4 Jahre, aber nicht mehr als 5 Jahre
25	mehr als 5 Jahre, aber nicht mehr als 6 Jahre
20	mehr als 6 Jahre, aber nicht mahe als 8 Jahre
10	mehr als 8 Jahre, aber nicht mehr als 10 Jahre

16.1.7 Steuerschuldner

Gemäß § 20 Abs. 1 ErbStG ist Steuerschuldner
- derjenige, dem ein Erwerb von Todes wegen anfällt
- bei einer Schenkung sowohl der Schenker als auch der Beschenkte
- bei einer Zweckzuwendung der mit der Ausführung der Zuwendung Beschwerte
- in den Fällen des § 1 Abs. 1 Nr. 4 ErbStG die Stiftung oder der Verein.

Hinweis:
Gemäß § 20 Abs. 3 ErbStG haftet bei einer *Erbengemeinschaft* bis zur Auseinandersetzung der Nachlaß für die Steuer der am Erbfall Beteiligten.

16.1.8 Die Anzeige des Erwerbs

Jeder Erwerb, der der Erbschaftsteuer unterliegt, ist vom Erwerber – bei einer Zweckzuwendung vom Beschwerten – binnen drei Monaten nach erlangter Kenntnis von dem Anfall oder von dem Eintritt der Verpflichtung, dem für die Verwaltung der Erbschaftsteuer jeweils zuständigen Finanzamt anzuzeigen (§ 30 ErbStG).
 Eine Anzeige soll folgende Angaben enthalten:
- Vorname und Familienname, Beruf, Wohnung des Erblassers oder Schenkers und des Erwerbers
- Todestag und Sterbeort des Erblassers oder Zeitpunkt der Ausführung der Schenkung
- Gegenstand und Wert des Erwerbs
- Rechtsgrund des Erwerbs wie gesetzliche Erbfolge, Vermächtnis oder Ausstattung
- persönliches Verhältnis des Erwerbers zum Erblasser oder zum Schenker, wie Verwandtschaft, Schwägerschaft, Dienstverhältnis
- frühere Zuwendungen des Erblassers oder Schenkers an den Erwerber nach Art, Wert und Zeitpunkt der einzelnen Zuwendung.

Wer sich geschäftsmäßig mit der Verwahrung oder Verwaltung fremden Vermögens befaßt, hat die in seinem Gewahrsam befindlichen Vermögensgegenstände und die gegen sich gerichteten Forderungen, die beim Tod eines Erblassers zu dessen Vermögen gehörten oder über die dem Erblasser zur Zeit seines Todes die Verfügungsmacht zustand, dem Finanzamt vollständig anzuzeigen (§ 33 ErbStG).

Anzeigepflichtig sind somit alle *Banken* und sonstigen Vermögensverwahrer und Vermögensverwalter.

Die Anzeige ist innerhalb eines Monats nach Kenntniserlangung des Verwahrers oder Verwalters von dem Todesfall zu erstatten.

Versicherungsunternehmen haben, bevor sie Versicherungssummen oder Leibrenten einem anderen als dem Versicherungsnehmer auszahlen oder zur Verfügung stellen, hiervon dem Finanzamt Anzeige zu erstatten.

Die *Gerichte, Behörden, Beamten und Notare* haben dem Finanzamt Anzeige zu erstatten über die Beurkundungen, Zeugnisse und Anordnungen, die für die Festsetzung einer Erbschaftsteuer von Bedeutung sein können.

Insbesondere ist folgendes anzuzeigen:
- die Sterbefälle
- die Erteilung von Erbscheinen, Testamentsvollstreckerzeugnissen und Zeugnissen über die Fortsetzung der Gütergemeinschaft, die Beschlüsse über Todeserklärungen sowie die Anordnung von Nachlaßpflegschaften und Nachlaßverwaltungen
- die Eröffnung von Verfügungen von Todes wegen, die abgewickelten Erbauseinandersetzungen, die beurkundeten Vereinbarungen der Gütergemeinschaft und die beurkundeten Schenkungen und Zweckzuwendungen.

16.1.9 Die Steuererklärung

Gemäß §31 ErbStG kann das Finanzamt von jedem an einem Erbfall, an einer Schenkung oder an einer Zweckzuwendung Beteiligten ohne Rücksicht darauf, ob er selbst steuerpflichtig ist, die Abgabe einer Erklärung innerhalb einer Frist von mindestens einem Monat verlangen.

Die Erklärung hat ein Verzeichnis der zum Nachlaß gehörenden Gegenstände und die sonstigen für die Feststellung des Gegenstandes und des Werts des Erwerbs erforderlichen Angaben zu enthalten. Sie ist auf Verlangen des Finanzamts auf einem dafür vorgesehenen Vordruck nach amtlich bestimmtem Muster abzugeben.

Folgende Personen sind – soweit vorhanden – zur Abgabe der Steuererklärung verpflichtet:
- der überlebende Ehegatte im Fall der fortgesetzten Gütergemeinschaft
- der Testamentsvollstrecker oder der Nachlaßverwalter
- der Nachlaßpfleger.

Hinweis:
Sind mehrere Erben vorhanden, so sind sie berechtigt, die Steuererklärung gemeinsam abzugeben. In diesem Fall ist die Steuererklärung von allen Beteiligten zu unterschreiben.

16.1.10 Die erbschaftsteuerliche Behandlung der Vor- und Nacherbschaft

Die erbschaftsteuerliche Behandlung der Vor- und Nacherbschaft bietet insofern Nachteile, als nach dem §6 Abs. 1 und 2 ErbStG sowohl der Vor- als auch der Nacherbfall als steuerpflichtiger Vorgang gelten.

Der Vorerbe wird hierbei trotz der ihm auferlegten Beschränkungen im Hinblick auf seine Verfügungsfreiheit über den Nachlaß gemäß §6 Abs. 1 ErbStG wie ein Erbe behandelt. Er kann jedoch gemäß §20 Abs. 4 ErbStG die durch die Vorerbschaft veranlaßte Steuer aus den Mitteln der Vorerbschaft entrichten. Dadurch wird das Vermögen, das der Nacherbe letztlich erhält, doppelt besteuert, da auch sein Erwerb erbschaftsteuerpflichtig ist.

Für die Steuerklasse des Vor- und des Nacherben ist grundsätzlich das zwischen ihnen bestehende Verwandtschaftsverhältnis maßgebend. Der Nacherbe kann jedoch gemäß §6 Abs. 2 Satz 2 ErbStG beantragen, daß sein verwandtschaftliches Verhältnis zum Erblasser der Versteuerung zugrunde gelegt wird, wenn er sich dadurch eine günstigere Steuerklasse verspricht.

Tritt die Nacherbfolge nicht durch den Tod des Vorerben ein, gilt die Vorerbfolge gemäß §6 Abs. 3 ErbStG als auflösend bedingter, die Nacherbfolge als aufschiebend bedingter Anfall. In einer solchen Situation ist dem Nacherben die vom Vorerben entrichtete Steuer abzüglich des Steuerbetrages anzurechnen, welcher der tatsächlichen Bereicherung des Vorerben entspricht.

Diese Regelung hat Konsequenzen für die Fälle, in denen der Nacherbfall beispielsweise bei erneuter Heirat des überlebenden Ehegatten eintreten soll (sog. Wiederverheiratungsklauseln). Dann wird von der ansonsten bei der Vor- und Nacherbschaft geltenden, vollen Besteuerung sowohl beim Vor- als auch beim Nacherbfall zugunsten des Nacherben abgewichen. Der Nacherbe trägt demzufolge nur die die tatsächliche Bereicherung des Vorerben umfassende Steuerlast und wird auch nur insofern steuerlich doppelt belastet.

Hinweis:
Für den Fall, daß sich Ehegatten im Rahmen einer Vor- und Nacherbschaft gegenseitig als Vorerben und ihre gemeinsamen Kinder als Nacherben des Längstlebenden einsetzen, ist die Vor- und Nacherbschaft insofern mit Nach-

teilen verbunden, als das Familienvermögen in dieser Konstellation sowohl beim Vor- als auch beim Nacherbfall versteuert werden muß. Zugleich können die Kinder ihre Freibeträge beim Vorerbfall nicht ausnutzen, da sie zu diesem Zeitpunkt noch nicht erbberechtigt sind.

16.2 Die Schenkungsteuer

Um zu vermeiden, daß die Regelungen des ErbStG durch unentgeltliche lebzeitige Verfügungen des Erblassers unterlaufen werden, wurden auch Schenkungen unter Lebenden in das ErbStG aufgenommen.

Gemäß §7 ErbStG gelten u.a. als Schenkungen unter Lebenden
- jede freigebige Zuwendung unter Lebenden, soweit der Bedachte durch sie auf Kosten des Zuwendenden bereichert wird
- was infolge einer von dem Schenker angeordneten Auflage oder infolge der Erfüllung einer einem Rechtsgeschäft unter Lebenden beigefügten Bedingung ohne entsprechende Gegenleistung erlangt wird
- was jemand dadurch erlangt, daß bei Genehmigung einer Schenkung Leistungen an andere Personen angeordnet oder zur Erlangung der Genehmigung freiwillig übernommen werden
- die Bereicherung, die ein Ehegatte bei Vereinbarung der Gütergemeinschaft erfährt
- was als Abfindung für einen Erbverzicht gewährt wird
- was durch vorzeitigen Erbausgleich erworben wird
- was ein Vorerbe dem Nacherben mit Rücksicht auf die angeordnete Nacherbschaft vor ihrem Eintritt herausgibt.

Für die Schenkung gelten dieselben Grundsätze wie für die Erbschaftsteuer. Der Beschenkte kann demzufolge die Freibeträge des §16 ErbStG in Anspruch nehmen und nach Ablauf von zehn Jahren diese Freibeträge erneut geltend machen. Fällt der geschenkte Gegenstand unter §13 ErbStG, so kann der Beschenkte gleichfalls bis zu einer bestimmten Obergrenze diesen Gegenstand steuerfrei erwerben.

Folgende Besonderheiten gilt es im Rahmen des Schenkungsteuerrechts zu beachten:

1) Ehebezogene Zuwendungen
Ehebezogene Zuwendungen, die unter Ehegatten als Ausgleich zur angemessenen Beteiligung am Ergebnis des ehelichen Zusammenlebens (z.B. Mitarbeit der Frau im Betrieb des Mannes), zur günstigeren Organisation des Vermö-

gens oder zum Zweck der Vermögensbildung beim Ehepartner vorgenommen werden, *gelten im Steuerrecht als Schenkungen*. Somit unterliegen sie auch der Besteuerung nach dem ErbStG.

Hinweis:
Gemäß §13 Abs. 1 Nr. 4 a ErbStG gelten Zuwendungen unter Lebenden, mit denen ein Ehegatte dem anderen Ehegatten Eigentum oder Miteigentum an einem im Inland gelegenen, *zu eigenen Wohnzwecken genutzten* Haus oder einer entsprechenden Eigentumswohnung verschafft *als steuerfrei*. Gleiches gilt, wenn ein Ehegatte den anderen Ehegatten von eingegangenen Verpflichtungen im Zusammenhang mit der Anschaffung oder Herstellung des Familienwohnheims freistellt.

Eine entsprechende Situation liegt vor, wenn ein Ehegatte nachträglichen Herstellungs- oder Erhaltungsaufwand für ein Familienwohnheim trägt, das im gemeinsamen Eigentum der Ehegatten oder im Eigentum des anderen Ehegatten steht. Auch hier wird keine Steuer erhoben.

2) Kettenschenkungen
Als ein Mißbrauch von rechtlichen Gestaltungsmöglichkeiten im Sinne des §42 Abgabenordnung ist der Fall der sog. Kettenschenkung anzusehen, wenn der Schenker auf dem Umweg über den Beschenkten beabsichtigt hat, einen Dritten unmittelbar zu bedenken.

Dafür ist erforderlich, daß der Schenker den Beschenkten veranlaßt, die Zuwendung an eine vom Schenker bestimmte Person weiterzugeben.

Es ist also mehr als ein bloßes Wissen oder eine stillschweigende Billigung auf Seiten des Schenkers notwendig.

Beispiel:

Udo Müller möchte seinem Enkel Thomas zu dessen 28. Geburtstag am 14. 10. 1997 einen höheren Geldbetrag schenken. Die entsprechende Summe: 500 000 DM. Seinem Enkel, der als Beschenkter steuerpflichtig im Sinne des §20 ErbStG ist, steht gemäß §16 ErbStG ein Freibetrag in Höhe von 100 000 DM (da seine Eltern noch leben) zu.

Damit Thomas gar keine Steuern entrichten muß, schenkt ihm Udo Müller nur 100 000 DM, die steuerfrei sind. Die restlichen 400 000 DM schenkt er seinem Sohn Jürgen mit der Bitte, sie an seinen Sohn Thomas weiterzugeben.

> Jürgen Müller erwirbt die 400 000 DM gemäß § 16 ErbStG steuerfrei, und da Thomas bei einer Schenkung durch seinen Vater auch einen Freibetrag von 400 000 DM geltend machen könnte, hätte er auf diesem Umweg letztlich doch 500 000 DM steuerfrei erlangt.
>
> Diese Konstellation bildet eine unzulässige Kettenschenkung und stellt sich somit als unzulässige Umgehung der schenkungsteuerrechtlichen Vorschriften dar.

Hinweis:
Keinen Fall der Kettenschenkung, sondern einen der Schenkungsteuer unterworfenen Erwerb im Sinne des § 7 Abs. 1 Nr. 2 ErbStG stellt die Konstellation dar, in der der Schenker den Beschenkten mittels einer Auflage oder einer Bedingung rechtsgeschäftlich bindend verpflichtet, einem Dritten etwas unentgeltlich zuzuwenden.

3) Mittelbare Grundstücksschenkung
Abschließend soll noch auf ein schenkungsteuerrechtliches Problem hingewiesen werden. Dieses entsteht, wenn der Schenker dem Beschenkten Geld zum Erwerb oder zur Herstellung eines Grundstücks unentgeltlich zuwendet.

Je mehr Zeit zwischen Geldhingabe und dem Erwerb bzw. der Herstellung des Gebäudes verstreicht, desto eher ist von einer nicht steuerbegünstigten Geldschenkung und nicht mehr von einer steuerbegünstigten Grundstücksschenkung (Bewertung ab dem 1. 1. 1996 nach dem Grundbesitzwert gemäß § 12 Abs. 3 ErbStG in Verbindung mit § 19 BewG) auszugehen.

Hinweis:
Wird umgekehrt ein Grundstück verschenkt, damit der Beschenkte im Wege der Weiterveräußerung dieses zu Geld machen kann, dann richtet sich die Besteuerung nach dem erlangten Geldvermögen.

Literaturverzeichnis

Carsten Thomas Ebenroth/Lambertus Fuhrmann:
  Konkurrenzen zwischen Vermächtnis- und Pflichtteilsansprüchen bei erbvertraglicher Unternehmensnachfolge, in Betriebsberater 1989, 2049 ff.

Rainer Lorz:
  Testamentsvollstreckung und Unternehmensrecht: ein Beitrag zur Fortschreibung unternehmensstrategischer Kompetenzen fremdnütziger Vermögensverwalter, München 1995, zugleich Konstanz, Univ., Dissertation, 1995.

Stichwortverzeichnis

Abfindung 67
Abwicklungsvollstreckung 173
Adoption 30
Aktiengesellschaft 17
Aktivlegitimation 174
Aktivnachlaß 49
Altersvorsorgevollmacht 129
Änderungsvorbehalt 94, 96
Andeutungstheorie 99
Anfechtung 94, 95, 138, 144
Annahme eines minderjährigen Kindes 30
Anschaffungskosten 122
Anstandsschenkung 98
Aufgebotsverfahren 151
Auflage 73, 110
Auflage eines Nießbrauchsvorbehalts 69
auflösende Bedingung 70
Auseinandersetzung der Erbengemeinschaft 167
Auseinandersetzungsklage 168
Ausgleich lebzeitiger Zuwendungen 118
Auskunftsanspruch 47, 48
Auslegungsregeln für Verfügungen von Todes wegen 99
Ausschlagung 61, 107, 141, 143
Auswahl eines geeigneten Unternehmensnachfolgers 76
Bedarfsbewertung 233
befreite Vorerbschaft 115
befreiter Vorerbe 88
Behindertentestament 113
Berliner Testament 85
Bestrafungsklausel 68
Beteiligungen an Kapitalgesellschaften 49
Beteiligungen an Personengesellschaften 49
Beurkundungsgesetz 79
Bewertungsgesetz 222

BGB-Gesellschaft 18
BGB-Innengesellschaft 204
Bodenrichtwert 233
böswillige Schenkung 97
Bruchteilsgemeinschaft 161
Bruchteilsnießbrauch 212
Dreimonatseinrede 151
Dreizeugentestament 78
ehebezogene Zuwendungen 250
Ehenichtigkeit 82
eigenhändiges Testament 78
Einfache Nachfolgeklausel 199
Einrede der Dürftigkeit 106
Einrede der Dürftigkeit des Nachlasses 158
Einrede des Aufgebotsverfahrens 165
Einrede der Erschöpfung des Nachlasses 152
Eintrittsklausel 196, 205
Einwilligungsvorbehalt 77
Enterbung 137
Erbe 15
Erbeinsetzung 73
Erben dritter Ordnung 24
Erben erster Ordnung 22
Erben vierter Ordnung 25
Erben zweiter Ordnung 23
Erbengemeinschaft 161
Erbersatzanspruch 27, 28
Erbfähigkeit 16
Erbfall 16
Erbfallschulden 149
Erblasser 16
Erblasserschulden 49, 149
Erbrecht des Ehegatten 31
Erbrecht des nichtehelichen Kindes 26
Erbrecht legitimierter Kinder 29
Erbrecht von adoptierten Kindern 30
Erbrechtsgleichstellungsgesetz 135

Erbschaft 16
Erbschaftsteuer 223
Erbschein 142, 183
Erbunwürdigkeit 138
Erbvertrag 73, 91, 133
Erbverzicht 138
Ergänzungspfleger 119, 193
Ersatzerbe 103, 114
Ersatzvermächtnis 106
Ertragsnießbrauch 213
Feststellungsklage 65
Firma 18, 160
fortgesetzte Gütergemeinschaft 36
Fortsetzungsklausel 197
Freibeträge 240
Freistellungsklausel 85
Gattungsvermächtnis 108
Gegenstandswert 229
Geliebtentestament 132
gemeine Wert 226
gemeinschaftliches Testament 68, 82
gemischte Schenkung 63, 98, 114
Gesamthandsgemeinschaft 161
Gesamtrechtsnachfolge 18
Gesamtschuldklage 165
Gesetz über die rechtliche Stellung des nichtehelichen Kindes 26
Gesetzliche Erbfolge 21, 88
gesetzliches Vorausvermächtnis 40
gewillkürte Erbfolge 15, 73
Gradualsystem 25
großer Pflichtteil 38, 46
Grundbesitzwert 233
Grundsatz der dinglichen Surrogation 115
Grundsatz der unbeschränkbaren Testierfreiheit 110
Grundsatz der wohlwollenden Testamentsauslegung 100
Gruppenerbschein 185
Güterstand der Gütergemeinschaft 35, 43
Güterstand der Gütertrennung 34
Güterstand der Zugewinngemeinschaft 34, 36, 44
Handelsgeschäft 18
Handelsrechtliche Haftung 159
Inventar 152
Inventaruntreue 153

Jahressteuergesetz 1997 222
Jahreswert 230
Jastrowsche Klausel 86
Kapitalwert 230
Kettenschenkungen 251
kleiner Pflichtteil 37
Kommanditgesellschaft 18, 160
lebzeitiges Eigeninteresse 98
Leibrente 215
Liquidationsgesellschaft 18
modifizierte Zugewinngemeinschaft 90, 210
Nacherbe 114, 116
Nacherbenvermerk 114
Nachlaßerbenschulden 150
Nachlaßgericht 67
Nachlaßkonkurs 153, 155
Nachlaßkonkursverfahren 152
Nachlaßpflegschaft 150
Nachlaßschulden 149
Nachlaßverbindlichkeiten 49
Nachlaßvergleichsverfahren 156
Nachlaßverwaltung 49, 153
Nachlaßverwaltungsschulden 149
Nachlaßverzeichnis 47
Nachvermächtnis 106
nasciturus 16
Nennwert 229
Nießbrauch 63
Nießbrauch am Unternehmen 122
Nießbrauchvermächtnis 111, 211
öffentliches Testament 82
Paketzuschlag 229
Parantelsystem 21
Partnerschaftsvertrag 133
Patiententestament 77
Personengesellschaften 18
Persönlichkeitsrecht des minderjährigen Kindes 192
Pflichtteilsberechtigung 41
Pflichtteilsbeschränkung in guter Absicht 65
Pflichtteilsentziehung 65
Pflichtteilsergänzungsanspruch 61
Pflichtteilslast 55
Pflichtteilsrestanspruch 46, 58
Pflichtteilsstrafklausel 89
Pflichtteilsverzichtsvertrag 69

postmortale Vollmacht 128
privates Aufgebotsverfahren 166
Prokura 192
qualifizierte Nachfolgeklausel 203
Quotennießbrauch 212
Reallast 215
rechtsgeschäftliche Nachfolgeregelung 206
Reform des Kindschaftsrechts 136
remuneratorische Schenkungen 98
Rentenschuld 215
Rentenvermächtnis 214
Rückforderungsmöglichkeiten einer Schenkung 123
Schenkung 63, 97
Schenkungen unter Lebenden 223
Schenkungsteuer 250
Schlußerbe 90
Seetestament 78
Singularsukzession 18
Sonderrechtsnachfolge 209
Steuererklärung 248
Steuerklassen 243
Steuerlast 243
Steuerpflichtige Vorgänge 223
Steuersätze 243
Steuerschuldner 247
Stichtag 228
Stiefkindadoption 30
Stiftung 224
Stille Gesellschaft 216
Stückvermächtnis 110
Stufenklage 48
Stundung des Pflichtteils 66
Stuttgarter Verfahren 228
Teilungsanordnung 107, 117
Teilwert 227
Testament 78
Testamente vor dem Bürgermeister 78
Testamentsvollstrecker 111
Testamentsvollstreckung 171
Testamentsvollstreckung im unternehmerischen Bereich 177
Testierfähigkeit 77
Testierfähigkeit von Betreuten 77

Testierfreiheit 19, 73, 76, 105
transmortale Vollmacht 176
Treuhandlösung 178
übliche Miete 234
Umfang des Ehegattenerbrechts 31
Universalsukzession 18
Unterbeteiligung 218
Unternehmensnachfolge 108
Untervermächtnis 106
Verein 224
Vererblichkeit von Mitgliedschaftsrechten 17
Verfügung von Todes wegen 19, 78
Verjährung des Pflichtteilsanspruchs 48
Vermächtnis 61, 73, 105
Verschaffungsvermächtnis 109
Versorgungsfreibeträge 242
Vertrag zugunsten Dritter 126
Verwaltungsvollstreckung 173
Verwandtenerbfolge 21
Verzeihung 65, 138
Verzicht auf den Pflichtteil 67
Vollmachtlösung 178
Vor- und Nacherbschaft 85, 111
Voraus des Ehegatten 39, 107
Vorausvermächtnis 107, 117
Vorerbe 87, 112
vorläufiger Erbe 141
Vormund 119
Vorvermächtnis 106
vorzeitiger Erbausgleich 28
Wahlvermächtnis 109
Wechselbezügliche Verfügungen 83
Wert eines bebauten Grundstücks 234
Wert unbebauter Grundstücke 233
Wertermittlungsanspruch 48
Widerruf 81
Widerrufsmöglichkeiten von Testamenten 80
Wiederverheiratungsklausel 87
wirtschaftliche Einheit 226
Wohnrecht 63
Zweckvermächtnis 109
Zweckzuwendungen 224

Freizeitparks

In Deutschland gibt es viele attraktive Freizeitparks für Kinder und Erwachsene. Das Buch beschreibt die schönsten Parks und gibt wertvolle Servicetips.

März 1998, 208 Seiten
Preis: 21,80 DM
ISBN 3-09-301135-3

Telefon Sparbuch

Der Telekommunikationsmarkt wird von neuen Anbietern überflutet. Dieses Buch sagt Ihnen, wie man Geld und Zeit bei Telefon, Telefax oder Mobilfunk sparen kann.

Januar 1998, 312 Seiten,
Preis: 49,– DM
ISBN 3-09-301125-6

Vorsorgen

Dieser praxisorientierte Ratgeber prüft private Versicherungen, Geldanlagen, Wertpapiere, Investmentfonds und gibt Ihnen viele Tips für Ihre private Altersvorsorge.

Februar 1998, 220 Seiten,
Preis: 49,– DM
ISBN 3-09-301294-5

Kohle machen

Dieses Buch zeigt, wie Jugendliche unkonventionelle Geschäftsideen gewinnbringend umsetzen können; mit wertvollen Hinweisen zu Steuer- und Rechtsfragen.

1996, 208 Seiten,
Preis: 28,– DM
ISBN 3-09-301123-X

Handbücher für Ihren Erfolg

Erfolg mit Karate

Hier wird nicht Karate gelehrt, sondern gezeigt, wie sich mit der Philosophie dieses Kampfsports die Energie und der persönliche Erfolg steigern lassen.

1997, 125 Seiten
Preis: 49,– DM
ISBN 3-09-301124-8

Ja, ich bestelle zum Original-Buchhandels-Preis inklusive Porto und Versandkosten:

____ Ex.	**Freizeitparks**	21,80 DM
____ Ex.	**Das Telefon-Sparbuch**	49,— DM
____ Ex.	**Vorsorgen**	49,— DM
____ Ex.	**Jetzt mache ich meine Kohle selbst**	28,— DM
____ Ex.	**Mit Karate zu durchschlagendem Erfolg**	49,— DM

Name: _____

Straße: _____

PLZ/Ort: _____

Unterschrift: _____

Ich zahle: ❏ mittels beiliegendem Verrechnungsscheck
❏ Abbuchung von meinem Konto
Nummer: _____ BLZ: _____
❏ per Kreditkarte
❏ Eurocard ❏ Visa ❏ American Express ❏ Diners Club
Karten-Nr.: _____
Meine Karte ist gültig bis: _____ / _____

Coupon bitte senden/faxen an:
DSV-Versandbuchhandlung
Weidangerstraße 5
83365 Nußdorf
☎ 08669/8780-0
Fax 08669/878080

Deutscher Sparkassen Verlag
Unternehmen
der Finanzgruppe